王之渙傳

唐朝著名詩人

麋果才 著

白日依山盡、春風不度玉門關，散軼的兩千首詩篇背後，是吹不散的文人風骨

清廉正直，詩骨如蘭
以詩為志，以正為心
官微志遠，清風長留

不只是寫詩，他寫的是自己的一身風骨
不只是為官，他守的是心中的明公正道

目 錄

第一章　聰慧幼年　　　　　　　　　005

第二章　遷居洛陽　　　　　　　　　029

第三章　啟蒙教育　　　　　　　　　049

第四章　孝聞於家　　　　　　　　　057

第五章　義彰於友　　　　　　　　　071

第六章　刻苦攻讀　　　　　　　　　089

第七章　初有詩名　　　　　　　　　107

第八章　登鸛雀樓　　　　　　　　　125

第九章　主簿任上　　　　　　　　　145

第十章　玉門聽笛　　　　　　　　　161

第十一章　詩友唱和　　　　　　　　187

第十二章　出任縣尉　　　　　　　　203

第十三章　詩星隕落　　　　　　　　231

附錄一　王之渙年譜　　　247

附錄二　王之渙詩集　　　255

參考文獻　　　259

後記　　　263

第一章　聰慧幼年

1

　　巍巍呂梁山下，蒼蒼峨嵋嶺前，汾河澮河縱橫而流。在這山環水繞、景色秀美的地方，大自然突然造化出一塊盆底式的神奇土地，這就是位於晉西南古河東的絳州大地。

　　唐武氏垂拱四年（西元688年），初秋的一天，絳州城內距離梁軌廟不遠處的王家大院內，上上下下忙作一團。王夫人產期臨近了，她躺在臥室的床榻上，頭上滾著亮晶晶的汗珠，腹中感到陣陣椎心疼痛，不由得就呻吟出聲來。幾個貼身的奴婢忙亂著，一個小跑著出門到街上去請接生婆，一個急步抱柴去廚房裡點火燒開水，另一個則在衣櫃裡尋找著包孩子的花布與小被子。

　　老爺王昱坐在客廳的方桌前，他的面前放著一杯剛剛沏好的香茗和一部新刻的《詩經》。茗香與墨香在他的鼻息之間悠悠飄蕩。他翻開書卷，想溫習一下幾篇還不爛熟的詩篇，眼睛剛盯上去，心就跑到了臥室裡。夫人在臥室裡的一聲聲呻喚，就像一把小錘子一下下敲擊在他的心上。夫人臨產，這是人生之大事，大人與孩子都要在鬼門關前走一遭，生死攸關，他能不著急嗎？可是，著急又有何用呢？有勁也使不上啊！他坐不住了，索性站起來，可是，站起來也是焦急。坐也不是，站也不是。於是，他就在客廳裡來來回回踱起步來。正在他焦急無奈之時，臥室裡傳出了幾聲急促的孩子啼哭聲。嘹亮的啼哭聲劃破王家大院的上

第一章　聰慧幼年

空，傳到了左鄰右舍，傳到了絳州城的大街小巷。這啼哭聲告訴人們，一個新的生命來到了這個世界，王家大院又添人進口了。

一個下人急慌慌、興沖沖從臥室跑到客廳向老爺報喜：「老爺。夫人生了，是個男孩！」

王昱聽了，高興得嘴也合不攏了，問道：「夫人與孩子可都安好？」

下人說：「夫人與孩子一切平安。老爺儘可放心。」

王昱聽說夫人與孩子全都平安，這才將一顆懸在嗓子眼裡的心重新放回到胸膛裡。夫人已經為他生了三個男孩，這是他的第四個孩子了。

王昱的上面還有一層天呢。孩子出生，他的第一件事就是要稟報父親。

王昱輕手輕腳來到後院上房，小心翼翼地向父親稟報了妻子誕下一個男孩的消息。

父親面露喜色，輕捋長髯，對兒子說：「好！添丁進口，這是我們王家祖上有德啊！」

王昱的父親王德表，時年六十八歲，已從瀛州文安縣令任上致仕多年，平時在家裡著書立說，鑽研學問。多子多孫，是老人晚年最大的希冀。老人一生有昱、炅、景、昌四個兒子，唯有昱這個大兒子生的孫子最多，已經生了三個孫兒。當他聽到大兒媳又為他生了一個孫兒，自然喜不自勝。因為加上這個孩子，老人已經有了七個孫兒了。

王老夫人薛氏雖然不是王昱的親生母親，但是聽說王家又添了一口人，也高興得雙手合十，口裡連連直誦佛號。

2

絳州王家不是一個普通人家，還頗有些來歷。

絳州王家祖籍太原。太原王氏從魏晉到唐朝，地位都非常顯赫，與隴西李氏、趙郡李氏、清河崔氏、博陵崔氏、范陽盧氏、滎陽鄭氏等七族並列為七宗五姓高門。太原王氏是王姓的肇興之郡、望出之郡，最早登上了一流門閥士族的地位。

王氏為姓，係由爵位而來，意指「帝王之裔」或「王家之後」。太原王氏追本溯源，都是黃帝之後裔。

太原王氏始祖為太子晉。太子晉是周靈王太子，名晉，字子喬，約生於西元前565年，卒於西元前549年，本姓姬。太子晉「幼有成德，聰明博達，溫恭敦敏」，十五歲以太子身分輔佐朝政，靈王重之，諸侯從之。太子晉為人正直，不畏權貴。因為其直諫，觸怒了靈王，被廢為庶人，因此鬱鬱不樂，未及三年而薨，時年十七歲。《列仙傳》記載因太子晉能預卜生死，死後便成了神仙。

太子晉卒後不久，靈王駕崩，太子晉的弟弟貴嗣位，是為景王。太子晉的兒子宗敬後來仕為司徒。他看到周室衰微，天下大亂，便請老致仕，避居太原。時人仍呼之為「王家」，宗敬遂以王為姓，尊其父太子晉為太原王氏始祖。

宗敬死後，葬於晉陽城北五里，其墓地稱「司徒塚」。宗敬的後裔，瓜瓞綿綿，人才輩出，成為太原之大姓望族。

王家到了後魏，一個名叫王隆的裔孫做了行臺尚書，他就是王昱的天祖。

這「後魏」，其實就是「北魏」。因為後人要將三國時的「曹魏」與

第一章 聰慧幼年

「北魏」加以區別，所以，就將「北魏」習慣地稱為「後魏」。

後魏政權是鮮卑拓跋部建立。鮮卑拓跋部，原來居住在今黑龍江、嫩江流域大興安嶺附近，過著游牧生活。東漢以前，北匈奴被打敗西遷後，拓跋部在部落首領拓跋詰汾的率領下，逐步向西遷移，進入原來北匈奴駐地，即漢北地區。到拓跋力微時期，拓跋部又南下游牧於雲中一帶，後又遷居到盛樂，與曹魏，西晉開始往來。這時，拓跋部仍處於部落聯盟階段。

西元 315 年，拓跋力微之孫拓跋猗盧，曾因幫助西晉并州刺史劉琨與匈奴劉聰、羯石勒相對抗有功，被西晉封為代公，進而封為代王。西元 338 年，首領什翼犍建立代國，建都盛樂，並逐漸強大起來。

西元 376 年，前秦宣昭帝苻堅攻代，拓跋什翼犍戰死，代國滅亡。

拓跋珪與後魏的壯大是在淝水之戰後，前秦瓦解，以前被苻堅所征服的各族紛紛獨立，建立起自己的王國。西元 386 年，劉庫仁的兒子劉顯派兵護送什翼犍的少子窟咄和拓跋珪爭國。拓跋氏原有立少子的習俗，窟咄之來，對拓跋珪構成很大威脅。諸部落都有動搖，引起騷動。拓跋珪的左右也密謀夾持珪以響應窟咄。拓跋珪懼，北逾陰山，依於賀蘭部，派人向慕容垂求救。慕容垂派慕容麟領兵救珪，大敗窟咄。於是，拓跋珪也乘機恢復了拓跋族的獨立。西元 386 年，拓跋珪糾合舊部，在牛川召開部落大會，即代王位。代王即位不久，因牛川偏遠，便遷都盛樂。同年四月，改國號為魏，自稱魏王。後又一路征戰南下，先後遷都平城、洛陽。

後魏的行臺，是個地方性軍事指揮機關，主要為處理軍務而設，略同於中臺（在中央的尚書臺），有令、僕射、尚書、丞、郎等官員，但都是臨時權置，並不完備。行臺的首長，不一定都有令、僕射、尚書等官位。

由此可見，王隆在後魏擔任的行臺尚書，不是一個一般的小官。不久，王隆又升遷為開府儀同三司。這開府儀同三司之官職更是非同小可，它是比行臺尚書更高的職位。這時的王隆已經可以開府設立官署了。

後魏遷都洛陽後，皇帝大封皇室宗親與開國功臣。王隆因功也在被封之列，他被皇帝封為安陽縣開國伯。開國伯是王、公、侯、伯、子、男中的第四等爵位，正三品，食邑500戶，即安陽縣的四分之一租稅收入歸他所有。

此時的王隆又由開府儀同三司轉任絳郡太守。太守是一郡的最高行政長官，除治民、進賢、決訟、檢奸外，還可以自行任免所屬掾吏。在太守任上做了幾年，王隆見自己的工作與生活基本得到了穩定，而且絳郡這個地方山水地理、風俗民情都不錯，是個適宜生存的好地方，於是，他就在絳郡城內建了一處大大的宅院，將家眷從太原搬了過來，在絳郡定了居，成了王家在絳郡的始祖。

王昱的高祖是王纂。王纂任過華州別駕。別駕是州府中總理眾務之官，因為其地位較高，出巡時不與刺史同車，別乘一車，所以稱為「別駕」。後來，王纂又升任汾州刺史。刺史一職，始置於漢武帝元封五年（西元前106年）。漢朝初年御史多失職，於是皇帝另派人員出刺各地。「刺」是檢核問事之意。全國十三部（州）各置刺史一人，巡行郡縣，後來此職通稱為「刺史」。到了漢成帝時期，刺史實際上已成為一州軍政長官。由此可見，王纂擔任的是一個地方大員。

曾祖王子傑是西魏的建威將軍，隨宇文泰東征西戰，後任徐州刺史，襲其祖陰德授安陽伯。

至此，王家在官場仕途上是走下坡路的。

第一章　聰慧幼年

王昱的祖父王信，在隋朝任過國子博士。國子博士是國子學的最高長官，由履行清淳、通明經義者擔任，如散騎常侍、中書侍郎、太子中庶子以上，方可召試。國子博士職掌除教授國子學生學業之外，還兼任政治諮詢及參與祭典的顧問，是個六品官。不久，王信又擢朝請大夫。表面上看官是升了，但是無職無權，朝請大夫在朝裡也就是個從五品散官。王信後又遷著作佐郎。著作郎屬中書省，是一個掌管編撰國史的官員，下有著作佐郎、校書郎、正字等官。可見著作佐郎是輔佐著作郎做事的官員，也是一個閒職。隋滅唐立，王信又出任了安邑縣令。

王昱的父親王德表生於武德元年（西元618年），字文甫，是個奇人。王德表小時候就與眾不同，他身材挺拔高大，氣宇軒昂，又生性聰明、性格肅穆、為人誠實、處世謹慎。他早早就開始識字讀書，所讀之書，過目能誦。五歲時，王德表已能一天背誦《春秋》十餘頁紙了。年齡漸長，他即能博綜經史，研精翰墨，冠冕五常，被服六藝。至於釋教空相、玄門宗旨，他都必造其極。

唐貞觀十四年（西元640年），朝廷為了表示重視人才，下令全國各郡縣推薦人才。絳郡推薦了數名人才，其中就有二十二歲的王德表。這年正月，天下英才齊聚京城國子學，探討學問，策辯時論，各展所學，互不相讓。最終，王德表獨闢蹊徑，離經辨志，從眾學子中脫穎而出，獨居首席，並以明經對策高第。太宗聽說選拔出這麼多的英才，非常高興，於是在二月的一天，駕臨國子學，親自參加奠禮盛會，為國子祭酒以下及學生高第精勤者普加一級，並根據不同業績，分別賜帛。七天后，太宗又頒下詔書，命令尋找梁朝皇侃、褚仲都，周朝熊安生、沈重，陳朝沈文阿、周弘正，隋朝何妥、劉焯、劉炫等前代名儒的後代，以示國家對人才的重視。左僕射梁國公房玄齡向太宗皇帝彙報了王德表學業聰敏的事，太宗皇帝大為高興，特敕令王德表陪侍徐王讀書。

唐朝初年，士人初出，往往先得在王府或者官員府第中謀事歷練。徐王是高祖的第十子。貞觀六年，皇上賜實封元禮700戶，授鄭州刺史，徙封徐王，遷徐州都督。王德表陪侍徐王讀書不久，便又遷任蜀王府參軍。蜀王是太宗第六子愔，貞觀十年，改封蜀王。王德表先後在兩個王府裡做事，深深知道諸王府之間爭鬥的激烈，其中的險惡與後果之嚴重使他不寒而慄，為了不讓自己陷入這些紛爭並受到牽連，他便以家裡生活艱難，需要回去照顧為由，辭職回到絳郡。

　　在絳郡老家，王德表決定遠離凡塵侵擾開始苦修。他在祖塋旁邊搭了一間屋子，待在裡面勤學苦讀，直至身體消瘦得骨瘦如柴。太夫人見此，早早晚晚在他耳畔講論男子漢在世就應為國家建功立業的道理，他才改變主意，同意出來做官。王德表先遷任鄜州洛川縣主簿。這期間，他的夫人只為他生下一個男孩，就是王昱。不久，夫人便因病去世。於是，他又續絃薛氏。薛氏也是絳州人，生於武德九年（西元626年），小王德表八歲，是朝議大夫、眉州長史薛卿的女兒，也是世代書香、官宦人家，門當戶對。其曾祖薛朗在隋朝曾任潁川郡太守，襲封都昌縣公；祖父薛安在本朝曾任海州錄事參軍。薛氏本人更是個望月傷懷、見物生情之人，從小在花園藝圃、文山書林裡長成，多才多藝，工詩善文，能書能畫，能工能繡，能裁能剪，「飛鉛灑墨，觸像而成篆畫；豔錦圖花，寓情而發辭藻。」薛氏的到來，為王德表的宦途勞累增添了許多撫慰。此後，薛氏先後為他生下三男一女。三男分別是王洛客、王景與王昌。

　　在鄜州洛川縣主簿任上不久，王德表又先後遷定州新樂縣丞、瀛州樂壽縣丞。任定州新樂縣丞時，太夫人臀上突發瘡疾，王德表為了使母親臀上瘡疾的膿毒盡快排出，反覆用口吸吮，一日數次，數日不輟，終於使母親減輕了痛苦，及時痊癒。王德表為母吮癰的事，一時被傳為佳話。

第一章　聰慧幼年

　　高宗麟德元年（西元664年），朝廷舉兵北伐遼陽。營州都督李衝寂、司庚大夫楊守訥想從地方上選一名能保障軍需供給的官員來擔任他們的助手。選來選去，他們認為王德表清白能幹，堪當此任。果然，王德表不負二位厚望，監督河北一十五州，糧道不絕，保障了邊兵用給。這一次，王德表受到了璽書褒慰，遂遷澤州端氏縣令。

　　不久，太夫人病逝。王德表回家丁內憂。

　　丁內憂結束，王德表遷丹州汾川縣令，旋平遷滄州魯城縣令。秩滿，又授瀛州文安縣令。無論在哪一任上，他都能根據當地特點，施展治縣異策。他所任之縣，物阜民豐，老百姓對他有口皆碑。

　　高宗乾封二年（西元667年），遼東邊寇犯境，直攻燕陲。文安縣城正處在水陸交通的衝要之地，十分關鍵，非常重要。王德表面臨大敵，鎮定自若，不慌不亂，積極備戰，加固城池，整頓軍備。很快，邊寇即攻至城下，將文安縣城死死圍住。邊寇攻城之日，王德表親自登上城牆，厲聲鼓舞士氣，誓志與城池共存亡。孤軍無援，城池很快就陷落。邊寇入城後，王德表仍然帶領將士白刃格鬥，不為所屈。終因寡不敵眾，王德表被寇兵俘獲。邊寇敬其忠烈，不忍加害，暫時將其幽禁於廬庭。夜裡，王德表乘寇兵不備之際，憑藉夜幕與熟悉的地形悄悄逃出城外，找到官軍，詳述寇軍虛實，並出謀反攻之策。官軍遂聽其計一舉反擊，最終大獲全勝。

　　官軍的這個大勝仗，全賴王德表之力。靖邊道大總管建安郡王一面命軍司表以王德鉅額金銀，以示衷心感激，一面速向高宗皇帝上奏王德表忠貞果敢的特異功績，請另加超額獎賞。高平郡王武重規、始州刺史武唯良等也以王德表「化若神君，功踰健令」，紛紛奏請朝廷嘉獎其人其事。

其時，唐朝有議功制。所謂「功者」，即「謂能斬將擎旗，摧鋒萬里，或率眾歸化，寧濟一時，匡救艱難，銘功太常者」。

很快，朝廷便頒降明旨，以王德表的行為屬於「匡救艱難」者，故賜以重金，俾令甄擢。

經過這一場變故，王德表樂而知命，認為無論是對朝廷還是對國家，自己都已盡到了應盡的責任，應該見好就收，急流勇退，回家做自己喜歡的學問了，於是，他自稱疾病纏身，「乞骸骨」，提前致仕。

唐朝規定，七十歲可以致仕。官員請求致仕，叫做「乞骸骨」。如果年不滿七十但是疾病纏身者，也可以提前請求致仕。反之，若精力充沛、體魄健旺者，年雖過七十也可繼續留任。五品以上官員致仕，本人應直接上奏皇帝批准，六品以下官員致仕者，則只要尚書省按規定辦理手續即可。致仕以後，若有特殊需要，也可再度出仕。官員致仕後，可享受一定待遇，職務上，可加官一級，也可換個官名；經濟上，五品以上給半俸，六品以下賜口分田養老。

王德表只是個七品官，只要尚書省批准即可。尚書省對王德表的致仕請求極力挽留。怎奈王德表堅決解印辭榮，只好准予提前致仕。

王德表帶著獲得的重金獎勵，回到了故里絳州。

回到絳州家中的王德表一邊享受天倫之樂，一邊繼續鑽研學問，著書立說。他寫了《春秋異同駁議》三卷，注釋了《孝經》，還注釋了《道德經》、《金剛般若波羅蜜經》各五卷。王德表三教並修，學貫古今，著述頗豐，在河朔之地德高望重，是個人人仰慕、稱羨之人。

作為王家長子的王昱，年前剛剛進士及第，時下正在家中候補待任。

第一章 聰慧幼年

3

王昱的第四子過週歲這天，王家大院裡喜氣洋洋，十分熱鬧。

這一天，有兩件大事要辦，一件是孩子要抓週，另一件是為孩子起名字。

抓週，也稱「試兒」，是預卜新生兒前途的一種習俗。新生兒週歲時，大人將筆、墨、紙、硯、算盤、錢幣、書籍等物品擺放於孩子面前，任其抓取，以驗其貪廉智愚。相傳，三國時吳主孫權稱帝未久，太子孫登得病而亡，孫權只能在其他兒子中選太子，但選誰是好？卻遲疑難決。有個叫景養的西湖布衣求見孫權，稱他有試別皇孫賢愚的辦法。孫權信其言，遂擇一吉日，命諸皇子將各自兒子抱進宮來，讓景養試別。只見景養端出一個滿置珠貝、象牙、犀角等物的盤子，讓小皇孫們任意抓取。眾小兒或抓翡翠，或取犀角。唯有孫和之子孫皓，一手抓過簡冊，一手抓過綬帶。孫權大喜，遂冊立孫和為太子。然而，其他皇子不服，各自交結大臣，明爭暗鬥，迫使孫權廢黜孫和，另立孫亮為嗣。孫權死後，孫亮僅在位四年，便被政變推翻，改由孫休為帝。孫休死後，大臣們均希望推戴一位年紀稍長的皇子為帝，恰好選中年過二十的孫皓。這時一些老臣回想起先前景養採用的選嗣方式，不由嘖嘖稱奇。之後，許多人也用類似的方法來考校兒孫的未來，由此便形成了一種「試兒」的習俗，遂流傳各地。

起名字，則是抓週之後，由長輩正式為孩子起名命字。

抓週在後院正屋王德表的書房裡進行。

書房的地毯打掃得乾乾淨淨。王老夫人薛氏將一個放著脂粉盒、釵環、小算盤、尺子、酒杯、骰子的托盤端出來放在地毯上。王德表從書

桌上的筆筒裡抽出一把三寸長的裁紙小刀放進盤裡，又隨手從書架上取下一冊《老子》放進盤裡。這些物件都很有講究：孩子如果抓了脂粉盒、釵環，就意味著長大了必定是一個喜歡在紅粉堆裡、綠衣裙中穿梭的角色；如果抓了算盤、尺子，就意味著長大了或行商或坐賈，是個一輩子不缺錢花的生意人；如果抓了酒杯、骰子，就意味著長大了非酒鬼即賭徒，是一個不務正業的角色；如果抓了小刀，就意味著喜歡舞刀弄槍，是一個長大了要披甲執戟、廝殺沙場，為朝廷建功立業的英雄；如果抓了書冊，那就意味著長大了是一個腹有經綸、能詩善書的讀書人。

王夫人將孩子打扮得漂漂亮亮的：上身穿一件對襟大紅襖，下身著一條繡花紫紅褲，腳踏一雙登雲虎頭鞋，白白胖胖的小圓臉上五官端正，洋溢著喜氣。她抱著孩子走在前面，王昱跟在身後，兩個人一前一後從前院向後院父親的書房裡走來。

這時候，家人們都到齊了，在書房裡圍成了一個大圓圈，見王夫人抱著孩子到了，就讓開了一個豁口。

王夫人將孩子放在地毯上。

一週歲的孩子，雖然還不會蹣跚走動，但是爬得卻是歡實俐落，他發現前面的盤子裡那麼多稀罕東西，對周圍的環境不管也不顧，便直接向前面爬去。

這時，堂屋裡靜悄悄的，大家屏聲靜氣，盯著孩子的雙手，看他到底會抓取什麼？

孩子爬到了盤前，坐了起來，看著盤子裡的物件，略一遲疑，右手抓了裁紙刀，左手抓了書冊，返回頭，嘴裡「呀呀」著，向母親揮動。

圍在周邊的家人們都吐出來了一口氣，一顆懸著的心都落回了肚裡，答案已經明白。紛紛說：

第一章　聰慧幼年

「這是長大了要當將軍啊！」

「我看將來是個文人。」

「一手抓刀，一手抓書，那是文武雙全呀！」

王昱對父親說：「您該為孩子起名命字了。」他知道有父親在，他是沒有權利為孩子起名命字的。

王德表從孩子手裡拿過《老子》，隨便往開一翻，見是《老子‧十五章》，上面一句話一下撲入他的眼簾：「渙兮其若凌釋。」他雙眉微蹙，手捋長髯，沉思良久，方才說道：「這孩子的幾個兄長有叫之豫、之恆、之的，是『之』字輩，自然他也離不了一個『之』字。《老子‧十五章》有『渙兮其若凌釋』句，人們常說的成語『渙若冰釋』就是這句的縮語，意思是比喻人的疑慮、誤解、隔閡就像冰塊那樣消融散解。就從這句裡擇第一『渙』字，為孩子取名『之渙』吧。至於字嘛，也在這句話裡，取第五字『凌』字。汝的第四個孩子，按孟、仲、叔、季的排行順序，當在季位，孩子的字就叫『季凌』吧。」

王昱聽了父親的一席話，十分欽佩父親學問的高深通達，就說：「孩子這名與字起得真好！」

王德表說：「起名命字不能隨便，講究出處與根底。名與字則講究依賴關係，聞名即知其字，聞字即知其名。」

王昱說：「聽了父親為孩子起名命字，兒子的學問又有了一截長進。」

4

時間過得真快，不知不覺又是一個春秋，王之渙已經長成一個兩歲的孩子了。但是他的個子卻比一般兩歲的孩子要高許多，倒像個三四歲

的孩子。他有事無事就喜歡到爺爺的書房裡看爺爺讀書、沉思，年幼的他還不知道自己正處在一個動盪與發展並存的時代，當然，他也更不知道爺爺的心事。

王之渙的祖父王德表，雖然致仕在家，出於一個經歷過官場的政治心態，卻一直瞪大眼睛、豎起耳朵關注著神都洛陽瞬息變幻的政局。

自從高宗乾封二年（西元667年）他從文安縣令任上致仕之後，朝廷發生了許多令他意想不到的驚人變化。

當年，高宗皇帝因久疾，命太子弘監國。

上元元年（西元674年）秋八月，高宗稱天皇，武皇后稱天后，名為避先帝、先后之稱，實欲自尊。十二月，武天后上表建議十二事：一、勸農桑，薄賦徭。二、給復三輔地。三、息兵，以道德化天下。四、南、北中尚禁浮巧。五、省功費力役。六、廣言路。七、杜讒口。八、王公以降皆習《老子》。九、父在為母服齊衰三年。十、上元前勳官已給告身者，無追核。十一、京官八品以上，益稟入。十二、百官任事久，材高位下者，得進階申滯。高宗詔皆施行之。武天后的這一招收買與籠絡了不少朝臣、民心。

上元二年（西元675年）三月，武天后召集大批文人學士，大量修書，先後撰成《玄覽》、《古今內範》、《青宮紀要》、《少陽正範》、《維城典訓》、《鳳樓新誡》、《孝子傳》、《列女傳》、《內範要略》、《樂書要錄》、《百僚新誡》、《兆人本業》、《臣軌》等書，同時密令這批文人學士參決朝廷奏議，一方面分割宰相之權，一方面加強自己的勢力，時人稱這些人為「北門學士」。此時，高宗風眩愈加嚴重，規劃讓武天后攝政，宰相郝處俊說：「陛下奈何以高祖、太宗之天下，不傳之子孫而委之天后乎！」高宗聽了，這才罷了讓武天后攝政之意。太子李弘深為高宗鍾愛，高宗

第一章　聰慧幼年

欲禪位於太子。但是，武天后想獨攬大權，不滿於太子弘。恰好太子弘見蕭淑妃之女義陽、宣城二公主因母得罪武天后而被幽禁宮中，年逾三十而未嫁，奏請出嫁，高宗許之。武天后憤怒，不久，毒殺太子於合璧宮。

弘道元年（西元683年）十二月，高宗病逝，臨終遺詔：太子李顯於柩前繼位，軍國大事有不能裁決者，由武天后決定。四天以後，李顯即位，是為中宗。武天后被尊為皇太后。

嗣聖元年（西元684年）二月，中宗欲以韋后父韋玄貞為侍中，裴炎力諫不聽，武天后遂廢中宗為廬陵王，並遷於房州。立第四子豫王李旦為帝，是為睿宗，武天后臨朝稱制，自專朝政。

王德表還特別關注神都洛陽城的建築變化。

隋唐新建的洛陽城北依邙山，面對伊闕（龍門），略呈方形，城的總面積比長安要小。部分城牆隨著洛河彎曲而隨形就曲。穿城而過的洛水，將城內分成南北兩個區域，區域與區域之間，築有四座橋梁連接。洛陽城共開十二個城門，城東、南兩面各開三門，北面開二門，西面則開有宮城和皇城各二門。由於地形原因，城內沒有中軸線，各個城門的位置也互不對稱。宮城和皇城位於北區西側的高地上，皇城南臨洛水，有三條南北向幹道，皇城內建有官署和寺廟。宮城在皇城以北，建有含元、貞觀等幾十座殿、閣、堂、院。皇城和宮城在同一條軸線上，皇城前大道透過洛水上的天津橋直抵定鼎門，與伊闕相對。北區有二十八座坊，一個市；南區有八十一座坊，兩個市。三個市中最大的是南市，在洛水南岸，占地兩個坊，內有112行，3,000多個肆。北市在洛水北岸東北里坊區的中央，西市在城西南角，占地都是一個坊。里坊中也有一些商店，洛水兩岸坊內有商行，以北岸的承福、玉雞、銅駝、上林諸坊商業最盛。

洛陽皇城按「天人合一」理念設計，從東南西三面圍宮城，「以象北辰藩衛」，南北軸線高大建築均冠一「天」字，即七天建築——天闕、天街、天門、天津、天樞、天宮、天堂。武天后改東都為神都後，又擴建了都城。

擴建了的神都洛陽，這時顯得有些空曠、冷清。為了使這座都城熱鬧起來，武天后又下令遷徙關內雍州、同州等七州十萬戶百姓來神都洛陽城內定居。

垂拱三年（西元687年）二月，武天后下詔拆除了正殿乾元殿，命薛懷義領導數萬民夫，大興土木，於其地建造明堂，號「永珍神宮」。

明堂，本來是天帝在紫微宮布政的宮殿，天稱明，故命名曰明堂。武天后將自己布政的宮殿稱為「明堂」，目的就是「天子立明堂者，所以通神靈，感天地，正四時，出教化，宗有德，重有道，顯有能，褒有行者也。」歷代明堂一般都建於城南，即所謂「布政之宮，在國之陽」，而武天后則一改明堂建在城南的傳統，將明堂建在了紫微宮內，並且作為神都洛陽城的外朝正衙，呼應天上心宿星座，即「法紫微以居中，擬明堂而布政」。

垂拱四年（西元688年），也就是季凌出生的這一年，神都洛陽發生了一件大事：武承嗣命人鑿白石為文，曰：「聖母臨人，永昌帝業。」假稱在洛水中發現，獻給武天后。武天后大喜，命其石曰「寶圖」。之後，武天后為自己加尊號為「聖母神皇」。

王德表聽說，去年明堂已經建成。聖母神皇非常高興，下令改河南縣為合宮縣。

他還聽說這座明堂氣勢恢宏、壯觀華麗、巍峨參天，高294尺，方300尺，共三層，底層為四方形，四面各施一色，分別代表春夏秋冬

第一章　聰慧幼年

四季。中層十二面效法一天中十二個時辰，上為圓蓋，四周有九條龍環繞。上層效法二十四個節氣，亦為圓蓋，上置一丈高的鐵鳳，鐵鳳全部用黃金裝飾。中間用巨木作柱，柱粗十個人方可展臂合圍，上下貫通，都是黃櫨等世上稀有木料。明堂下面的水渠，全部用鐵水澆築而成。

他聽說就在今年正月元日，聖母神皇第一次享用明堂，並大赦天下。四日，御駕明堂布政，頒九條以訓於百官。第二天，聖母神皇又御駕明堂，賜宴群臣，依據不同職位賞以絲絹綢緞。自明堂建成後，聖母神皇還下令，神都婦人及附近諸州父老都可以進入明堂參觀，凡前來參觀者都賜予酒食。

王德表想，年紀大了，是該考慮考慮自己的歸宿了。看著身旁的孫兒季凌，他又想，自己的歸宿安頓好了，也有利於兒孫們將來的讀書、生活、前途，這樣一箭雙鵰、一舉兩得，真是一件大好事啊！

5

王德表每天除了讀書、寫字，還有一件事就是出去蹓躂。他每次出門蹓躂總要帶著幾個年齡較小的孫兒，其中就有王之渙。

在一個風和日麗、春光明媚的春天，王德表領著幾個孫兒要到絳州城內北街的碧落觀去蹓躂。

到碧落觀需要穿過絳州城內的一條主要大街。街坊鄰里們不停地用敬仰的口氣與這個致仕在家的王老爺打著熱情的招呼。跟在爺爺身旁的王之渙被周圍的熱鬧景象吸引著，總覺得兩隻眼睛都不夠用。

由於絳州地理位置特殊，具有水旱交通之便，絳州城便成為河東的一處重要的經濟商貿集散中心，有「七十二行城」、「小京城」之美譽。城內三教九流、五行八作、行商坐賈、能工巧匠，應有盡有。街道兩旁的

商舖排列有序。街道上車水馬龍，南來北往，萬頭鑽動，熙熙攘攘。街道上輕快的馬蹄聲、清脆的銅鈴聲、小販悠長的吆喝聲，構成了一處喧囂而又繁華的熱鬧世界。

穿過熱鬧的街市，祖孫數人來到了碧落觀。

碧落觀基址兀聳，居高臨下，氣勢宏偉。李家王朝的唐代，尊老子李耳為先祖，大興道教之風，在全國各地到處建築道觀，地位十分重要與顯赫的絳州城自然也不能落後，於是就建了一座碧落觀。

幾個年紀大一點的孫兒在碧落觀的臺階上上竄下跳，一邊跑跳，一邊打鬧，唯有王之渙緊緊地跟隨著爺爺，一會兒看看這裡，一會兒瞧瞧那裡。他覺得什麼都新鮮，什麼都好奇。

來到一通石碑前，他見有幾個人正圍著觀看，就十分好奇這塊大石頭，便問爺爺：「這是什麼呀？」

王德表說：「季凌，這是一塊石碑。因為立在了碧落觀，所以人們就叫它『碧落碑』。這塊石碑可有來頭了，是韓王元嘉的兒子李訓、李誼、李撰、李諶於高宗咸亨元年為其亡母房氏祈福而立的。韓王元嘉是誰呢？他就是高祖李淵的第十一個兒子啊！」

王之渙說：「這碑有什麼好呀？這麼多人都在看？」

王德表說：「這碑好得很呀！碑前刻著碧落天尊像，碑後刻著篆文，一共有六百三十個字。碑文為小篆，筆畫細挺，線條圓潤，字型狹長，有的筆畫、部首仍然保留了大篆字型的象形特徵，讓人想到日月、雲霜、蟲魚等自然界的事物，顯得古樸而有意趣。字的結體大多上緊下鬆，左右對稱、平穩，整篇碑文在布局上整齊嚴格，又具有豐茂古雅的特徵。這些字有的源於殷商甲骨，有的源於周朝鐘鼎，有的則出自秦刻石鼓文及《泰山刻石》、《琅琊臺刻石》、《嶧山刻石》、《會稽刻石》。碑文

第一章 聰慧幼年

中多次出現的同一個字,極少有相同寫法,且字字有源有據。用小篆筆法書寫甲骨文、鐘鼎文、石鼓文,篆字奇古,引筆精絕,首開先河,前無古人。」說著說著,王德表覺得自己說得有點太多、太深奧了。跟一個兩歲多的孩子說這些,他能聽得懂嗎?

爺爺說的這些,王之渙雖然在認真地聽著,除了說有「六百三十個字」、「筆畫細挺」、「字型狹長」、「日月、雲霜、蟲魚」這些似懂非懂之外,別的一句也不懂。他只知道爺爺是在說這是一塊好碑。於是就問:「爺爺,這是誰刻寫的呀?」

王德表說:「碑文落款沒有記載是誰所書,有人說是王惟玉書,有人說是黃公撰書,還有人說是碧落碑文寫成之後,有兩位道士前來請求刻石,二人拿到碑文後,便關門封戶,閉目靜坐,一連三日,晝夜不出,房內半點聲音也沒有。眾人覺得好生奇怪,便一起去開門想看個究竟。開啟房門一看,兩個道士早已無影無蹤,只見一對仙鶴從房中雙雙起舞,飛出房中後,便翩然遠去,再看石碑,上面碑文竟似鬼斧神工,宛然在目。」

這一段,王之渙聽懂了,他一下被爺爺所講的故事迷住了。

看罷石碑,王德表又領著孫兒們來到寶塔前。

碧落觀的寶塔坐北朝南,緊鄰大殿之後,總高八級,呈八角形,為樓閣式磚塔。塔身各簷下的椽、柱、斗栱均為青磚仿木結構,製作十分精良。

王之渙抬頭仰望,看見每一層塔都掛著一個牌匾,上面都寫著四個字,有些好奇,就問爺爺:「那上面都寫得什麼呀?」

王德表說:「塔的每級上均有題額,由下到上分別為『一柱擎天』、『兩莖仙掌』、『三汲龍門』、『四大躋空』、『五雲獻瑞』、『六鰲首載』、『七星

召應』、『八風協律』。」

爺爺說的這八個題額內容，王之渙似懂非懂，但是他卻全都背誦下來了。

王德表又領著孫兒們登上塔頂。

從瞭望孔向外望去，絳州全城一覽無遺，盡收眼底。

絳州城建在汾河下游的北岸，依塬近水，北靠九原，南襟峨嵋，汾河像一條柔軟而秀美的白色腰帶繞城而過，南門處的汾河浮橋，就像腰帶中間的一個漂亮的結釦，圓滿、形象、生動，詩一般的畫面設計將這座城裝扮得達到了極致。

絳州，春秋時曾為晉都；戰國時屬魏，稱汾城；南北朝時，北魏置東雍州；北周明帝武成二年（西元560年）改雍州為絳州；隋開皇三年（西元583年）州治從玉璧遷建於此。

絳州城，周長九里十三步，統稱九里，故人稱「九里城」。

王德表說：「季凌，你看看這絳州城像個什麼動物？」

王之渙想了想，說：「爺爺，是一隻牛嗎？」

王德表說：「對了。絳州城，臥牛形。西北高、東南低的絳州城，就像一頭牛，頭南尾北臥於汾河岸畔，因此，人們也稱『臥牛城』。你看，南面的朝宗門就像牛嘴，北面的武靖門就像牛臀，南大街直通南門，就像牛的脊梁；東西的幾條小巷，很有順序地排列著，就像牛的幾根肋骨；再靠東面的四條巷，較寬而短，就像牛的四條粗腿；城南的兩個天然的水塘，明晃晃的，就像牛的兩隻眼睛；建在城牆上的兩座小寶塔，特別顯眼，就像牛的兩隻犄角；建在北部的龍興塔，高高聳起，就像牛翹起來的一條尾巴；架在南門外汾河上的浮橋，努力向前延展著，就像牛伸向汾河裡正在舔水的舌頭。」

第一章　聰慧幼年

　　王之渙問：「爺爺，我們家在牛的哪個部位呀？」

　　王德表用手指著梁軌廟不遠處的一座青磚藍瓦的宅院說：「我們就住在那座院子裡。」

　　王之渙手指著遠處一個有樹有花有草有亭有水的地方，就問爺爺：「那是一個什麼地方？」

　　王德表順著他的手指望去，知道季凌說的是守居園池，就說：「那個地方是絳州城內最有名氣的建築——守居園池。隋開皇十六年，內軍將軍臨汾令梁軌在此為官，他發現這裡雖然地處汾河岸邊，卻經常遭到旱災威脅，每遇風不調雨不順的年代，糧食就會減產，老百姓就會受飢挨餓，而且，城池附近的井水又多鹵鹹，既不可飲用，又不能澆灌田園，於是，他就四處勘察，尋找新的水源。不久，他發現州城北面三十華里的地方有一處鼓堆泉，就決定將泉水引出來造福於民。他組織民眾開挖了十二條灌區，沿途一路澆灌農田，剩下的最後小部分流水又引入州城，使其從州衙的後面經過，流入街市和城郊，徹底解決了灌溉田園和人們飲水的困擾。隋大業元年，煬帝的弟弟漢王諒造反，絳州薛雅和聞喜裴文安居高垣『代土建臺』以拒隋軍征討，因此形成了大水池。後來，又在這個大水池中種了蓮花，建了洄蓮亭，周旁栽植了竹木花柳，守居園池的雛形便逐漸形成，後人稱這裡為『蓮花池』或『隋代花園』。」

　　王德表剛剛說完，王之渙突然手指著西面高垣上的一處建築，驚訝地喊道：「爺爺，您看，那是個什麼地方？」

　　王德表說：「那個地方，在這裡指指可以，到了跟前卻是不可亂指亂說的。」

　　王之渙壓低聲音問：「那到底是個什麼地方？這麼厲害？」

　　王德表說：「那個地方就是絳州的衙門。衙門就是官府。早年，爺

爺因公幹曾經進過這個衙門幾次，知道裡面的建築結構。按照規制，一般州衙正堂面闊應為五間，而絳州大堂偏偏是七間，這恐怕與絳州為全國的鑄錢基地不無關係，地方重要，衙門的規格當然會隨之升高。面寬七間的絳州大堂，進深八椽，單簷歇山筒瓦頂，簷下為五鋪作斗栱。堂內柱子及前後門檻柱，矗立在碩大的石質覆盆式蓮花柱礎之上，粗壯難以合抱。為擴大堂內面積，內柱大量減少，橫梁為三架重疊，縱向大內額，與橫行大梁疊架承重，撐以通天立柱，堅固而有力。梁柱多為原始材料剝皮稍加砍削而成，無統一規格可循。堂前安臥一塊『魚兒跪堂石』，意為魚兒喝水各憑良心，公正與否，只有天知道了。整個大堂粗獷豪放，樸實無華，高大寬闊，巍峨壯觀，置身其間，四顧空曠，不嚴自威。衙門中間青石板鋪就的引路南端，建有一座木石牌樓。引路左右尚建有兩排一長溜廂房，是三班六房差役們辦公的地方。大堂後面建有數間二堂房屋，州衙官員可以在這裡下榻休息。堂西側建有一座小型花園，內有小橋流水、假山松濤，可供衙內官吏因行事煩惱而稍作賞景散心。再往後便是供知州及其夫人、小姐消遣遊覽的州署花園。貞觀年間，太宗皇帝為討伐平息外族入侵，東征高麗，命左領軍大將軍張士貴在絳州設帳募軍，招兵處就設在這州衙的正堂內。」

王之渙說：「爺爺，您知道的真多啊！」

王德表說：「在這裡就說到此為止。回了家，爺爺再跟你詳細講講我們絳州的名人。」

王之渙問：「絳州的名人多嗎？」

王德表說：「絳州的名人多著呢。有春秋時晉國名臣羊舌肸，孔子稱讚他為歷史上第一個正直的人，戰國時期的荀子，又一個著名人物，還有隋朝的著名人物梁軌……」

第一章　聰慧幼年

還沒等王德表說完，王之渙就問：「梁軌？就是建守居園池的那個人嗎？」

王德表摩挲著季凌的小腦袋，高興地說：「是啊！汝的年紀不大，記性真不錯。」

季凌對事物的好奇、多問，王德表一點也不厭煩，反而，他倒覺得孩子這種好奇心、求知欲正是將來成就大氣的一種天生資質。他記得自己小時候也是這樣，對什麼東西都覺得新奇，對什麼東西都想知道。兩三歲就開始識字讀書了，五歲時就能一天背誦《春秋》十餘頁紙了。現在的季凌不正是與自己的小時候有些相似嗎？

6

這年夏天，王德領著五孫兒、六孫兒與七孫兒季凌穿過熱鬧的絳州南北大街，出了南門，來到汾河橋邊。

這段汾河有半里多寬，河上架著的一座長長的浮橋，成為連接汾河兩岸的一條必經之路。

王之渙看見眼前的這座浮橋，正是那天在碧落觀上看到向汾河裡舔水，像個牛舌頭的地方。

這座浮橋的南面建有一座橋亭，亭裡住著幾個穿著公服的差役，負責向來往於兩岸的行人徵收過橋稅。無論男女老少，凡是過橋者必須交足兩文過橋稅，方可過橋。

王德表想讓孫兒們到對岸的沙灘上去玩玩，這時有意考驗一下三個孫兒的智慧，就掏出一把銅錢，分他們每人兩文，說：「這兩文錢，是汝等每人過橋的稅錢。誰能不交稅過了橋，省下的兩文錢就歸誰所有了。」

王之渙的五哥想，過橋交稅天經地義，這錢卻省不得，於是大步走到橋頭，乖乖地交了兩文錢的過橋稅。

　　王之渙的六哥站在橋的這頭，望著橋那頭的橋亭，看見凡是過橋的人，都得交稅，抓耳撓腮，怎麼也想不出一個不交稅就能過了橋的辦法，也只好走過去乖乖地交了過橋稅。

　　兩個哥哥和另外幾個人過橋的時候，王之渙一直在靜靜地觀察著橋亭裡的動靜。他看見平時沒人過橋的時候，收稅的差役都在橋亭裡乘涼休息，見有人到了橋亭前，他們才出來收稅。交稅的過橋，不交稅的則南來的往南推，北來的往北趕。看到這些情況，他的心裡頓時有了主意。於是，他不慌不忙地朝橋南走去，眼看就要快到橋亭了，他立即來了個向後轉，有意放重腳步向橋北走來。

　　這時，橋亭裡的差役見有人不交稅就要過橋，跑出來，喝道：「汝要到哪裡去？」

　　王之渙用手向北一指，說：「我要到城裡去。」

　　差役說：「過橋交稅，每人兩文。」

　　王之渙說：「我是個小孩子。」

　　差役說：「無論大人小孩，都得交稅。」

　　王之渙說：「我身上一文錢也沒有。」

　　差役一把抓住王之渙的衣領：「沒有錢就不要過橋。」說著便將王之渙推回了橋南。

　　早已過了橋的王德表，看著孫兒季凌智過汾河橋，心下暗喜。

　　王德表領著孫兒們來到了一片沙灘上，任他們自由玩耍，自己則找了一塊平穩的大石頭，坐在上面欣賞著河裡忙碌的打漁船、岸邊茂密的

第一章　聰慧幼年

蘆花叢、空中翻飛的撈魚鸛等夏日的汾河景緻。

金色的沙灘被夏日的陽光晒得鬆軟，腳踩在上面就像踩在一床新被子上，有一種舒服、愜意的感覺。三個孩子在沙灘上玩得興高采烈，一會兒在沙灘上追來追去，一會兒蹲在沙灘上比賽堆城堡，看誰堆得又快又好。他們剛堆好就倒塌了，倒塌了再堆。

這時候，突然平地裡起了一股旋風，越旋越粗，越旋越急，由遠而近，一直旋到了三個孩子的頭頂之上，瞬間又旋著向西而去，慢慢地化為烏有。

旋風走了，王之渙的五哥一摸頭頂，發覺頭上的帽子被旋風捲走了，急得就要哭出來。王之渙與他的六哥就決定幫著五哥去找帽子。

三個人順著風向，在沙灘上一直向西找去，沒有看到帽子。他們又到了前面的一片小樹林，低著頭在地上找起來。找來找去，也沒有發現帽子。

這時，王之渙想，旋風是旋著往上的，帽子極有可能被旋到樹杈上，於是，他就讓兩個哥哥都抬頭向樹上去找。

找了一會兒，突然，六哥喊道：「這棵樹上有個喜鵲窩！」

王之渙跑過來一看，說：「這哪裡是喜鵲窩，這不就是五哥的帽子嗎？」

五哥急忙爬上樹去，將帽子取了下來。

三個孩子找到帽子，又去找爺爺。

王德表聽說了孫兒們找帽子的事，知道又是由於季凌的聰慧才找到了帽子，十分高興。

從此，在幾個孫兒中，王德表就越來越喜歡季凌。

第二章　遷居洛陽

1

就在王之渙兩歲這年夏天，王家發生了一件大事：王之渙的母親又為他生了一個弟弟。弟弟存活了，而母親卻因為難產失血過多而去世了。

全家人免不了一場悲傷。

家裡最最悲傷者，當然要數王之渙了。弟弟剛剛出生，除了弟弟，家裡就數他最小。人常說「幼年喪母，中年喪妻，老年喪子，乃人生最為悲傷之事」。可是，「幼年喪母」這件事偏偏降臨到了王之渙身上。可以想見，王之渙會是如何地悲傷，這件事又是如何地摧殘王之渙幼小的心靈。

此時的王昱卻是一悲一喜，悲的是夫人去世，喜的則是自己補了鴻臚寺主簿，即日將赴神都洛陽上任。

這鴻臚的「鴻」，本意是天鵝或大雁，通「洪」，引申為大、強等，而「臚」的本意是皮膚，通「臚」，意為「傳」，傳達的「傳」、傳話的「傳」。鄉村舉辦婚喪大事，一般都要請知客來操持料理。知客常常會高喉嚨大嗓門地向眾人傳達主家的意見，安排各項事務。國家也有類似的官職，周朝叫「大行人」，秦代和漢初叫「典客」，漢武帝太初年間則改其名為「鴻臚」，設鴻臚省，專管朝廷慶賀、弔喪、贊導之禮。到了北齊時，才改鴻臚省為鴻臚寺。

第二章　遷居洛陽

鴻臚寺的職責是主管外事接待、民族事務及凶喪之儀。

鴻臚寺設卿一人，左、右少卿各一人。下置主簿廳、司儀署、司賓署。主簿廳，設主簿一人，主管收發文移。司儀、司賓二署，各設丞一人、鳴贊四人、序班五十人。司儀署主管王設、引奏，司賓署主管少數民族及外國朝貢使臣。

鴻臚寺主簿雖然職位不高，但是能被朝廷錄用，而且又是個京官，總歸是好事、喜事，王昱高興，全家上下都替他高興。

王昱臨行前，到後院上房裡與父母親大人辭別。

王德表在書房裡少不了要對兒子叮囑一番。

王德表覺得這個大兒子母親死得早，自己在外做官又不能照顧他，是個苦孩子，自己很是對不起他。但是還好，這孩子自幼聰明刻苦，學業長進，年前進士及第，如今又做了京官，這次他得好好盡一番做父親的責任。王德表是個博古通今、天文地理無所不知、三教九流無所不曉的人。他認為無論官做得多大，每到一地，了解並熟悉一地的地理與歷史是非常必要的，因此，他想先從神都洛陽的地理位置與神都的歷史說起。

洛陽位於洛水之北，水之北乃謂「陽」，故名洛陽。洛陽境內山川縱橫，西靠秦嶺，東臨嵩嶽，北依王屋山、太行山，又據黃河之險，南望伏牛山，宛若屏障。而神都洛陽城又北據邙山，南望伊闕，洛水貫穿其中，東據虎牢關，西控函谷關，四周群山環繞、雄關林立，因而有「八關都邑」、「山河拱戴，形勢甲於天下」之稱；而且其雄踞「天下之中」、「東壓江淮，西挾關隴，北通幽燕，南系荊襄」，人稱「八方輻輳」、「九州腹地」、「十省通衢」。

洛陽歷史十分久遠，許多氏族部落，如伏羲、女媧、黃帝、唐堯、虞舜等，多傳於此。

禹劃九州，河洛屬古豫州地。洛陽是夏朝立國和活動的中心地域，太康、仲康、帝桀皆以洛陽的斟鄩為都。

西周代殷後，為控制東方地區，開始在洛陽營建國都。周公在洛水北岸修建了王城和成周城，曾遷殷頑民於成周，並以成周八師監督之。當時洛陽稱雒邑、新邑、大邑、成周、天室、中國等，亦稱周南。周平王元年，周平王東遷雒邑，是為東周。

秦莊襄王元年，秦在洛陽置三川郡，郡治成周城。

漢王元年，項羽封申陽為河南王，居洛陽。漢高祖五年，劉邦建漢，初都洛陽。漢光武建武元年，劉秀定都洛陽，改洛陽為雒陽。黃初元年，魏文帝曹丕定都洛陽，變雒陽為洛陽。泰始元年，西晉代魏，仍以洛陽為都。東晉時稱故都洛陽為中京，一直沿用到南朝宋武帝、宋文帝、宋明帝。太和十八年孝文帝遷都洛陽。北周平齊之後，升洛陽為東京，設立六府官，號東京六府。

隋大業元年，煬帝遷都洛陽，在東周王城以東，漢魏故城以西十八里處，新建洛陽城。

當朝以來，一直以長安為都，宗廟陵寢社稷都在長安，而洛陽只是行宮。顯慶二年二月，高宗東巡洛陽，於是年十二月始改洛陽為東都，內建河南縣。顯慶四年十月，高宗二巡洛陽。麟德二年潤三月，高宗三巡洛陽。咸亨二年正月，高宗四巡洛陽。上元元年十一月，高宗五巡洛陽。調露元年正月，高宗六巡洛陽。永淳元年四月，高宗七巡洛陽，並於次年十二月在洛陽駕崩。

光宅元年，武天后臨朝稱制。這才改東都為神都。

王德表說到武天后，他向窗外掃了一眼，見外面沒人，方才壓低聲音對兒子講起了武天后的身世。

第二章　遷居洛陽

　　武天后是并州文水人，原名珝，武德七年生於京城長安。其父武士彠從事木材買賣，家境殷實，十分富有。隋大業末年，李淵在河東與太原任職之時，因多次在武家留住，因而與其結識。後來，李淵在太原起兵反隋，武士彠曾資助過錢糧衣物，故唐朝建立以後，曾以「元從功臣」歷工部尚書、黃門侍郎、判六曹尚書事、揚州都督府長史、利州、荊州都督等職，封應國公。貞觀九年武士彠去世後，武珝的堂兄武唯良、武懷運及武元爽等曾對其母親楊氏失禮。

　　貞觀十一年十一月，太宗皇帝聽說武珝體態豐碩，方額廣頤，皮膚白皙紅潤，頭髮烏黑亮麗，長得非常漂亮，便將她納入宮中。年僅十四歲的武珝離家之時，其母哭哭啼啼，而武珝則點淚不落，說：「侍奉聖明天子，豈知非福，為何還要哭哭啼啼作兒女之態呢？」武珝入宮後，因其狐媚美麗，被封為五品才人，賜號「武媚」，人稱「武媚娘」。

　　太宗皇帝有馬名「獅子驄」，肥逸桀驁，無有能調馭馴服者。其時，武媚娘正侍候在側，對皇上說：「妾能制之，然須三物，一鐵鞭，二鐵撾，三匕首。鐵鞭擊之不服，則以撾撾其首，又不服，則以匕首斷其喉。」太宗皇帝聽了，很佩服武媚之能。

　　貞觀十七年，太子李承乾被廢，晉王李治被立為太子。此後，在侍奉太宗皇帝之際，武媚娘和李治相識並產生愛慕之心。

　　貞觀二十三年，太宗皇帝駕崩，武媚娘依後宮之例，入感業寺削髮為尼。永徽元年五月，高宗皇帝在太宗週年忌日入感業寺進香之時，突然與武媚娘相遇，兩人相認並互訴離別後的思念之情。這時，無子而失寵的王皇后看在眼裡，便主動向皇上請求將武媚娘納入宮中，企圖藉此打擊她的情敵蕭淑妃。高宗皇帝早有此意，當即應允。永徽二年五月，高宗皇帝的孝服已滿，武媚娘便再度入宮，並被封為昭儀。入宮前武媚

娘已有孕在身，入宮後便很快誕下兒子李弘。次年五月，被封為「二品昭儀」。

　　永徽六年六月，後宮有人傳說：王皇后與其母柳氏找來巫師，企圖用厭勝之術將武昭儀詛咒而死。謠言傳到高宗皇帝耳朵裡，聖顏大怒，將王皇后母親柳氏趕出皇宮，還想把武昭儀由昭儀升為一品宸妃，由於受到宰相韓瑗和來濟的反對，最後未能如願。不久，中書舍人李義府等人得知皇上欲行廢皇后而立武昭儀消息後，表示贊成，許敬宗、崔義玄、袁公瑜等大臣也向皇上接連投遞了請求立武昭儀為后的表章。高宗皇帝看到有不少人支持，廢立之意再次萌生。

　　武昭儀工於心計，心狠手辣，兼涉文史。武昭儀三十歲才產下第一個女兒。武昭儀的女兒滿月之際，王皇后出於關心，過來看望。王皇后剛走不久，武昭儀就親手將自己的女兒掐死，並嫁禍於王皇后。高宗皇帝信以為真，一氣之下，便將皇后打入冷宮。至此，高宗皇帝便又生廢王立武的心思，於是將褚遂良請入宮中當面商談。褚遂良是太宗的「託孤重臣」，堅決反對立武昭儀為皇后。他說：「陛下非要另立皇后，也請您在名門望族中另挑一個，何必非要立武氏！她曾被先帝臨幸，天下盡知，將她立為皇后，千秋萬代之後世人如何評說？」這時，武昭儀正躲在屏後偷聽，聽到這話，憤怒地跳出來，大喊道：「為何不把他打死？」

　　其時，朝廷以長孫無忌、褚遂良為首的元老大臣勢力強大，高宗皇帝的權力受到很大限制。高宗皇帝企圖借「廢王立武」重振皇權，打擊元老大臣們的勢力。於是，將武昭儀引為政治上的得力助手。並重賞第一個明確支持「廢王立武」的李義府。朝中很多中層官員看到支持「廢王立武」有利可圖，便轉而支持立武昭儀為后，形成了「擁武派」，打破了原來多數反對「廢王立武」的局面。又一次，高宗皇帝與功臣元老中的李勣

第二章　遷居洛陽

在談到後宮的廢立之事，李勣說：「此陛下家事，何必問外人。」此言說到了高宗皇帝的心上，並堅定了其「廢王立武」的決心。

永徽六年（西元 655 年）高宗皇帝正式立武昭儀為皇后。

成為皇后的武珝，之後做出了一系列消除異己的舉動：殘忍地虐殺了王皇后和蕭淑妃；讓自己的兒子李弘做了太子；為皇上出謀劃策，採用先易後難的策略，先後罷黜了褚遂良、韓瑗、來濟，最後除掉了長孫無忌。

顯慶五年（西元 660 年），高宗皇帝患上了頭風之疾，時常頭暈目眩，不能處理國家大事，遂命武皇后代理朝政。

麟德元年（西元 664 年），高宗皇帝隱隱覺得武皇后權位太重，對太子未來繼位會有所妨礙，便與宰相上官儀商議，打算廢掉武珝皇后之位。上官儀的廢後詔書還未來得及草擬，武皇后便已得到密報。她馬上直接來到皇上面前，追問此事，懼內的高宗皇帝不得已，便把責任推到上官儀身上。是年十二月，上官儀便被逮捕入獄，不久，即被滿門抄斬。

上元元年（西元 674 年）秋八月，武皇后稱武天后，直到弘道元年（西元 683 年）十二月高宗皇帝駕崩，太子李顯繼位，武天后被尊為皇太后。

光宅元年（西元 684 年）二月，武天后廢中宗皇帝李顯為廬陵王，立太子李旦為睿宗。從此，武天后臨朝稱制，自專朝政。

自高宗皇帝駕崩之後，武天后廢了一個皇帝，軟禁了一個皇帝，又採用不同手段，先後剷除了英國公李敬業、越王李貞，殺害了韓王李元嘉、魯王李元謹、霍王李元軌、汝南王李煒、鄱陽公李諲等李氏宗室不計其數。

武天后一面誅殺李氏宗室，一面大興酷吏。

武天后知道，自己要當女皇，會有很多人反對她。自己奪了李家的天下，那些姓李的皇親國戚，會如何地跟她不共戴天。她懷疑天下人都在企圖謀害自己。如果要鎮壓異己，就需要有人檢舉，有人揭發，尤其在擴大打擊面時，就需要找些理由。這需要有人誣告、有人陷害，因此，她就想出一個辦法，命鑄銅為匭，置之朝堂，供人投告。又重用索元禮、來俊臣、周興等酷吏，誣陷忠良，濫殺無辜，一時間，朝廷上下，人人望而生畏。自垂拱以來，武天后任用酷吏，先誅唐宗室貴戚數百人，次及大臣數百家，其刺史、郎將以下，不可勝數。

面對這種亂世，王德表特別叮囑兒子到了任上一定要謹言守口，小心行事。

最後，他與兒子說了他謀劃多年的想法，囑咐兒子到了神都洛陽後，可抽時間購買一處住宅，將全家遷到神都洛陽居住。

2

鴻臚寺主簿是個清閒職位，沒有什麼油水，也沒多少事情，每天收發一些少量的文移。王昱規規矩矩地在自己的職場讀讀書，寫寫字，小心謹慎，不敢越雷池半步。

這年七月，僧法明等撰《大雲經》四卷，說武天后是彌勒佛化身下凡，應作為天下主人，武天后下令頒行天下。命兩京諸州各置一所大雲寺，藏《大雲經》，命僧人講解，並將佛教的地位提升至道教之上。

九月，侍御史傅游藝率關中百姓九百餘人上表，請改國號為周，賜皇帝姓武。於是百官及帝室宗戚、百姓、四夷酋長、沙門、道士共六萬

第二章　遷居洛陽

餘人，亦上表請改國號。武天后準所請，改唐為周，改元天授。武天后稱聖神皇帝，以睿宗為皇嗣，賜姓武氏，以皇太子為皇孫。立武氏七廟於神都，追尊周文王為始祖文皇帝。立武承嗣為魏王，武三思為梁王，其餘武氏多人為王及公主。

聖神皇帝認為長安長久遭受吐蕃的侵擾威脅，而洛陽則北有黃河，東有虎牢關，西有潼關，南有秦嶺，比較安全，況且洛陽在地理上居於中國正中，交通發達，經濟繁榮，更容易控制全國，此時長住洛陽，是一個不錯的選擇，於是定都洛陽。

不久，王昱聽說春官尚書、同鳳閣鸞臺平章事范履冰被誣告，死於獄中。

隔四月，王昱又聽說聖神皇帝殺太子少保、納言裴居道、尚書左丞張行廉，以及南安王李穎等宗室十二人，又鞭殺故太子賢二子，其幼弱尚存者盡數流放嶺南，又誅殺其親黨數百家。至此，聖神皇帝除了自己的親生兒子李顯、李旦，以及千金長公主以巧媚得全，自請為太后女，改姓武氏外，高祖、太宗、高宗的子孫被全部誅除。

這些壞消息，讓王昱不禁驚出一身又一身冷汗。

不過，也有好消息來舒緩王昱那種壓抑的心情。閒暇時，他到外面閒逛，他看到了林立在天街兩側長得特別茂盛的槐樹、柳樹，他嗅到了西苑與宮城中牡丹、茉莉等奇花異卉飄散出來的馨香，他望著京城裡灑滿金色陽光的樓閣亭臺，感到特別富有詩意。他走在大街上，感受到這是一個喧囂、熱鬧的世界，也是一個繁榮的世界：車轔轔、馬蕭蕭，行人如織，行腳馱夫匆匆而過，文人士子緩緩而行，中間也時不時夾雜幾個膚色黝黑的胡人、藍眼捲髮的波斯人、頭戴白巾的阿拉伯人，雜耍藝人、遊商們也混跡其中。街道兩旁店肆林立，各種貨物琳瑯滿目，商販

們頗具穿透力的叫賣聲、招呼聲,不絕於耳。

這時候,他才確信父親要遷居神都洛陽的主意是多麼正確。他經過多方打聽、物色,最後終於在洛陽城一個叫做遵教里的地方購買下一處院落。

在唐朝,里是一個最基層的管理單位,百戶為里,設里正管理。

3

接到兒子在神都洛陽城內遵教里購下住宅的消息,王德表十分高興。

遷居的決定一經釋出,絳州城內的王家一家老小便忙亂起來。

王德表的第一件事是委託中人,宣揚出去出售王家祖宅。王家祖宅乃王德表高祖王隆所置,距今已有將近兩百年的歷史,中間雖然經過多次修葺,仍然不失高大、威武、寬敞的威風,在絳州城內仍屬最好的民宅之一。說心裡話,出售這處祖宅,王德表心裡很是不捨,但是,他是決定要遷居洛陽再不準備回來的,只好不得已而為之。

出售祖宅的消息在絳州城內傳開後,很快就有人透過中人前來接洽,並前來相看。一看宅院就中意,只是因為銀錢上的差距較大,雙方一時不能談妥。

出售祖宅的事尚未敲定,並不影響搬遷準備工作的正常進行。

王德表指揮著家人們分撥哪些家具要帶走,哪些家具要留下送人。帶走的家具則需要在外面捆扎、打包。女眷們則是在忙著整理各自的首飾、服飾等細軟物件。王德表則是抽空在書房整理自己的書籍與手稿。

王之渙年紀尚幼,見大人們忙亂著,他也裡裡外外地亂跑,覺得很有趣。當祖父、祖母告訴他,很快就要見到他的父親了,他就感到格外

第二章　遷居洛陽

高興，手舞足蹈，跑得更歡了。

為了盡快交易成功，王德表在銀錢上做了一些讓步，祖宅就出售成功，並寫好了契約。

確定了遷居的良辰吉日，王德表就帶著家人到祖塋，向列祖列宗焚香敬紙，三跪九拜，細述原委，祭別祖宗。

接下來就是到親戚、友人處告別，細述多年來的交情與友誼。

親戚、友人知道王家要遷居神都洛陽，少不了要前來看望。這幾天來了一撥又一撥，送走一批又一批，王德表忙得不可開交，顧不上落座休息一會兒。

臨行的那一天，果然是個好天氣，豔陽高照。

親戚朋友、街坊鄰居早早地到王家大門口送行。

家人們忙著將箱櫃、行李等東西搬到車上，又用繩索緊緊地捆綁好了。王德表則將不準備帶走的東西分別一一送人。然後，一家人與前來送別的人們依依惜別。

老幼與女眷們乘車，壯漢們步行，一路紅塵滾滾，向著神都洛陽方向的官道走去。

王之渙在車上挨著祖父坐著，東觀西望，看到什麼都覺得新鮮，免不了要問這問那。車子一路走，祖父就一路根據所路經的地方，跟他講「嫘祖養蠶」、「舜耕歷山」、「女媧補天」、「河東鹽池」等傳說故事，他聽得雲裡霧裡，如痴如醉。

十餘天后，王家一家人風塵僕僕，便來到了洛陽城內的遵教里新宅。

這年，王之渙四歲。兒子見到了父親，便一下滾入父親的懷抱；父親見到了兒子，則緊緊地抱著兒子，不想鬆手。

4

　　就在王之渙隨著爺爺遷到洛陽居住，與父親還沒有熱絡多久，父親便被外放為雍州司士。

　　王昱這次由鴻臚寺主簿改調雍州司士，也可以說是喜憂參半，喜的是終於可以逃離朝廷這個烏煙瘴氣的是非之地，憂的是剛剛團圓的一家人又要分離兩地。

　　雍州位於神都洛陽西南部，王昱騎馬起程，路經潼關，到了雍州已是十餘天之後。他顧不得歇息，就向上司報了到。

　　王昱的職務是司士。司士是個主管河津、營造橋梁、廟宇之事的專業官員。從神都洛陽出發之前，他就聽說關中平原氣候宜人，軍事策略位置重要，還有一個重要的特點就是水源豐富，自古以來就有「八水繞長安」一說。這八水指的是渭河、涇河、灃河、潦河、潏河、滈河、滻河、灞河八條河流，均屬黃河水系，它們在西安城四周穿流。西漢文學家司馬相如在著名的辭賦《上林賦》中寫到「蕩蕩乎八川分流，相背而異態」，描寫了漢代上林苑的巨麗之美，以後就有了「八水繞長安」的描述。

　　王昱知道，水與火，弄好了是利，弄不好就是害。他走馬上任，絲毫不敢怠慢，帶了隨從，計劃先了解一下八水再說。

　　發源於渭源縣鳥鼠山的渭河，自寶雞東溝入陝，由西而東，橫貫關中至潼關注進黃河，是流經關中地區的最大河流。渭河流經長安之北，從春秋時期到秦漢、隋唐，渭河都是重要航道。前任司士對這條河流可以說是無所作為，王昱覺得渭河的治理應重點放在咸陽古渡上，要多植風景樹木，將這個古渡建成一個關中的重要景點。

第二章 遷居洛陽

發源於涇源縣六盤山脈南部老龍潭的涇河，從西北流向東南，自長武縣入陝，至高陵縣涇渭堡匯入渭河，是繞長安北面的河流。涇河是關中平原上開發利用最早的河流之一，是渭河的最大支流，戰國時期開鑿的鄭國渠、漢代修建的六輔渠、白渠，使關中成為千里沃野。但是，過去開鑿的這些渠道多年來淤塞嚴重，王昱決定這條河流要以清淤為主。

灃河源於秦嶺北側，繞長安之西。灃河合高冠峪、太平峪二水，在香積寺西又納挾滈水而來的洨水，西北流經三橋附近入渭水。王昱聽說大禹曾經治理過灃河，西周的豐、鎬二京就建在灃河東西兩岸。秦咸陽、漢長安也位於灃河、渭河交會處，漢、唐時的昆明池也是引灃河水形成的。他看到灃河水流入昆明池這一段不怎麼通暢，便決定工程重點放在這一段的疏濬上。

發源於戶縣澇峪的澇河，南流至咸陽境內匯入渭河，與灃河平行，為長安西面之河流。王昱沿著澇河走了一遭，看到澇河沒有什麼需要治理的地方。

潏河發源於長安縣秦嶺北坡的大峪甘花溪，繞長安之南，為秦、漢、唐都城提供了豐富的水源。潏河在其經過的少陵原、神禾原之間形成了一個土地肥沃、風景優美的平原，即著名的樊川。潏河在牛頭寺附近分為兩支，向北為皂河，向西則與滈河合流匯入灃河。王昱看到潏河的有些渠堰破損嚴重，他就將工程重點放在了修補渠堰上。

發源於長安縣石砭峪的滈河，繞長安之南。與潏河在香積寺匯合後向西，在戶縣秦渡鎮附近注入灃河；另一條發源於藍田縣湯峪的滻河，與灞河匯合後注入渭河。王昱覺得這兩條河流沒有什麼問題，不需要治理。

發源於藍田縣灞源鎮的灞河，原名滋水，春秋時秦穆公為了炫耀其

霸業，改名為灞河。灞河與滻河匯合，流入渭河，繞長安之東，是東西交通必經之地。當朝在此地設驛站，親友出行多在這裡折柳送行。王昱決定將灞河的治理作為治河的重中之重，而且重點要放在驛站周圍，要沿著河岸遍植柳樹，在驛站周圍擴建亭臺，在亭臺附近增設酒肆，到了春天，讓這裡柳絮紛飛如雪，形成長安一帶「灞柳風雪」的一處重要景觀。

王昱詳細了解了八水的狀況，又有針對性地拿出了「分河治理，因地施策」的詳細規畫，立即申報上司。上司很快就批覆下來，他馬上組織民工疏濬河道，加固堤堰，維修津渡，擴大景觀。

他的政績受到了上司肯定，並申報朝廷給予褒獎。

5

不久，王昱因治水勤勉有方，擢任汴州浚儀縣令。

浚儀縣在神都洛陽的正東。戰國時期，魏國為爭霸中原，惠王於六年由安邑遷都於此，改稱大梁。浚儀就是由大梁發展而來，浚儀之名源於浚儀渠（又名浚水），因緊臨浚水，故名浚儀。

這年初秋，王昱走馬到浚儀縣上任。

走了幾天，王昱進入浚儀縣地界。他第一眼看到的就是浚儀渠。

自古以來，桀驁不馴的黃河就在中原大地上不斷地決口和改道，帶來了中原人民數不勝數的災難和痛苦。黃河有個支流，從滎陽附近分出，叫做浚儀渠。發大水時，浚儀渠便被衝得一塌糊塗，漢明帝即位之前，黃河兩岸的百姓受水害已經長達六十餘年了。到明帝劉莊在位時，有人向皇帝推薦王景在治水方面很有才能。明帝劉莊便下詔要王景治

第二章　遷居洛陽

水。永平十二年（西元 69 年）夏天，王景到黃河邊視察過幾次後，發現浚儀渠決口後在中原大地上形成寬廣的水澤，流經山東、江蘇幾個縣後注入淮河，特殊的地勢環境，才導致災害頻發。王景經過認真測算後，決定重新改變浚儀渠的出口路線，讓河道流經山東的幾個縣，然後入海。而浚儀渠中最大的難題便是滎陽渠口，此處為分流點，需要有閘門控制進入浚儀渠的水量。王景往壩上加石頭，與黃河河堤相連，留下一丈多寬的豁口，用厚木板卡住，這就是水閘。水多時閘門開啟，水少時就關住，再按山地落差選擇路線，保持水流盡可能平穩，避免自然破壞，特別在急轉彎之處，都要修上石堤，再將淤塞的地方挖開，分出支流，以便灌溉土地。這幾種作法，大大緩解了黃河自身的壓力。治水工程預算耗資數目驚人，但是王景處處省儉，為國家節約了不少開支。永平十三年（西元 70 年）四月，浚議渠終於完工了。放水以後，滾滾黃河順利流入浚儀渠，灌溉著兩岸田地。從此，黃河下游兩岸被淹過的幾十個縣的土地都變成了良田，朝廷增加了許多收入，國庫得以充實，老百姓也過上了豐衣足食的生活。王景因此受到民眾的愛戴，被稱為「治水奇人」。

浚儀渠本來是一條利民渠，但是，由於前幾任地方官員不注重維修，閘口損害，渠道淤積，堤岸開裂，利民渠變成了害民渠。

朝廷就是因為王昱善於治水，將其擢調到浚儀縣令任上的。

前來治水的王昱，此刻趕上的不是水災，反而是旱災。

王昱踏上浚儀渠堤，放眼望去。今日的浚儀渠因為黃河的斷流，已經渠乾水涸。一眼望不到邊的田地裡，禾苗顯得少氣無力。整整一個夏天，這裡正鬧旱災。

王昱到了縣衙，與前任交接完手續，還沒有來得及了解縣情，就突然接到緊急民報：浚儀大地上發現了蝗災。

王昱深知，大旱之年，必有蝗災。而蝗災帶來的危害，必然是農業減產。而農業減產的後果，又必然是稅糧難收、糧價飛漲、饑民遍地。如果再向嚴重發展，那就會草木盡餐、人肉相食、死者枕藉、村落一空、流民逃竄、治安惡化、盜賊蜂起。那時候，局勢就會變得不可收拾。

王昱絲毫不敢怠慢，還沒有在縣衙裡睡一個安穩覺，就急忙帶著隨從了解災情，組織民眾消滅蝗蟲。

一夜之間，蝗蟲就像不知從哪裡冒出來一樣，個大如指，所過之處，遮雲蔽日，猶如黑雲壓頂，禾苗草木，瞬時一空。

如何與蝗蟲爭奪莊稼？如何盡快撲滅蝗蟲？王昱絞盡腦汁，想出了幾個辦法。

—— 土埋法。低矮作物之地，以一位官員領二百強壯人員，為一大隊，作半圓之陣。以十人為一小隊，挖一丈多長、三四尺深的土壕，壕中放入雜草，五人持長帚將蝗蟲轟入壕中，五人持鍬速將浮土填入壕中，然後壓實。

—— 火燒法。高竿作物之地，以四十強壯人員為一隊，圍作方陣。蝗蟲來臨，統一口令，四面一起點火，將蝗蟲葬於煙火之中，丟卒保車，損失小片莊禾，保住大片莊稼。

此外，王昱還要求民眾將家禽放出野外，捕食蝗蟲。鼓勵婦幼老弱全部出地捕捉蝗蟲，論數給予獎勵。捕殺一斗者，獎勵粟一斗；捕殺一石者，獎勵粟一石；以下數量，照此論推。

經過半個多月的奮戰，保住了浚儀縣的大部分糧田，而回到縣衙的王昱卻累倒在床上。從此，他一病不起，不久，便在任上去世。

浚儀縣的老百姓感念王昱為民辛勞，功德無量，自發組織起來，披麻戴孝，圍住縣衙，仰天痛哭，三日不絕。

第二章　遷居洛陽

　　王昱的棺槨暫厝於浚儀縣城外的土地廟裡。

　　王之渙先是失恃，繼又失怙，至此，他成了一個名副其實的孤兒。

　　那幾日，王德表懷著晚年喪子之痛，看著幼年失母又失父的孫兒季凌，真有些同病相憐。他像是寬慰自己，又像是安慰孫兒道：「汝的父親死在浚儀任上，這是預料到的。要做官就要有這種心理準備。當年，爺爺在文安令上為了保衛城池，也差點獻出了生命。只不過那一次，爺爺命大，僥倖逃過一劫。再說，汝父是為了百姓累死在任上的，這樣的死，死得有意義，死得有價值！」

　　至此，王之渙只能與祖父、祖母相依為命。好在王之渙的祖父、祖母十分地疼愛他。

6

　　王德表已是年逾古稀的老人，此時的他也必須正視和集中精力考慮自己的歸宿。

　　生老病死，「死」字排在最後，是人生的終結，雖然有些令人恐懼，但這是任何人都無法迴避的問題。面對死亡的漸漸來臨，只能準備歸宿。人生的歸宿，就是人生的後事。後事，就是人死以後的事情。人死之後，入土就是人的必然歸宿。王德表是滿腹經綸、一肚子學問的人，他知道《禮記》中說「眾生必死，死必歸土」；《韓詩外傳》中說「人死曰鬼，鬼者歸也，精氣歸於天，肉歸於地」；《禮記・郊特牲》也說「魂氣歸於天，形魄歸於地」。人死之後，擇一塊好墓地，將軀體埋入地下，這就是人生最完滿的結局。自己百年之後，埋到絳州祖塋是不可能的事了，必須另擇一處墓地。可是，墓地選在哪裡好呢？對於這個問題，他已思慮再三，早就有了主意。人常說：「生於蘇杭，葬於北邙。」多少人都以

「活著生活在蘇杭，死後埋葬在北邙」為人生之榮耀與追求，看來自己此生在蘇杭生活是無望了，但是百年之後一定要葬於北邙。

北邙，就是邙山，屬秦嶺崤山餘脈中間的一段，橫亙在黃河南岸、洛陽城北的黃土丘陵地帶。邙山高出黃河、洛河水面約150米。南北16公里，東西30公里，面積約有500平方公里。

關於邙山，民間還有一段傳說。相傳很久以前，崑崙山上住著一位仙人。有一天，他對兩個弟子說：「我要去遠方一個朋友那裡做客，這口鍋子裡煮的是從東海抓來的一條黃蟒，灶裡要不時添柴來燒，鍋裡也要不時加水，汝等千萬謹記！」說完，騎鶴而去。按照師傅的囑咐，兩個弟子就天天往灶裡添柴、鍋內加水。一晃幾年過去了，天天重複著一樣的事情，兩個弟子有點煩了，就決定趁著師傅不在，下山去玩玩。於是，兩人將火燒得旺旺的，鍋裡的水添得滿滿的，就下山去了。兩天後，他們返回家裡一看，火已熄滅，鍋已燒乾，黃蟒早已不知去向。他們便順著黃蟒逃走留下的一條黃水道追去。黃蟒發現了他們，急忙改道向北面逃去。他們趕忙抄近路去截，黃蟒一見，亂拐一陣，又向東海奔去了。再說師傅回到崑崙山，見黃蟒跑了，也駕鶴去追。追到中原，遠望黃蟒逃進了東海，而兩個弟子正在那裡累得喘息，就大喝一聲：「畜生！汝等放走黃蟒，在人間留下了無窮災害，那就永遠守住這條水道吧！」說完，兩個弟子便變成了水道兩邊的兩座山。後來，人們就將黃蟒爬過的水道叫做「黃河」，將兩個弟子變成的山叫做「追蟒山」。再後來，黃河南岸的人們覺得「追蟒山」這個名字不好聽，又改叫做「邙山」。

邙山，中間高而四周低，地勢起伏平緩，高敞而空曠，而且黃土層深厚，黏結性好，堅固緻密，滲水率低，再加上周圍河流潺潺，古木參天，因此，立墓於此，符合古人所崇尚的「枕山蹬河」的意願，是最理想的營塋之所。

第二章 遷居洛陽

邙山，歷來被人們視為天下第一風水寶地，因此，唐朝之前先後有十幾位帝王以邙山作為他們安身長眠的樂土。

葬在邙山的第一個朝代是東周，共有八座王陵。第二個朝代是東漢，共有五座帝陵，其中開國皇帝光武帝劉秀，稱原陵；第六任皇帝安帝劉祜，稱恭陵；第七任皇帝順帝劉保，稱憲陵；第八任皇帝衝帝劉炳，稱懷陵；第十一任皇帝靈帝劉宏，稱文陵。第三個朝代是三國時曹魏的開國皇帝文帝曹丕，稱首陽陵。第四個朝代是西晉，共有五座帝陵，其中晉宣帝司馬懿，稱高原陵；景帝司馬師，稱峻平陵；文帝司馬昭，稱崇陽陵；武帝司馬炎，稱峻陽陵；惠帝司馬衷，稱太陽陵。第五個朝代是北魏，共有四座帝陵，其中第七任皇帝孝文帝元宏，稱長陵；第八任皇帝宣武帝元恪，稱景陵；第九任皇帝孝明帝元詡，稱定陵；第十任皇帝孝莊帝元子攸，稱靜陵。

除了帝王，歷代達官貴人也以能在邙山安葬為榮。秦相呂不韋、縱橫家張儀、大將樊噲、文人班超、名臣狄仁傑等數千位將相名流，扶餘王等眾多外邦王室成員，乃至三國蜀後主劉禪、南唐後主李煜等，都安息在洛陽城北這幾十里的土嶺上。富貴人家將陵墓選在這裡的，就更是數不勝數。

王德表尚記得西晉詩人張載寫的《七哀詩二首》，其內容雖然是感傷人生，意調有些灰暗，但總是說北邙好的：

（一）

北芒何壘壘，高陵有四五。
借問誰家墳，皆云漢世主。
恭文遙相望，原陵鬱膴膴。
季世喪亂起，賊盜如豺虎。

毀壞過一抔，便房啟幽戶。
珠柙離玉體，珍寶見剽虜。
園寢化為墟，周墉無遺堵。
蒙蘢荊棘生，蹊徑登童豎。
狐兔窟其中，蕪穢不復掃。
頹隴並墾發，萌隸營農圃。
昔為萬乘君，今為丘中土。
感彼雍門言，悽愴哀往古。

（二）

秋風吐商氣，蕭瑟掃前林。
陽鳥收和響，寒蟬無餘音。
白露中夜結，木落柯條森。
朱光馳北陸，浮景忽西沉。
顧望無所見，唯睹松柏陰。
肅肅高桐枝，翩翩棲孤禽。
仰聽離鴻鳴，俯聞蜻蚓吟。
哀人易感傷，觸物增悲心。
丘隴日已遠，纏綿彌思深。
憂來令髮白，誰雲愁可任。
徘徊向長風，淚下沾衣衿。

東晉詩人陶淵明的寫邙山的《擬古其四》，他尚能背得下來：

迢迢百尺樓，分明望四荒。
暮作歸雲宅，朝為飛鳥堂。
山河滿目中，平原獨茫茫。

047

第二章　遷居洛陽

古時功名士，慷慨爭此場。
一旦百歲後，相與還北邙。
松柏為人伐，高墳互低昂。
頹基無遺主，遊魂在何方？
榮華誠足貴，亦復可憐傷。

當朝詩人沈佺期的《北邙山》，他更是再也熟悉不過：

北邙山上列墳塋，萬古千秋對洛城。
城中日夕歌鐘起，山上唯聞松柏聲。

　　經過一段時間的走訪、查問，王德表親眼看到北邙山上的墓葬真是墳如星布，密如蛛網，即使投入重金，也難買到一塊「臥牛之地」。於是，他就打消了在北邙山上購買塋地的想法，退而求其次，就先在北邙山下洛陽城北十二里處的合宮縣河陰鄉之平原購買了一塊地，作為死後的權厝之地。等待兒孫們以後在北邙山上找到了合適的塋地，再行遷葬。

　　與此同時，他還在洛陽城郊購買了幾十坰土地，作為全家人日後生活用度的資本。

第三章　啟蒙教育

1

　　王之渙自幼聰明伶俐，深得祖父王德表的喜愛。

　　五歲就能背誦《春秋》十餘頁紙的王德表，也想早早地培養孫兒讀書識字。王之渙三歲時，王德表就想試一試孫兒，於是，就先教了他一首兒童易於背誦的詩：

　　鵝，鵝，鵝，曲項向天歌。

　　白毛浮綠水，紅掌撥清波。

　　王之渙只複述了一次，便記住了。

　　王德表問：「季凌。汝覺得這首詩好嗎？」

　　王之渙說：「這首詩真好玩！這是您寫的詩嗎？」

　　王德表說：「這不是爺爺寫的詩，是一位叫駱賓王的大詩人寫的，題目叫《詠鵝》。」

　　王之渙說：「這位駱賓王寫得真好！」

　　王德表問：「季凌。汝知道這是駱賓王幾歲寫的詩嗎？」

　　王之渙的頭搖的就像個撥浪鼓，說：「不知道。」

　　王德表說：「這是駱賓王七歲時寫的一首詩，曾轟動當時整個社會。駱賓王被人們譽為『神童』。」

　　王之渙覺得駱賓王這個人很有意思，也很神祕，他很想盡快了解駱

第三章　啟蒙教育

賓王，就催促祖父說：「您快說說駱賓王。」

王德表不慌不忙地為孫兒講起了駱賓王。

駱賓王小時候住在義烏城北面一個叫做駱家村的小村子裡。村邊上有一口池塘叫做駱家塘。春天來臨，池塘周邊柳絲飄拂，池塘微波粼粼，塘水之上，鵝兒三五成群，輕輕遊動，景色十分迷人。有一天，駱賓王家中來了一位文人與他父親敘話。這位文人見駱賓王眉清目秀，聰敏伶俐，就順便問了他幾個問題。駱賓王皆能對答如流，使這位文人驚訝不已。臨別，駱賓王跟著父親將文人送到了駱家塘。這時，文人見有一群白鵝正在池塘裡遊動覓食，有意試試駱賓王，便指著白鵝要他以鵝作詩。駱賓王略略思索，便脫口吟出了《詠鵝》這首詩。

王之渙聽得入了迷。

王德表繼續跟他講這首詩的妙處。

這首《詠鵝》詩寫得太好了。詩的第一句寫對鵝的感情，連用三個「鵝」字，疊音重複，再三詠唱，這樣，作者對鵝的熱愛、對鵝的感情，效果一下就增強了。第二句寫鵝鳴叫的神態，一個「曲」字，描繪出了鵝伸長脖子，仰頭彎曲著，嘎嘎嘎地朝天長鳴的生動形象。先寫視覺，再寫聽覺，層次分明，乾淨俐落。第三句、第四句是寫白鵝在水中悠然自得浮游的情形。這是一組對偶句，鵝毛是白的，池塘水是綠的，就「白」對「綠」；鵝掌是紅的，水波是青的，就「紅」對「青」。四種顏色，鮮明耀眼，十分豔麗。這組對偶句的妙處，還在於用了「浮」與「撥」兩個動詞，「浮」是說白鵝輕漂在水面上的悠然自得，「撥」是說白鵝雙腳在水中划水的奮力，靜動相襯，變化成趣。總之，這首詩做到了聽覺與視覺、靜態與動態、音聲與色彩的完美結合，將鵝的形神描摹得活靈活現，不能不令人拍案叫絕。

祖父對《詠鵝》詩的講解，他似懂非懂，但是他總覺得這首詩好。他說，我也要寫詩。

王德表見這孩子記憶力特別好，覺得孺子可教，就說：「季凌，汝有這個志氣就好。人常說，有志者事竟成。但是，要想寫詩，就得先背詩、學詩。從今天起，我就先教汝背詩。」

接著，王德表又教王之渙背誦駱賓王的《鏤雞子》：

幸遇清明節，欣逢舊練人。
刻花爭臉態，寫月競眉新。
暈罷空餘月，詩成並道春。
誰知懷玉者，含響未吟晨。

背誦了《鏤雞子》，再背誦《送別》：

寒更承夜永，涼夕向秋澄。
離心何以贈，自有玉壺冰。

王之渙要祖父告訴他駱賓王這兩首詩的意思，王德表告訴他：「汝現在年齡尚幼，只要會背誦就行了，以後識了字，我再跟汝講這些詩意不遲。」

王德表先選了一些當朝著名文人的詩，讓王之渙來背誦。

其中有王勃的《深灣夜宿》、《林塘懷友》、《早春野望》、《詠風》，楊炯的《梅花落》、《從軍行》、《出塞》，盧照鄰的《元日述懷》、《入秦川界》、《長安古意》。

王德表還向孫兒分別講述了王勃、楊炯與盧照鄰的基本情況。

他說，王勃小時候就非常聰慧，六歲時便能作詩，且詩文構思巧妙，詞情英邁，被父親的好友杜易簡稱讚為「王氏三株樹」之一。九歲

第三章　啟蒙教育

時，王勃讀顏師古注的《漢書》後，撰寫了《指瑕》十卷，指出顏師古的著作錯誤之處。十歲時，王勃便飽覽六經。十二歲至十四歲時，王勃跟隨曹元在長安學醫，先後學習了《周易》、《黃帝內經》、《難經》等，對「三才六甲之事，明堂玉匱之數」有所知曉。王勃寫文章，先磨墨數升，接著飲酒，然後蓋著被子睡覺，醒來後揮筆成章，不需要更改一字。楊炯幼年時就非常聰明博學，文才出眾，後來應弟子舉及第，被舉為神童。他十一歲時，就待制弘文館。盧照鄰小的時候也非常聰明，詞采富豔，境界開闊，獲得朝廷賞識，得到提升，一直到都尉。

聽了祖父對這些前賢往哲的介紹，王之渙的心裡充滿了仰望與欽佩的感情。

為什麼王德表要讓孫兒季凌先背誦駱賓王、王勃、楊炯與盧照鄰的詩呢？王德表認為，王、楊工於五言律詩，盧、駱擅長七言歌行，這四個人都是當朝的著名詩人，當朝人的思想、語言，又最容易被季凌接受。這四個人中的成就應數王勃最大，排名的次序應是王、楊、盧、駱。可為什麼王德表先讓孫兒季凌背誦的不是王勃、楊炯、盧照鄰的詩，而是駱賓王的詩呢？王德表覺得，要讓孫兒季凌早早讀書，培養他的讀書興趣最為重要。駱賓王的《詠鵝》生動形象、淺顯易懂、富有情趣，最適合初接觸詩的季凌學習。如果第一次就讓季凌接觸深奧難懂的東西，季凌有了畏難情緒，那以後他就對讀書沒有興趣了。

一切都按照王德表的教育計畫順利地進行。

王德表又讓孫兒季凌背誦《古詩十九首》。

《古詩十九首》，是由南朝蕭統從傳世無名氏的古詩中選錄了十九首編入《昭明文選》而成的。《古詩十九首》，感情抒發，純真誠摯；遣詞用語，明白淺顯；抒情達意，委曲婉轉。而且,《古詩十九首》描繪景物、

刻劃形象、敘述情境，均較多地使用疊字，既達到了生動傳神的目的，又增加了詩歌的節奏美和韻律美，特別適合兒童背誦。

這《古詩十九首》，王之渙背誦得果然上口。

背會了《古詩十九首》，王德表又教孫兒季凌背誦曹操的《短歌行》和曹植的《七步詩》。

至五歲，王之渙已能將當朝與古人的五十餘首詩歌背誦得滾瓜爛熟。

2

王之渙五歲之前所背之詩，是祖父王德表對孫兒讀書興趣的培養和智力的提前開發，或者說是正式進入讀書階段的熱身運動。按照「男子六歲，教之數與方名」的習俗，王德表決定讓過了五歲的王之渙正式開始讀書了。

初唐的教育形式分為官學與私學。官學指設於京城的國子監與設於地方上的州學、縣學；私學是相對於官學而言的教育機構，這裡指的是家學。

國子監初名國子寺，隋開皇初年，轄國子學、太學、四門學等。開皇十三年（西元593年）國子寺不再隸屬太常，成為獨立的教育管理機構，復名國子學。大業三年（西元607年）改稱國子監，監內設祭酒一人，專門管理教育事業，屬下有主簿、錄事各一人，統領各官學，如國子學、太學、四門學、書學、算學。各官學的博士、助教、生員皆有定額。

唐承隋制，武德元年（西元618年）設國子學，學額三百人，學生皆為貴族子弟，教師二十四人。貞觀元年（西元627年）將國子學改稱國子

第三章　啟蒙教育

監，同時成為獨立的教育行政機構。監內設祭酒一人，為最高教育行政長官，設丞一人，主簿一人，專門負責學生的學習成績和學籍等具體事宜，國子學、太學、四門學、律學、書學和算學皆隸於國子監。之後，國子監曾改稱司成館、成均監，神龍元年（西元705年）又復其名。

州學、縣學雖然是初唐初創，但是自武氏稱制以來，多以武氏諸王及駙馬都尉為成均祭酒，博士、助教亦多非儒士。又因郊丘、明堂、拜洛、封嵩，取弘文國子生為齋郎，因得選補。由是學生不複習業，二十年間，學校殆廢。

家學也可分為家庭教育與延師設塾教育兩種。家庭教育一般屬於父母或兄長是文人士子，並具有充裕的時間，父教子或兄教弟。延師設塾則是一家庭或一家族皆有男女，年已長成，便於家中設一書堂，延請師傅，習學禮儀，吟詩作賦，而且，書堂有明確的禮儀規定和授業方法。

王之渙的祖父是典型的文人，而且又非常重視子孫的教育，面對州學、縣學殆廢的情況，自然主張創辦家學。早已致仕在家的他，親自坐堂執教。他覺得他有足夠寬裕的時間來教育幾個孫子識字、讀書、明禮。

王之渙最早學習的課本是《急就篇》。

《急就篇》又名《急就章》，是西漢元帝時黃門令史游所作。史游精字學，善書法，後世因此稱他所書為「章草」。「章草」是秦漢時期變篆為隸的基礎上衍生出來的一種書體，為後世書家效法。《急就篇》是一本教學童識字的書，「急就」就是速成的意思，書名就說明了這是一本速成的識字課本。《急就篇》全書為三言、四言、七言韻文。三言、四言隔句押韻，七言則每句押韻，以便誦習。第一部分列舉了三百九十六個姓，全部為單姓，三字成句，句意貫通，而且大部分姓氏多不常見，以便學

童識字學習、開闊見識；第二部分為「言物」，依次敘述了錦繡、飲食、衣物、臣民、器物、蟲魚、服飾、音樂、形體、兵器、車馬、宮室、植物、動物、疾病、藥品、喪葬等方面，七字一句，有韻，讀來順口；第三部分寫的是職官方面的字。全書最後用四字句歌頌漢代的盛世。《急就篇》全書共收 2,016 字，主要特點是，生字的密度大、整齊押韻、便於記憶、知識比較豐富。

王之渙學習的第二本課本是《太公家教》。

《太公家教》全書共八章，五百八十句，2,610 字，以四言為主，自始至終貫穿了「忠孝、仁愛、修身、勤學」的思想，是一本古老的治家格言之書。

王之渙學習的第三本課本是《千字文》。

《千字文》是由南北朝時期梁朝散騎侍郎、給事中周興嗣編纂。梁武帝蕭衍一生戎馬倥傯，沒有顧得上好好讀書，但是他很希望自己的後代能在太平時期多讀一些書。由於當時社會上沒有一本適合學習的啟蒙讀物，於是，他就令一位名叫殷鐵石的文學侍從從晉代大書法家王羲之的手跡中拓下一千個各不相干的字，每個字寫在一張紙上，然後一字一字地教後代們學習。這樣，既認識了字，又練習了書法，效果確實不錯。但是，其中的不足之處也非常突出，這一千個字，字與字雜亂無章，特別難記。梁武帝想，如果將這一千個字編撰成一篇文章，不就解決了難記的問題了嗎？想到此，他就召來自己最信賴的散騎侍郎周興嗣，說了自己的想法，要他將這一千個字編撰成一篇既有具體意義又通俗易懂的啟蒙讀物。周興嗣接受任務回到家後，苦思冥想了一整夜，邊吟邊書，終將這一千個字聯串成一篇內涵豐富的四言韻書。周興嗣因一夜成書，用腦過度，次日，已鬢髮皆白。

第三章　啟蒙教育

　　周興嗣將書寫好的《千字文》呈送給梁武帝。梁武帝讀後，拍案叫絕。即令送去刻印，刊之於世。周興嗣因其出色的編撰才能，深得梁武帝的賞識，遂將他擢拔佐撰國史。

　　《千字文》全文為四字句，對仗工整，條理清晰，文采斐然，平白如話，易誦易記。

　　祖父王德表教得認真、細緻，孫兒季凌學得刻苦、勤奮，早晚用功，溫習不輟。

第四章　孝聞於家

1

　　王家在神都洛陽是一個典型的書香之家，王德表一邊在家裡修改他的《孝經注》，一邊教幾個孫兒課讀，王薛氏每天早晚焚香跪拜，誦經不輟，其餘閒暇則時而飛鉛灑墨，描鳳繪花；時而手執剪刀，裁鶯剪燕；除了次子炅在朝中任左肅政臺監察御史、三子景在懷州河內縣任主簿、四子昌在并州太原任縣尉外，幾個孫兒則是在王德表的安排下，練字的練字，背書的背書。王家院內，書聲陣陣，其樂融融。

　　突然有一天，王家平靜而有序的生活被王薛氏的生病一下子打亂了。

　　王薛氏雖然年近古稀，但是平時身體硬朗，一直很健康。忽然有一天，偶染風寒，自覺鼻塞眼澀，動不動就出一身虛汗，過了幾天，又覺得胃脘憋悶，不思飲食，接著，就躺臥在床，一病不起。

　　起初，王德表以為夫人只是一般性風寒，就在附近隨便請個醫師來家瞧瞧，醫師也是按照風寒症狀，開一些散寒解表的藥物，讓其服用。繼而，醫師見夫人不思飲食，就又為其開一些理中和胃的藥物。誰知這些藥物不但沒有減輕夫人的病情，反而越來越加重了。

　　自從祖母臥病在床，王之渙就一直不離左右。小小年紀的王之渙時而拉一拉祖母的手，時而撫摸一下祖母的額頭，祖母的每一聲痛苦的呻吟，都猶如一隻小鐵錘敲打在他的心上，使他感到心痛不已。他多麼盼望祖母的病盡快好起來呀！到了夜晚，祖母要他去休息，他都不肯。幾

第四章　孝聞於家

個年齡大一些的兄長只好將他強拉硬拽到他的房間裡去睡覺。天一亮，他就又跑到上房裡陪在祖母身邊。

醫師看了幾日，王德表見夫人的病情沒有起色，就從洛陽城裡請了醫道最好的瞿醫師來為夫人診治。瞿醫師把了脈，又察言觀色，接著問了病因，又問了前面是哪個醫師診治，服用過何種藥物。王德表問瞿醫師，前面醫師用藥可否對症？瞿醫師的頭左右不停地搖晃著，卻不言語。王德表已心知肚明前面的醫師是個庸醫，診錯了病，用錯了藥。但是咬碎牙齒，只好往肚裡子咽。怪只能怪自己有眼無珠，起初沒有請一個好醫師來家裡診治。面對現實，他只能請眼下的良醫好好診治夫人、好好用藥了。瞿醫師為夫人看過病，走到幾案前，執筆蘸墨開起了方子。開好藥方，瞿醫師又一手捻著下巴上一縷稀疏的鬍鬚，一手的手指點著紙上的藥名認真地審查了一番，接著，拿起筆來，勾去了一個藥名，又新增了兩味藥，照此重新謄抄了一個方子，這才鄭重地將藥方交給王德表，讓其到街上的濟世堂去抓藥。

按照藥方，家人抓回了中藥。王德表親自到廚下去熬藥。湯藥熬好後，是由王之渙餵祖母喝下的。本來王德表準備親自餵夫人將湯藥喝下，可是孫兒季凌執意要餵祖母，就只好讓他去餵。王之渙舀一羹匙湯藥，先在自己的小嘴唇上試一試涼熱，然後才餵祖母慢慢飲下。

吃了瞿醫師的幾服藥，夫人的病雖然沒有多大好轉，卻也沒有再向嚴重的方向發展。

王德表又請瞿醫師來家裡診斷了幾次。瞿醫師在原來藥方的基礎上，又加減了幾味中藥，交給王德表，說：「病來如山倒，病去如抽絲。要想治好夫人的病，如果不吃個三十服五十服藥是不行的。」

就這樣，夫人躺在床上服藥成為常態。王之渙一直在祖母的床前守

著，一羹匙一羹匙地餵著祖母湯藥。

武周萬歲登封元年（西元696年），過罷春節，很快就又過了元宵節。突然一場倒春寒降臨洛陽大地。先是一場大雪，鵝毛一樣的雪花飄飄灑灑覆蓋了中原大地，銀裝素裹，萬物一片潔白。接著，又颳起了凜冽的西北風，寒氣直刺人的骨髓，比之數九隆冬更冷幾分。

臥病在床的夫人沒有經得起天公的這一次沉重打擊，於一月二十二日病逝，享年七十歲。

陪侍在床數個月的王之渙，趴在祖母的身體上嚎啕大哭。

這一年，王之渙九歲。

王薛夫人的靈柩暫厝於合宮縣的一個古廟裡。

武周萬歲通天二年（西元697年）二月十七日，王薛夫人的靈柩遷厝於王德表之前買下的合宮縣河陰鄉之平原塋地。遷厝之時，王德表親自執筆為夫人寫下了《瀛州文安縣令王府君周故夫人薛氏墓誌銘並序》：

夫人姓薛氏，河東龍門人。湯之左相，家藏仲虺之書；周之諸侯，國盛先滕之禮。況復霍山珠玉，宛在城池；汾水風雲，近出郊甸。曾祖郎，隋潁川郡太守，襲封都昌縣公；茂勳延世，清範冠時，次公長者，天子昔稱其行；細侯賢能，京師舊蒙其福。祖安，唐海州錄事參軍；望重晉儀，名優漢表。雖鷹隼每擊，而麞鹿常貧，海嶠蒼生，遺風在物。父卿，唐朝議大夫、眉州長史；別乘安可非人，題輿不復更辟。既鶴其履，又螢其練。糾合之功，岷峨是賴。夫人含貞順之懿德，眇幽嫻之淑靈。生而應圖，動而合禮。十年不出，嘗聞執枲之勞；三月有成，遽列採之奠。文安府君名流仰止，雅俗具瞻。負樂令之青天，揖袁家之絳地。御車有典，結鏡言歸。玉笄晨謁，踰閾無諂於兄弟；銀燭宵行，下堂必嚴於保傅。才明拔類，敏識過人。總嬪德而無雙，窮女工而第一。

第四章　孝聞於家

傍羅藝囿，隱括書林。飛鉛灑墨，觸象而成篆畫；豔錦圖花，寓情而發辭藻。秋生織杼，時鬥鳳而盤龍；春入剪刀，或裁雞而怗燕。澄羃酒醴，沃盥饋食。肅事於舅姑，致美於宗廟。君姑薛氏，即夫人之從姑也。嘗不豫甚，醫藥莫能療。夫人親潔至誠，深祈景祐。七日七夜誦妙法蓮花經，君姑所苦，應時康復。中外支胤，遠近宗親，咸以為至孝冥感，大悲降福，雖姜妻事姑，亦奚足多也。是身流電，回回貿於斷籌；諸業隨風，念念衰於切縷。夫人攀光妙月，飲澤慈雲。絕芳香，捐紫綺，行路金遺而不入，閨房玉映而肅清。府君從鮑宣梁鴻之高，夫人得少君孟光之美。若乃珠胎孕握，玉種抽庭。既徙宅而求鄰，亦趨機而斷織。蔡門多慶，始悅鳩巢。吳室延哀，俄嗟鶴叫。以萬歲登封元年一月貳拾貳日，終於洛陽遵教里之私第，春秋柒拾。於呼哀哉！家喪母儀，俗傾婦憲。越萬歲通天貳年歲次丁酉貳月戊辰朔拾柒日甲申，遷厝於合宮縣河陰鄉之平原。嫡孫之豫，哀子左肅政臺監察御史洛客、懷州河內縣主簿景、并州太原縣尉昌等，三賈名聲，三張藻制。古云曾閔，今則荀何。斑衣之養不追，畫扇之悲逾切。山形卻月，崗勢浮雲。魚躍坊兮供祀，鳥銜塊兮成墳。奠酒覆兮山門閉，孤燈黯兮泉帳矇。乃作銘曰：

其一

涉河而東，彼汾之曲。

地出良馬，山多美玉。

紫氣朝飛，黃雲夜觸。

慶靈肸蠁，輝光晉燭。

其二

載誕賢淑，郁為母師。

垂紛佩燧，結縷肇絲。

自然儀則，暗合箴詩。

二姓匹也，三週迓之。

其三

肅穆系纓，從容侍櫛。

冪其酒醴，和其琴瑟。

潔以蘩，贄以榛栗。

中饋有主，內言無出。

其四

山岩豹隱，江浦魚沉。

匡夫正色，教子推心。

驅蟻養重，弄鳥歡深。

宗姻仰德，娣姒承音。

其五

適睹金捐，遄驚玉折。

梧桐半天，蛟龍中別。

七旬不寐，三年泣血。

一悶新封，空餘貞節。

祖母新喪，王之渙的心情憂鬱，一時緩不過來。

2

數月之後，王家的書堂恢復了正常的秩序。

按照王之渙目前的知識水準，已經可以學習更深一層的課業了，祖父王德表就教他學習《孝經》。

第四章　孝聞於家

《孝經》在初唐被尊為經書，屬九經之一。《孝經》以孝為中心，比較集中地闡述了儒家的倫理思想。它肯定「孝」是上天所定的規範，「夫孝，天之經也，地之義也，人之行也。」指出孝是諸德之本，認為「人之行，莫大於孝」，國君可以用孝治理國家，臣民能夠用孝立身理家。《孝經》首次將孝與忠連繫起來，認為「忠」是「孝」的發展和擴大，並把「孝」的社會作用推而廣之，認為「孝悌之至」就能夠「通於神明，光於四海，無所不通」。對實行「孝」的要求和方法也做了具系統性而詳細的規定。

《孝經》主張把「孝」貫串於人的一切行為之中，「身體髮膚，受之父母，不敢毀傷」，是孝之始；「立身行道，揚名於後世，以顯父母」，是孝之終。它把維護宗法等級關係與為君主服務連繫起來，認為「孝」要「始於事親，中於事君，終於立身」。具體要求：「居則致其敬，養則致其樂，病則致其憂，喪則致其哀，祭則致其嚴。」《孝經》還根據不同人的身分差別規定了行「孝」的不同內容：天子之「孝」要求「愛敬盡於其事親，而德教加於百姓，刑於四海」；諸侯之「孝」要求「在上不驕，高而不危，制節謹度，滿而不溢」；卿大夫之「孝」要求「非法不言，非道不行，口無擇言，身無擇行」；士階層的「孝」要求「忠順事上，保祿位，守祭祀」；庶人之「孝」要求「用天之道，分地之利，謹身節用，以養父母」。

在教學《孝經》的同時，王德表又輔導孫兒季凌學習「六藝」。

「六藝」，即指「禮、樂、射、御、書、數」六種技藝。

「禮」，指禮節，共有五禮：吉禮、凶禮、軍禮、賓禮、嘉禮。

「樂」，指音樂、詩歌、舞蹈，共有六樂：雲門、大咸、大韶、大夏、大濩、大武。「舞」屬於樂的教育，先舞勺，再舞象，後舞大夏。勺、象、大夏都是舞的名稱。勺是文舞，是徒手或持羽等輕物的舞蹈。象、

大廈、大武等都是武舞，指手持盾、劍等武器，做擊刺等動作，象徵作戰情節的舞蹈。

「射」，指射箭，共有五射：白矢、參連、剡注、襄尺、井儀。白矢，即箭穿靶子而箭頭發白，表明發矢準確而有力；參連，即前放一矢，後三矢連續而去，矢矢相屬，若連珠之相銜；剡注，即謂矢行之疾；襄尺，即臣與君射，臣與君並立，讓君一尺而退；井儀，即四矢連貫，皆正中目標。

「御」，指駕馭馬車，共有五御：鳴和鸞、逐水曲、過君表、舞交衢、逐禽左。鳴和鸞，即行車時和鸞之聲要相應；逐水曲，即車隨曲岸疾馳而不墜水；過君表，即經過天子的表位要有禮儀；舞交衢，即過通道要驅馳自如；逐禽左，即行獵時追逐禽獸須從左面射獲。

「書」，指書寫、識字，共六書：象形、指事、會意、形聲、轉注、假借。

「數」指演算法，主要指《九章算術》，其中有方田、粟米、衰分、少廣、商功、均輸、盈不足、方程及勾股，共九章。第一章「方田」，主要講述平面幾何圖形面積的計算方法。第二章「粟米」，講述穀物糧食的按比例折換方法與比例演算法。第三章「衰分」，講比例分配問題。第四章「少廣」，講已知面積、體積，反求其一邊長和徑長等，介紹開平方、開立方的方法。第五章「商功」，講述土石工程、體積計算、工程分配方法。第六章「均輸」，講合理攤派賦稅，用衰分術解決賦役的合理負擔問題。第七章「盈不足」，即雙設法問題，提出了盈不足、盈適足和不足適足、兩盈和兩不足三種類型的盈虧問題，以及若干可以透過兩次假設化為盈不足問題的一般問題的解法。第八章「方程」，講一次方程組問題，採用分離係數的方法表示線性方程組。第九章「勾股」，講述利用勾股定理求解的各種問題。

第四章　孝聞於家

　　「六藝」的學習，並不完全順利。「禮、樂、射、御、書」五種技藝，王之渙很感興趣，成績就很好，而「數」這種技藝，一學就覺得頭疼，成績往往不及諸兄弟。

3

　　年近耄耋之年的王德表平日裡總覺得精力有些不支，為了補充些體力，吃了兩棵老山參之後，接著又吃了一架鹿茸。效果非常明顯，精力大為改觀，他覺得有精神了很多，只是時常感到口乾舌燥，渾身燥熱，心情煩躁，頭腦也有些暈暈乎乎。

　　沒過幾天，他的脊背上就生了一個瘡。這瘡先是只有米粒大小，紅紅的，有些癢，接著就開始疼痛，一邊疼痛著一邊長大，一直長至雞卵大小。這時候，王德表疼得越來越無法忍耐。

　　自從祖父得了這個病，王之渙就一直守在身旁。

　　王德表見這腫痛一時間消不下去，就派了家人去請瞿醫師過來瞧病。

　　瞿醫師來到王家上房，第一眼看到的就是王之渙。幾年前，他為王薛夫人瞧病時，就是這個孩子不離老夫人左右，對他的印象特別深刻。今天這個孩子雖然個子長高了，但是模樣基本未變，不由得就心生敬意，對這個孩子笑了笑，多看了幾眼。王之渙幫著瞿醫師撩起祖父的汗衫，瞿醫師看了看瘡，對疼得齜牙咧嘴的王德表說：「汝這個瘡，名叫疽癰。裡面正在化膿，等到疽癰頂上現出白點，疽癰即可潰破，那時候，擠盡膿血，方可慢慢好轉。」說罷，瞿醫師要了紙墨，在几案上開了一個方子：

　　胡黃連、穿山甲（燒存性），等分為末，加雞蛋清調搽。

接著，又開一方：

絡石莖葉一兩，洗淨晒乾，皂莢刺一兩，新瓦上炒黃，甘草節半兩，大桔樓一個（取仁，炒香），乳香、沒藥各三錢。各藥混合後，每取二錢，加水一碗、酒半碗，慢火煎成一碗，溫服。

家人們按照瞿醫師的藥方，急忙買藥炮製，為王德表外搽內服。

兩天后，果然不出瞿醫師所料，疽癰頂上有了白點，並且很快破口，裡面有一些白的紅的膿水流了出來。王德表強忍著疼痛，讓家人們為他往外擠膿水。

這樣一連數日，疽癰之內的膿水怎麼也擠不乾淨。幾天下來，王德表已失去了信心，就對家人們說：「當年太老夫人臀上突發瘡疾，我為了使母親臀上瘡疾的膿毒盡快排出，反覆用口吸吮，一日數次，數日不輟，終於使母親減輕了痛苦，這才得以及時痊癒。不過，這事太髒，一般人難以為之。」家人們聽了面面相覷，互有難色，皆不發聲。

這時，王之渙突然站出來說：「孫兒願替爺爺吸吮。」

說罷，便趴在祖父的背上吸吮起來。吸吮一口，吐出來，用清水漱一次口，再繼續吸吮，如此反覆數次。就這樣，一日三次，反覆數日，疽癰之內終於乾淨起來，再無膿血。又過了半月，王德表背上的疽癰已經消腫，徹底痊癒了。

經過這一次生瘡害病，王德表的身體已大不如前。先是腿腳僵硬，行走困難，接著又飲食大減，形消骨立。過了一段時間，就索性臥床不起了。

王之渙日日夜夜陪侍在祖父身邊，為祖父餵水餵飯不嫌其煩，接屎接尿不避其臭，還不時陪祖父說說寬心話。

王德表病重的那幾日，家人又請洛陽名醫瞿醫師來瞧病。瞿醫師又

第四章　孝聞於家

望聞問切一番，抽身要走，王之渙攔住瞿醫師，淚流滿面，跪下來連連磕頭，哀求瞿醫師救救祖父。

瞿醫師說：「五臟衰竭，猶如油盡燈滅，即使華佗在世，也無回天之力。如果勉強用藥，也是徒勞無益。就請安排後事吧。」

武周聖曆二年（西元 699 年）三月二日，王德表在家中與世長辭，享年八十歲。

王德表發喪之前，要做的大事之一，是寫一篇《墓誌銘》。這一篇《墓誌銘》由誰來寫呢？子女們思來想去，次子前左肅政臺監察御史王洛客推薦了薛稷。

這薛稷卻非等閒人物。

時任鳳閣舍人（中書舍人）的薛稷，字嗣通，蒲州汾陰人，出身官宦世家，舉進士，遷諫議大夫。

後來的薛稷更是仕途顯達，名聲赫赫。薛稷有一個人人豔羨而都沒有的特殊關係，就是與睿宗皇帝李旦過從甚密。李旦尚未登基時與薛稷關係很好，將女兒仙源公主嫁給了薛稷之子薛伯陽，二人結成了兒女親家。李旦登基後，擢升薛稷為太常少卿，以後，又累遷中書侍郎，轉工部、禮部尚書，復以翊贊之功，封晉國公，賜實封三百戶，加贈太子少保。還經常召薛稷入宮參贊政事，一時恩榮，群臣莫與之比。

薛稷「文章學術，名冠時流」，詩歌也寫得十分出色，《全唐詩》中就收錄了他的詩作十四首。

薛稷除了辭章甚美，政事之餘，還致力於書畫藝術。

薛稷的書法以真書、隸書、行書、章草為優，與歐陽詢、虞世南、褚遂良並列，被後世稱之為「初唐四大書法家」。其書法特色是「結體遒麗」、「媚好膚肉」，被人形容為「風驚苑花，雪惹山柏」，充滿了詩情畫

意。時有「買褚得薛，不失其節」的說法。李嗣真在《九品書人論》中更將薛稷的真書、行書列為第一。薛稷融隸入楷，媚麗而不失氣勢，勁瘦中兼顧圓潤的書風，贏得了世人的普遍讚美。薛稷曾經為普贊寺題額三個大字，各字方徑三尺，筆畫雄健，結構勁挺。杜甫曾寫詩稱讚：「仰看垂露姿，不崩亦不騫。鬱郁三大字，蛟龍岌相纏。」

薛稷一生中取得最高成就的是繪畫。薛稷擅長花鳥、人物及雜畫，而尤以畫鶴最為精妙，並開創了一代花鳥畫之先河。薛稷畫的鶴，能夠極盡其妙，或啄苔剔羽，或闊步顧視，或昂立座隅，或上下迴翔，無不栩栩如生，曲盡其妙，形神兼備，達到了呼之欲出的地步。時人甚至把薛稷畫鶴、祕書省內落星石、賀知章草書、郎餘令畫鳳並稱為「四絕」。詩人李白題薛稷畫贊：「昂昂佇眙，霍若驚矯，形留座隅，勢出天表。」詩人杜甫在《通泉縣署屋壁後薛少保畫鶴》一詩中有「畫色久欲盡，蒼然猶出塵」之句。宋代大畫家米芾在《題薛稷二鶴》詩中有「從容雅步在庭除，浩蕩閒心存萬里」之讚譽。又說：「余平生嗜此老矣，此外無足為者。」《宣和畫譜》也說，「世之畫鶴者多矣。其飛鳴飲啄之態度，宜得之為詳。然畫鶴少有精者，凡頂之淺深，氅之黲淡，喙之長短，脛之細大，膝之高下，未嘗見有一一能寫生者也。又至於別其雄雌，辨其南北，尤其所難。雖名乎號為善畫，而畫鶴以托爪傅地，亦其失也。故稷之於此，頗極其妙，宜得名於古今焉。」「故言鶴必稱稷，以是得名。」

王德表的墓誌銘，能請薛稷這樣一位地位顯赫的人物來寫，至少能說明兩個重點，一是王德表絕非普通人物，二是其次子王洛客在上層也是個很有地位與情面的人。

薛稷的《大周故瀛州文安縣令王府君（德表）墓誌銘並序》是這樣寫的：

067

第四章　孝聞於家

　　公諱德表，字文甫，太原晉陽人。高祖隆，後魏行臺尚書、開府儀同三司、安陽縣開國伯、絳郡太守。子孫因家焉。曾祖纂，齊華州別駕、汾州刺史。祖子傑，宇文朝建威將軍、徐州刺史，襲封安陽伯。父信，隋國子博士、唐安邑縣令。公幼挺奇偉，聰明懿肅。年五歲，日誦春秋十紙。貞觀十四年，郡縣交薦，來賓上國。於時太學群才，天下英異，中春釋菜，咸肆討論。公以英妙見推，當仁講序。離經辯義，獨居□席。即以其年明經對策高第。左僕射梁國公家宿舍玄齡奏公學業該敏，特敕令侍徐王讀書。尋遷蜀王府參軍。俄以家艱去職，廬於墓左，柴毀骨立。太夫人朝夕諭及僅□，僅免滅性。後遷鄜州洛川縣主簿、定州新樂縣丞、瀛州樂壽縣丞。麟德之歲，薄伐遼陽。支度營州都督李衝寂、司庾大夫楊守訥，以公清白能幹，時議僉屬，乃奏公監河北一十五州。轉不絕糧道，邊兵用給。卉服俄清，璽書縣褒慰。遷澤州端氏縣令。丁內憂，如居府君之喪。服闋，遷丹州汾川縣令。平遷滄州魯城縣令。秩滿，授瀛州文安縣令。屬狂寇孫萬斬等作梗燕垂，公縣當衝要，途交水陸。按劇若閒，軍興是賴。既乃羊犬之黨，侵圍城邑。公勵聲抗節，誓志堅守。而孤城無援，俄陷凶威。雖白刃交臨，竟無所屈。賊等憚公忠烈，不之加害，尋為俘，暫幽於廬庭。潛圖背逆，夕遁幽府，遂首陳謀議，倡導官軍，廓清巨孽，公之力也。清邊道大總管建安郡王奏公忠果特異，請加超獎，仍命軍司優以錢帛。瀛州刺史高平郡王、神兵軍大總管河內郡王等，復以公化若神君，功踰健令，咸嘉其事，時即奏聞。旋降明旨，俾令甄擢。公飭巾祇廬，解印辭榮。功成不有，樂天知命。以聖曆二年三月二日，寢疾終於遵教里私第，春秋八十。公博綜經史，研精翰墨，冠冕五常，被服六藝。至於釋教、空相、玄門宗旨，莫不澄源挹瀾，必造其極。凡所歷任，皆著異能，蠶績蟹匡，謳謠四合。初新樂之任也，太夫人遇有瘡疾，公嘗自吮癰，應時痊癒。司馬張文琮

以公孝行純深，奏課連最。河朔之地，人知慕德。嘗注《孝經》，及著《春秋異同駁議》三卷，並以《道德上下經》、《金剛般若經》有集五卷，並行於世。粵以其年歲次己亥三月景辰朔二十九日甲申，權厝合宮縣伯樂原，禮也。嫡孫之豫、次子前左臺監察御史洛客、前懷州河內縣主簿景、前洛州洛陽縣尉昌等，咸以名才，並臻顯祿，三張之敏，生事愛敬；二連之孝，死事哀戚。號纂徽業，存之銘典。用託鳳閣舍人河東薛稷，為其銘曰：

悠悠晉水，載清載瀾。配靈周德，命族因官。連芳接武，雲逸風摶。
尚□楷式，運平斗極。刺舉傳世，聿修厥職。言本於仁，道存其直。
顯顯安邑，素風清神。上庠典胄，中都字人。俗化知恥，家歡忘貧。
貞明耀爽，沖和誕德。談盡霸王，學窮儒墨。鄉黨稱孝，妙年觀國。
質疑泮水，選士射宮。復聞賈誼，還推戴馮。來遊盛邸，見禮名公。
學而上達，宦不求通。條枝既伐，蓼莪遄慕。鑽燧改火，履霜濡□。
沼集飛梟，塋來白兔。卉服憑險，命將出車。董其挽粟，實振戎儲。
鳥谷從化，勳在簡書。營道者心，為仁由己。教弘三德，志屈百里。
安婆太丘，流連聞喜。狂寇凌軼，稱亂燕幽。水草凶性，梟鏡逆謀。
機危執略，逼畏虔劉。在險能濟，唱議扼喉。帝念誅遏，嘉庸孔酬。
為而不有，氣運忽流。體澤長謝，昭途不遊。助順終欺，福謙徒語。
一術空執，百邪莫去。榮危既升，衣衾而舉。朝發堂宇，夕宿山原。
搢紳赴會，徒御悲歡。時有迅暑，流無定源。罔極攸寄，不朽者言。

內供奉南陽張元敬鐫，外孫弘農楊伋書。

《墓誌銘》的書寫者是王德表的外甥楊伋。楊伋是弘農人，也是當地書法聖手。鐫刻者為內供奉南陽張元。張元是南陽人，時任內供奉。內供奉是一個專門為宮廷皇室服務的職務。由專門為宮廷皇室服務鐫刻的

第四章　孝聞於家

內供奉張元來出手，由此可見王德表在世時的名望及《墓誌銘》鐫刻品質之高。

王德表去世二十七天后，王家舉行了隆重葬禮，將王德表的棺槨及王薛夫人的棺槨合葬於合宮縣伯樂原。

同時葬入墓中的，還有王德表平生十分喜愛的數十件三彩器與陶器。

舉喪期間，因為王之渙與祖父朝夕相處、相依為命、感情最深，所以，呼天搶地，哭得最痛心、最悲傷的就是他。年僅十二歲的王之渙，小小年紀，已經經歷了父母去世、祖父母去世的人生四大悲事。父母去世期間，那時他年紀幼小，尚不諳事。在祖父母生病期間，他超越常人的孝行，以及舉喪期間如此撕肝裂膽的悲痛，直令王家族人們人人感佩、有口皆碑。

第五章　義彰於友

1

武周時代，是一個多事的時代，也是一個亂象叢生的時代。

王德表在世時經常在家裡與來訪的友人竊竊私議朝廷、邊關與社會上的一些事情，一說就是半天，甚至一天。王德表覺得季凌是一個小孩子，尚不懂事，也就不避諱他。誰知王之渙聰明伶俐，年紀雖小，卻懂得事早，大人們說的話，全都默默記在心裡。

王之渙聽大人們說，當今聖神皇帝喜歡為自己取名字，也喜歡為別人改名。聖神皇帝認為自己必須有一個至高無上的名字，於是，就為自己取了個名字叫「武曌」。「曌」字是聖神皇帝自造的，上面是一個「日」，一個「月」，下面是一個「空」，就是日月高懸在空中，普照大地的意思。聖神皇帝為別人改的名字卻都不好聽，早先她打掉她的情敵王皇后和蕭淑妃，就將王皇后的「王」改姓為蟒蛇的「蟒」，將蕭淑妃的「蕭」改姓為毒梟的「梟」；她將那些曾經欺負過她母親的堂兄殺了，就將他們的「武」改姓為蝮蛇的「蝮」；契丹首領李盡忠、孫萬榮起兵叛亂，她就將「李盡忠」改為「李盡滅」，將「孫萬榮」改名為「孫萬斬」，一個要將汝盡族毀滅，一個要將汝斬首萬段。還有，每一次革新，聖神皇帝都要改一個年號，有時候一年就改兩三個年號。

王之渙聽說聖神皇帝不喜歡儒生，也不喜歡儒家經典，她在太學裡頭設置的那些博士、助教通通不用儒生，因此，太學幾乎荒廢了。

第五章　義彰於友

　　王之渙還聽說長壽元年（西元692年）一月，聖神皇帝讓存撫使舉薦人才，不管好賴，悉加擢用，好的擢鳳閣舍人、給事中，差的擢員外郎、侍御史、補闕、拾遺、校書郎。大街上傳唱的民謠：「補闕連車載，拾遺平斗量；欋推侍御史，碗脫校書郎。」「評士不讀律，博士不尋章，糊心存撫使，瞇目聖神皇。」

　　王之渙想，字可以生造，名可以胡起，博士、助教可以不用儒生，那麼，讀書學習又有何用？

　　那天吃過晚飯，幾個兄長沒有各回各屋，他們聚在一起竊竊私語。王之渙聽到他們說的是四方邊關的事。

　　自從聖神皇帝誅殺了一大批能征慣戰、保疆衛國的名帥宿將後，朝廷武備不振，遂之南獠反叛，西戎侵塞，北胡寇邊，烽煙四起，邊疆出現了嚴重危機。

　　他們先是說北方突厥犯境。光宅元年七月，突厥阿史那‧骨咄祿等侵略朔州。唐武氏垂拱元年四月，突厥阿史那‧骨咄祿等數次侵略邊境；三月，突厥侵略代州；武天后派淳于處平引兵救援，走到忻州，被突厥打敗，死五千餘人。垂拱二年，突厥又侵略邊境。唐武氏垂拱三年二月，突厥骨咄祿等侵略昌平；七月，突厥骨咄祿、元珍侵略朔州；十月，武天后派右監門衛中郎將爨寶璧與突厥骨咄祿、元珍交戰，全軍覆沒，爨寶璧輕騎遁歸。武周延載元年正月，突厥可汗骨咄祿卒，其子幼，弟默啜自立為可汗；臘月，默啜侵略靈州。武周萬歲通天元年三月，聖神皇帝派王孝傑、婁師德與吐蕃將論欽陵贊婆戰於素羅汗山，大敗而歸。武周萬歲通天元年九月，數萬突厥侵略涼州，執都督許欽明。武周聖曆元年八月，默啜侵略飛狐，攻陷定州，殺刺史孫彥高及吏民數千人；九月，聖上改稱突厥默啜為「斬啜」；接著，默啜圍趙州，斬殺、擄掠趙、

定等州男女萬餘人後，自動撤軍返漠，所過之處，殺掠不可勝紀；聖上雖然派沙吒忠義等帶兵跟蹤，但是不敢逼近；又派狄仁傑領十萬兵追趕，也沒有追上。默啜現已擁兵四十萬，據地萬餘里，西北諸夷都歸附其下，因此，愈發驕橫跋扈，更加不將周放在眼裡。

　　接著又議論契丹在東北方反叛。武周萬歲通天元年五月，契丹松漠都督李盡忠、歸誠州刺史孫萬榮舉兵攻陷營州。聖神皇帝聞警，即派鷹揚衛將軍曹仁師、右金吾大將軍張玄遇、左威衛大將軍李多祚等二十八將征討。李盡忠自稱無上可汗，占據營州，以李萬榮為前鋒，四處攻掠，數日間擁兵數萬，進軍檀州。契丹破營州後，又用計誘武周軍輕騎急進，生擒右金吾大將軍張玄遇、司農卿麻仁節。契丹軍又迫令張玄遇在假公文上簽名，派人送給後軍總管燕匪石等，催促他們火速趕往營州。結果，武周軍再度中伏，致使全軍覆沒。武周萬歲通天元年初，契丹又進攻崇州，龍山軍討擊副使欽寂戰敗被擒。同年十月，契丹孫萬榮率軍向河北進攻，先攻陷冀州，殺刺史陸寶積，屠殺官吏、居民數千人。接著，又攻陷瀛州，河北震動，民眾紛紛逃散，形勢極為凶險。武周神功元年三月，聖神皇帝命清邊道行軍總管王孝傑，蘇宏暉為副率十八萬大軍進攻契丹，與孫萬榮戰於東硤石谷。契丹佯敗，王孝傑率軍緊追不捨。行至險絕的山嶺之上，契丹軍回兵再戰。王孝傑的後軍自亂其陣，棄甲而逃。王孝傑勢單力薄，被契丹軍逼上懸崖，墜崖而死，士兵也死亡殆盡。也就在這年，契丹軍又屠趙州。

　　兄長們還議論了南方的獠與西北方的吐蕃。武周延載元年十月，嶺南獠反叛。聖神皇帝急忙遣容州都督張玄遇為桂、永等州經略大使前往鎮壓。永昌元年五月，吐蕃犯境。韋待價領軍至寅識迦河，與吐蕃交戰。其時，天降大雪，糧草運輸不繼，再加之韋待價缺少將帥之才，狼狽失據，士卒凍餒，死亡甚眾，大敗而歸。

第五章　義彰於友

　　王之渙聽了兄長們說的北方突厥犯境、契丹在東北方反叛，以及嶺南獠反叛與吐蕃犯境的事，大吃一驚！

　　環境可以造就一個人，也可以毀掉一個人。

　　面對朝廷的腐敗、邊境的動盪、社會的混亂，王之渙心情憂鬱，亂如團麻。十二歲的王之渙現在已經在考慮著自己未來的前途，祖父在世時是希望他好好讀書的，可是，現在讀書又有何用呢？現在朝廷選拔人才，又不憑學問，又不問才能。想到此，他就又想起了社會上風傳的那幾句民謠：「補闕連車載，拾遺平斗量；欋推侍御史，碗脫校書郎。」「評士不讀律，博士不尋章，糊心存撫使，瞇目聖神皇。」既然讀書無用，那就還不如練一身本事，到前方殺敵、保家衛國呢。祖父已經去世了，他現在是無人管教的人了。拿定了主意，他就合上書本，罷了學業，從王家大院裡走出來，尋覓與自己志同道合的夥伴去了。

　　遵教里有一夥少年，與王之渙年紀相仿，平時不好好讀書，在社會上遊遊蕩蕩，不務正業，打架鬥毆，吃喝玩樂。一個名叫周大，一個名叫趙二，其餘幾個都是按照自己的姓氏加上排行取的名號。這一夥人，被人們稱作「五陵少年」。

　　何謂「五陵少年」？在渭河以北的咸陽原上，分布著漢高祖長陵、惠帝安陵、景帝陽陵、武帝茂陵、昭帝平陵的五座陵墓，因此，咸陽原又稱作「五陵原」。後來，有錢的人住在五陵地區，世人遂稱富貴人家子弟為「五陵少年」。遵教里的「五陵少年」，其實指的是官僚、地主等有錢有勢人家的成天吃喝玩樂、不務正業的紈褲子弟。

　　王之渙很快便與這一夥五陵少年廝混在一起。

　　王之渙在家中叔伯兄弟中排行第七，這些少年就呼他「王七」。俗話說「近朱者赤，近墨者黑」。沒有多長時間，王之渙便與這夥少年混得爛

熟，別人大吃大喝，他也大吃大喝；別人養鴿玩鳥，他也養鴿玩鳥；別人打架鬥毆，他也打架鬥毆；別人偷雞摸狗，他也偷雞摸狗。

王之渙在這一夥五陵少年中是最勇敢、最講義氣的一個。有一次，他們與另一夥五陵少年打架，他第一個衝鋒在前。眼看對方的棍棒向一個體弱瘦小的兄弟打來，他就急忙斜跨兩步，用自己的身體護了上去。小兄弟護住了，但是他卻被飛來的棍棒打了個頭破血流。

吃喝東西時，他總是讓別人先吃先喝，自己靠後。那一次，大家到神都洛陽郊外去玩耍，走到一處前不著村、後不著店的地方，這時候，他們已有整整一天沒有吃東西了，餓得腰軟腿顫、頭暈眼花。他好不容易在一處土崖下找到一戶農舍，討來一碗米飯。看著這碗米飯，他恨不得兩口就吞了下去，但是，他嚥了口唾沫，硬是忍住了，自己一口未吃，全部分給大家吃了。勉強回到家裡，兩天兩夜沒有吃飯的他，差點暈厥。

2

王之渙是個聰明人，又讀過許多詩書，與一夥五陵少年混在一起，也不全是打打鬧鬧。有時候，為了填飽飢腸，也會將他的聰明才智發揮得淋漓盡致。

那是一個仲春的上午，王之渙與周大、趙二等七八個五陵少年到神都洛陽的西郊外去郊遊。整個上午，他們在荒郊野地裡追狐狸、攆兔子，撒了歡地瘋跑。狐狸沒追到，兔子也沒攆著，幾個人卻累得口乾舌燥、滿頭大汗。眼看到了中午，個個飢腸轆轆，要回家中吃飯，還有十幾里路程，已是不可能了。

大家正在發愁，王之渙看見前面有個村子，村裡有家人家的大門口

第五章　義彰於友

張燈結綵，人來人往，異常熱鬧，就招呼大家前去看看。

進了村裡，王之渙見有一位老丈拄著枴杖迎面走來，便上前一步，施了個晚生大禮，恭恭敬敬地問道：「敢問老丈，這家人家為何這麼熱鬧？是在娶媳婦？還是聘閨女？」

這位老丈雖然拄著枴杖，看上去像個七十歲左右的人，卻面色紅潤，精神矍鑠。他看見王之渙這孩子很有禮貌，就說：「這家姓楊的人家是我們村裡的大財主。今天是財主七十歲生日，他兒子在為他父親做大壽。這會兒親戚朋友正在為財主賀壽呢。」

王之渙繼續問道：「再煩問老丈，這財主與他兒子平日與人相處得如何？」

老丈見面前的這個少年是外地人，想來說了也無甚大礙，便如實相告道：「天下財主一個樣，還不都是愛財如命，唯利是圖。這楊財主雖然沒有做過欺男霸女等強取豪奪的事，但是為了一壟地、一斗米而巧取的事還是常有的。」

王之渙的眉頭略皺一皺，心裡立時有了主意，便謝過老丈，返回來對幾個兄弟說：「你們在門外且等片刻，我先進去看看再說。」

王之渙整了整衣冠，揮了揮身上的塵土，說聲「借光」，分開門口的眾人，便進了院子。

這是一個三進院落。王之渙穿過一進院落進了二門，看見正屋臺階前的一把交椅上端坐著一位腳踏紫靴，穿一身紫紅緞襖的老人。這老人紅光滿面，微微帶笑，王之渙判斷這應當就是楊財主了。老人身邊站著一位三十歲左右的男子，王之渙料定這就是老人的兒子。院子引路兩邊與東西廂房的房簷下則站著不少男男女女、老老少少，王之渙想這應該是前來祝壽的朋友、鄉鄰、親戚。

大門兩邊站著一班樂人，有人手執橫笛，有人雙手捧笙，有人端著排簫，有人抱著琵琶，有人手握鼓槌，他們賣力地吹奏、打擊著祝壽音樂，將祝壽場面渲染得異常喜慶而熱烈。

　　王之渙剛邁進門檻，便被樂人們發現了。他們知道凡是來者都是祝壽的人，便使勁地吹奏打擊起來。

　　王之渙不卑不昂，向前幾步，走到楊財主面前，深鞠一躬，然後抱拳道：「在下王之渙，家居神都洛陽，今日到此閒遊，巧遇先輩七十大壽，特來相賀。因為是巧遇，所以沒備禮物，面頌喜歌數言，還望先輩海涵！」

　　楊財主初見這個孩子來到面前，又是個陌生人，滿臉狐疑。當他聽了這孩子的一番話，覺得大地方的人就是不一樣，就連孩子也是口齒伶俐，滿嘴文辭，出語不凡。於是便滿臉堆起笑來，站在旁邊的兒子也顯得十分高興。

　　王之渙清了清嗓子，朗聲道：

　　七十壽星是隻狼

　　楊財主聽了，先是一愣，接著，圓臉馬上變成了長臉。他雖然識不得幾個字，但是卻曾經聽說過幾部書、觀看過多場戲，他知道比喻長壽，人們多用「南山」、「松柏」等詞語，哪有用「狼」比喻的？他想，莫非眼前這孩子是專門來尋釁鬧事的，可是這孩子是誰派來的呢？

　　楊財主的兒子聽了，怒目圓睜，極力壓抑著心中的火氣。

　　滿院子賀壽的人聽了，也大吃一驚，一個個睜大眼睛，張大嘴巴，心都懸了起來，不知道這孩子接下來還會說出什麼難聽的話來。

　　王之渙看見眾人的表情，微微一笑，不慌不忙地繼續道：

第五章　義彰於友

二郎轉世還姓楊

楊財主聽了，轉而大喜：原來這孩子說的這個「郎」，不是豺狼的「狼」，而是楊二郎的「郎」。我姓楊，二郎也姓楊，說我是楊二郎轉世，神仙下凡，這個比喻比得好！比起那些「南山」呀「松柏」呀等詞語，就是不俗氣、不一般。這才是祝壽的好話呀！

楊財主的兒子聽了這一句也覺得舒服，便轉怒為喜。

院子裡的人們懸著的心也放了下來。

王之渙又接著道：

養個兒子是條狗

楊財主聽罷，臉色「倏」地又紅了：怎麼？說我兒子是狗，我豈不成了老狗？可恨！可惡！這孩子哪裡是在頌喜歌，分明是前來攪我的壽局啊！

楊財主的兒子聽見在罵自己，又轉喜為怒，握緊了兩隻拳頭。

院子裡的人們又紛紛向王之渙投來疑惑的目光。

還未等楊財主的兒子發作，王之渙又接著道：

哮天緊跟二郎走

楊財主聽了又高興起來，心想，這「狗」原來是二郎神的哮天犬啊！雖說是狗，卻是神狗，天上神狗總比人強啊，說得好！說得好！

楊財主的兒子聽了也得意起來。

滿院子的人被這孩子一懸念、一轉折的智慧逗得也都發出爽朗的笑聲。

王之渙清清嗓子，又道：

一狼一犬投楊家

　　人間從此傳趣話

　　父子二人心仁厚

　　又添福祿又增壽

　　楊財主聽了，越思索越覺得這喜歌說得好，而且不是一般的好，既明確頌揚了我的根底不凡，又暗暗指出我心地仁厚，將來會越來越好。他想，這孩子小小年紀，竟然如此才華橫溢，長大了必定會有一番大出息。他又想，今天的祝壽場面，如此添彩，如此完美，是他萬萬沒有想到的。多虧了王之渙這個孩子的出現，這應該就叫做「錦上添花」吧。我得好好招待他。想到此，他便從交椅上站起來，走到王之渙面前，說道：「後生可畏，真是高才！奇才！快快進屋入席。」說著拉著王之渙的手就要往正房裡走。

　　王之渙說：「先輩且慢，我不是一個人來的，門外還有幾個兄弟。」

　　楊財主對他兒子說：「快去外面將孩子們叫進來一起用餐！」

　　壽宴開席了，王之渙被楊財主安排在首席，他的另外幾個兄弟被單獨安排了一桌。

　　楊財主與他的兒子輪番為王之渙與他兄弟們敬酒勸餐，直到大家酒足飯飽方散。

　　王之渙利用字的諧音，既奚落、教育了楊氏父子，又為小兄弟們賺了一頓酒席，幾個五陵少年佩服得五體投地。

　　很快，「王之渙喜歌賺飯」的故事，便在神都洛陽一帶傳播開來。

第五章　義彰於友

3

除了王之渙被別的少年薰染得墨黑之外，他也在用朱赤的顏色濡染著別的少年。

王之渙雖然天天與這一夥五陵少年廝混，但是也沒有忘記了他的志向，那就是練就一身本事，到前方殺敵、保家衛國。他提議大家練習劍術，每天除了吃喝玩樂，應當拿出半天時間來學劍。他的提議，得到了大家的積極響應。

劍，產生於商朝，青銅鑄造，體型較短，有柳葉形和銳三角形兩種。到了漢朝，鑄劍的材料發生了變化，青銅漸漸被鋼鐵取代。劍是短兵之祖、近搏之器，因其攜之輕便，佩之神采，用之迅捷，既可以縱橫沙場、稱霸武林，又可以立身立國、行俠仗義，很受世人鍾愛。自古以來，劍術就被人們重視，並出現了很多技藝高超的劍擊俠客。

漢朝作戰往往以騎兵為主，而騎兵交戰中多做砍斫，刺的動作較少，於是，刀便代替了劍。劍在戰場上的地位下降了，而在生活中的裝飾作用反而上升了，歷代帝王公侯、文士俠客，莫不以持劍為之榮耀。

唐朝初年，佩劍更是成為官僚士子們的一種象徵與時尚，官必佩劍，士必佩劍，出門在外，如果腰間沒有掛一柄寶劍，就顯得沒有等級、沒有面子。既然官僚士子將佩劍作為一種裝飾，劍術如何，就不是人們追求的目標了。

當年，王之渙跟著祖父學「六藝」時，曾學過劍術，但那都是劍術的花架子，是劍術的皮毛。

如今的王之渙是要學一套好劍術，練就一身真本事。

他們在洛河岸邊練劍時，一個小兄弟一不小心掉進了河裡。河水很

深，流速很急，小兄弟的兩隻手的水面上胡亂撲騰，離河岸越來越遠，別的兄弟們都呆若木雞，站在原地，被這種場景嚇傻了。王之渙立刻脫下外套，跳進水裡，向河心遊去，游到了小兄弟身旁，硬是將小兄弟推到了岸上，而他卻筋疲力盡，差點沒有爬上岸來。

王之渙聽得人們說神都洛陽城裡來了一名叫做「公孫娘」的女子，在街上舞劍賣藝，技藝絕倫，觀者如潮。他就與幾個夥伴們去看，打算拜公孫娘為師，學習劍術。去了以後，他看見公孫娘的劍術原來是持劍舞蹈，中看而不中用，於是大失所望而歸。

武周長安二年（西元702年）正月，突厥侵略鹽州、夏州。同年三月，突厥突破石嶺關，又侵略了并州。眼看敵鋒已距神州洛陽不遠，年僅十五歲的王之渙義憤填膺，摩拳擦掌，只恨自己劍術不精，不能前去殺敵。

後來，王之渙打聽到神都洛陽郊外有一個技藝高超的劍師，就與夥伴們前去拜師學藝。

劍師名叫夏侯明，自稱是東漢末年名將夏侯淵的後代。

夏侯明告訴他們，要想學劍，就必須先了解三個人，向這三個人學習，向這三個人看齊。

接著，便先跟他們講了三個故事。

第一個故事講的是「越女的故事」。

夏侯明說，春秋時有個劍術家，人稱「越女」。越女原叫處女，來自越國。越女的劍術是生來就會的，她常年居住在山林之中。

越王勾踐為了復國，派人將越女請來，請教劍術。越女說：「其道甚微而易，其意甚幽而深。道有門戶，亦有陰陽，開門閉戶，陰衰陽興。凡手戰道，內實精神，外示定儀。見之似好婦，奪之似懼虎。布形

第五章　義彰於友

氣候，與神俱往。杳之若日，偏如騰虎。追形逐日，光若彷彿。呼吸往來，不及法禁。縱橫順逆，直復不聞。斯道者，一人當百，百人當萬。王欲試之，其驗即見。」勾踐就請越女教士兵們劍擊之法。最後，越女終於幫助勾踐滅了吳國。

第二個故事講的是「聶政的故事」。

夏侯明說，聶政的父親是戰國時期的鑄劍師。韓哀侯派給了他一個鑄劍的任務，超過了工期，他卻沒有完成任務，於是韓哀侯就下令殺害了他。當時，聶政還沒有出生。聶政長大成人後，他的母親告訴了他父親是怎麼死的。從此，聶政發誓要為父報仇，刺殺韓王。聶政習武學劍，以泥瓦匠身分混入韓王宮。遺憾的是，首次行刺未成。於是聶政逃進泰山，與仙人習琴。怕被人認出，就改變容貌。漆身為厲，吞炭變音，還擊落了所有的牙齒。後來，苦練十年彈得一手好琴，辭師回到韓國。聶政彈琴時，觀者成行，馬牛止聽。

聶政名聲大起來之後，韓王下旨召聶政進宮彈琴。為避開禁衛搜查，他藏利刃於琴內，神態自若，步入宮內。面對自己的殺父仇人，聶政使出渾身解數撫琴弄音。仙樂般的琴聲，讓韓王和他周圍的衛士們聽得如醉如痴，都放鬆了警惕。聶政見時機已到，便抽出琴內短劍，猛地一撲，韓王猝不及防，當場被刺死。聶政自己刺面決眼，剖腹出腸。聶政死了之後，竟無人能辨別出這個刺客到底是誰。

第三個故事講的是「荊軻刺秦王的故事」。

夏侯明說，荊軻本是齊國慶氏的後裔，後遷居衛國，改姓了荊。荊軻喜愛讀書、擊劍，憑藉著劍術到處遊說。荊軻到了燕國以後，燕國的隱士田光知道他不是個平庸的人，對他非常友好。其時，在秦國做人質的燕太子丹逃回了燕國。太子丹看到秦國將要吞併六國，燕國災禍即將

來臨，唯一可以阻止的辦法就是刺殺秦王。不久，秦國大將樊於期也逃到了燕國。後來，鞠武將田光推薦給了太子丹。田光見太子丹的時候，太子丹對田光非常恭敬，希望其為自己謀劃刺殺秦王的辦法。田光說，我已經老了，精力衰竭，不能為太子做事了，但是我的好朋友荊軻可以承擔這個使命。太子丹希望能透過田光結交荊軻。田光答應了太子丹，回去對荊軻說：「我已經把汝推薦給太子。」說完，便刎頸自殺，表示這個祕密不會再有別人知道。

荊軻見了太子丹。太子丹向他講了秦王貪婪無道，倚強凌弱，意在吞併六國，燕國危在旦夕的事，並請荊軻幫助自己。荊軻表示這是國家的大事，自己的才能低劣，恐怕不能勝任。太子丹上前以頭叩地，哀求荊軻不要推託。見此情景，荊軻只好答應了。從此，太子丹就尊奉荊軻為上卿，讓他住進最好的館舍，供他最豐盛的飲食。太子丹每天還要前去問候，並備辦奇珍異寶，不時進獻車馬和美女，任荊軻隨心所欲地享受。

過了很長一段時間，荊軻沒有一點要行動的意思。

西元前 228 年，秦將王翦已經攻破趙國的都城，俘虜了趙王，把趙國的領土全部納入秦國的版圖。大軍繼續向北挺進，已經逼近燕國南部邊界。

太子丹焦急萬分，又去催促荊軻。荊軻說，太子就是不催，我也早就想行動了。但是，我到了秦國是沒辦法接近秦王的。如果能得到樊於期的人頭和燕國督亢的地圖，去獻給秦王。那時，秦王一定會高興地接見我，我才有機會實現太子的願望。太子丹說：「樊將軍到了窮途末路才來投奔我，我怎忍心去傷害他呢？」

荊軻明白太子丹不忍心取下樊於期的腦袋，於是就私下會見樊於期

第五章　義彰於友

說：「秦國對待將軍可以說是太狠毒了，父母、家族都被殺盡。如今聽說用黃金千斤、封邑萬戶，購買將軍的首級，將軍打算怎麼辦呢？」樊於期仰望蒼天，嘆息流淚說：「我每每想到這些，就痛入骨髓，卻想不出辦法來。」荊軻說：「現在有一個辦法可以洗雪將軍的仇恨。」樊於期湊向前問什麼辦法，荊軻說：「如我能獻給秦王將軍的首級，秦王一定會高興地召見我，我左手抓住秦王的衣袖，右手用匕首直刺秦王的胸膛，那麼將軍的仇恨就可以洗雪了。」樊於期說：「能殺秦王，我的腦袋又何足惜！」說完，就拔劍自刎了。

太子丹聽到樊於期自刎這個消息，知道事已至此，沒辦法挽回，於是就將樊於期的首級裝到匣子裡密封起來。

其時，天下最鋒利的匕首屬趙國人徐夫人所有，太子丹花百金買下了它，又讓工匠用毒水浸泡，只要見一絲人血，立死無疑。燕國有位勇士名叫秦舞陽，十三歲就開始殺人，人們誰也不敢正面對著看他。太子丹就派秦舞陽作荊軻的助手。

過了幾天，太子丹見荊軻還沒有動身，以為荊軻拖延時間，懷疑他反悔，就再次前去催請說：「日子不多了，荊卿有動身的打算嗎？要麼我派遣秦舞陽先行。」荊軻聽了，非常憤怒，斥責太子丹說：「我之所以沒有及時動身的原因，本來是要等待另一位朋友同去。如果太子認為我拖延了時間，那就告辭訣別吧！」

這一天，太子丹及賓客都穿著白衣、戴著白帽去為荊軻送行。到了易水岸邊，高漸離擊築，荊軻和著拍節一邊向前走，一邊發出蒼涼悽婉、慷慨激昂的聲調，唱道：「風蕭蕭兮易水寒，壯士一去兮不復還！」送行的人們同仇敵愾，怒目圓睜，頭髮直豎，連帽子都頂了起來。荊軻頭也不回地上路了。

一到秦國，荊軻帶著價值千金的禮物，厚贈秦王寵幸的臣子中庶子蒙嘉。蒙嘉替荊軻先在秦王面前說，燕王已被大王的威嚴震懾得心驚膽顫，不敢出動軍隊抗拒秦軍，甘心情願做秦國的臣子。燕王砍下樊於期的首級裝匣密封，並獻上燕國督亢的地圖，臨行還在朝廷上舉行了拜送儀式。現在，燕王使者正在驛館靜候。秦王聽到這個消息，非常高興，就穿上了禮服，安排了外交上極為隆重的九賓儀式，在咸陽宮召見燕國的使者荊軻。

　　荊軻捧著裝樊於期首級的匣子，秦舞陽捧著地圖卷軸，按照正、副使的次序前進，走到殿前檯階下，秦舞陽臉色突變，害怕得手腿發抖，大臣們都感到奇怪。荊軻回頭朝秦舞陽笑笑，上前謝罪說，北方藩屬蠻夷之地的粗野人，沒有見過天子，所以心驚膽顫。希望大王稍微寬容他，讓他能夠在大王面前完成使命。秦王讓荊軻遞上舞陽拿的地圖。荊軻取過地圖獻上，秦王展開地圖，圖卷展到盡頭，匕首露出來。荊軻趁機左手抓住秦王的衣袖，右手拿匕首直刺。秦王見此大驚，自己抽身跳起，衣袖掙斷。慌忙抽劍，因為劍長，一時驚慌急迫，劍又套得很緊，所以不能立刻拔出。荊軻追趕秦王，秦王繞柱奔跑。大臣們被突然發生的意外事變嚇得發呆。其時，秦國的法律規定，殿上侍從大臣不允許攜帶任何兵器；各位侍衛武官也只能拿著武器依序守衛在殿外，沒有皇帝的命令，不准進殿。正當危急時刻，又來不及傳喚下面的侍衛官兵，因此荊軻能夠繼續追趕秦王。倉促之間，驚慌急迫，秦王沒有用來攻擊荊軻的武器，只能赤手空拳和荊軻搏擊。這時，侍從醫官夏無且用他所捧的藥袋投擊荊軻。正當秦王圍著柱子跑，倉促慌急，不知如何是好的時候，侍從大臣們突然醒悟，喊道：「大王，背劍而拔！」秦王把劍鞘推到背後，才拔出寶劍攻擊荊軻，砍斷他的左腿。荊軻受傷倒地，就舉起他的匕首直接投刺秦王，沒有擊中，卻擊中了銅柱。秦王接連攻擊荊軻，

第五章　義彰於友

　　荊軻被刺傷八處。荊軻自知大事不能成功了，就倚在柱子上大笑，張開兩腿像簸箕一樣坐在地上，罵道：「大事之所以沒能成功，是因為我想活捉汝，迫使汝訂立歸還諸侯們土地的契約去回報太子。」這時，殿外的侍衛們才衝進殿來，殺死了荊軻。至此，秦王目眩良久。

　　夏侯明對王之渙等人講了三個故事後，說：「練劍就是要練氣、練膽、練術。練氣是要練氣節，就是要解決為誰而練的問題；練膽是要練膽量，就是要解決敢不敢出劍見血的問題；練術是要練術法，就是要解決在劍術上能不能克敵致勝的問題。我跟汝等講的三個故事就是說練劍者必須具備的氣與膽。這兩個問題解決了，接下來，才能說練術。」大家聽了夏侯劍師講的三個故事，受到了莫大的鼓舞，紛紛表示，一定要跟著師父學好劍術，長大了奔赴邊境殺敵立功。

　　夏練三伏，冬練三九。

　　這年冬天的數九天裡，王之渙與幾個夥伴們正在神都洛陽郊外練劍。那天，忽然大風驟起，寒流來襲，天空又飄起了大雪。風攪著雪，雪裹著風，風雪撲打在臉上，生痛生痛。一個兄弟身單衣薄，凍的雙手抱著臂，身子不住地顫抖。他毫不猶豫將自己的棉袍脫下來，披在了這位兄弟的身上。王之渙的身上只留下了一件內衣，被凍得嘴唇青紫，直打冷戰。回家後，他發起了高燒，昏迷不醒，過了好幾天才緩過來。

　　王之渙的義氣，不但受到他們這一夥五陵少年的個個稱讚，就連幾個對立團夥的少年一說起他來，也伸著大拇指，讚不絕口。

　　幾年下來，王之渙的劍術精進，已學會了跨左擊、跨右擊、翼左擊、逆鱗刺、坦腹刺、雙明刺、旋風格、御車格、風頭洗等劍的用法。抽、帶、提、格、擊、刺、點、崩、攪、壓、劈、截、洗、雲、掛、撩、斬、挑、抹、削、扎、圈等劍的擊法也已練得嫻熟。

每一次，夏侯師父令大家演示，王之渙總能獨占鰲頭。他右手持劍，左手運指，一招一式，恣意揮舞，劍出「刺、斬、撩、掛」，指行「點、劃、擺、招」，指隨劍行，劍指合一，指上打下，指左擊右，虛虛實實，忽往復收，身法矯健，流暢無滯，簡直達到了出神入化的程度。

第五章　義彰於友

第六章　刻苦攻讀

1

就在王之渙於神都洛陽郊外刻苦練劍的時候，唐朝宮廷內部卻正在進行著一場驚心動魄的政變。

晚年的聖神皇帝更加寵幸張昌宗、張易之兄弟，整日沉湎於享樂，與外界的聯繫減少，對朝政的控制力也有所下降。張昌宗、張易之兄弟插手朝政，由此引起了聖神皇帝母子、君臣關係的極度緊張，武周政權也因此陷入動盪。

太子李顯的兒子邵王李重潤與女兒永泰郡主李仙蕙、妹婿魏王武延基在背地裡悄悄議論張昌宗、張易之兄弟的飛揚跋扈，不想被張易之的耳目偵知，張易之便添油加醋地向聖神皇帝進讒言。聖神皇帝聽信讒言，不僅責罵李顯，還嚴令李顯審問其兒子與女兒。迫於無奈的李顯只得逼令兒子和有孕在身的女兒自縊。接下來，張氏兄弟又將武延基下獄逼死。透過這件事情，李顯已經深深意識到除掉張氏兄弟勢在必行、刻不容緩。於是，李顯、李旦、太平公主這些李姓子孫準備伺機發動政變。

唐神龍元年（西元705年）初，聖神皇帝生病，在迎仙宮休養，張易之、張昌宗侍奉於臥榻左右，外人一律不得入內。

朝中大臣張柬之、敬暉、桓彥範、袁恕己、崔玄暐五人機密謀劃，除掉張昌宗、張易之兄弟的政變正在悄悄地進行著。

第六章　刻苦攻讀

　　正月二十二日，張柬之、崔玄暐、桓彥範與左威衛將軍薛思行等人率領左右羽林兵五百餘人來到玄武門，派李多祚、李湛及內直郎、駙馬都尉安陽人王同皎到東宮去迎接李顯。

　　李顯心存疑慮，不敢出東宮。王同皎說：「先帝將皇位傳給殿下，殿下無故遭到幽禁廢黜，皇天后土、士民百姓無不義憤填膺，已經有二十三年了。現在上天誘導人心，北門的羽林諸將與南衙朝臣得以同心協力，立志誅滅凶惡小人，恢復李氏的江山社稷，希望殿下暫時到玄武門去，以滿足大家的期望。」李顯回答說：「凶惡的小人的確應該剪除，但是天子聖體欠安，汝等這樣做能不使天子受驚嗎？請諸位日後再圖此事。」李湛說：「諸位將帥宰相為了國家不顧身家性命，殿下為什麼非要讓他們面臨鼎鑊之酷刑呢？請殿下親自去制止他們好了。」李顯這才走出宮來。

　　王同皎將李顯抱到馬上，走在了羽林軍的前頭。到了玄武門，官兵們看到太子出面，山呼萬歲。張柬之、桓彥範等人就簇擁著李顯衝向迎仙宮。在迎仙宮門口，眾人斬殺守衛，開啟門栓蜂擁而入。

　　張易之、張昌宗兄弟二人在殿內聽到外面喧嚷，拿著兵器來到走廊裡觀看時，被洶湧而來的羽林軍將士當場殺死。

　　張柬之等人持劍進入聖神皇帝居住的集仙殿，在她周圍環繞侍衛。聖神皇帝吃驚地坐起來，問道：「是誰作亂？」張柬之回答說：「張易之、張昌宗陰謀造反，臣等已奉太子的命令將他們殺掉了，因為擔心可能會走漏消息，所以沒有向聖上稟告。在皇宮禁地舉兵誅殺逆賊，驚動天子，臣等罪該萬死！」

　　聖神皇帝看見李顯也在人群之中，便對他說：「這件事是汝讓做的嗎？這兩個小子已經被誅殺了，汝可以回到東宮裡去了。」桓彥範上前

說：「太子哪能還回到東宮裡去呢？當初天皇把心愛的太子託付給陛下，現在他年紀已大，卻一直在東宮當太子，天意民心，早已思念李家。群臣不敢忘懷太宗、天皇的恩德，所以尊奉太子誅滅犯上作亂的逆臣。希望陛下將帝位傳給太子，以順從上天與下民的心願！」李湛是李義府的兒子，聖神皇帝發現了他，對他說：「汝也是殺死張易之的將軍嗎？朕平時對汝等父子不薄，想不到竟然有今天的變故！」李湛滿面羞慚，無法回答。聖神皇帝又對崔玄暐說：「別的人都是經他人推薦之後提拔的，只有汝是朕親手提拔的，汝怎麼也在這裡呢？」崔玄暐說：「我這樣做正是為了報答陛下對我的大恩大德。」

接著，張昌期、張同休、張昌儀等人被逮捕處斬。張易之、張昌宗兄弟二人在神都天津橋被梟首示眾。在這一天裡，為防範突發事變，袁恕己隨從相王李旦統率南衙兵馬，將張易之的同黨韋承慶、房融及司禮卿崔神慶等逮捕下獄。

正月二十三日，聖神皇帝頒下制書，決定由太子李顯代行處理國政，大赦天下。任命袁恕己為鳳閣侍郎、同平章事，派遣十位使者分別攜帶天子的璽書前往各州傳示安撫。

正月二十四日，聖神皇帝將帝位傳給太子李顯。

政變後，張柬之被封為漢陽郡王、敬暉被封為平陽郡王、桓彥範被封為扶陽郡王、袁恕己被封為南陽郡王、崔玄暐被封為博陵郡王，時稱「五王」。後來，神龍政變又被稱為「五王政變」。

幾天后，武氏在上陽宮仙居殿去世，享年八十二歲，諡號為「則天大聖皇后」，祔葬於唐高宗乾陵。

緊接著，中宗李顯撥亂反正，頒下詔書：改神都洛陽仍為東都，改合宮縣仍為河南縣。武氏當朝期間，韓王元嘉、霍王元軌等唐朝宗室皆

第六章　刻苦攻讀

遭非命，從此追復官爵，令備禮改葬，有胤嗣者即令承襲，無胤嗣者聽任取親為後。酷吏劉光業、王德壽、王處貞、屈貞筠、劉景陽五人，身死，官爵一律追奪。丘神勣、來子珣、萬國俊、周興、來俊臣、魚承曄、王景昭、索元禮、傅游藝、王弘義、張知默、裴籍、焦仁亶、侯思立、郭霸、李敬仁、皇甫文備等雖已身死，一律除名。在世的劉景陽，貶祿州樂單尉；李秦授、曹仁哲流放嶺南。

詔令九品以上及朝集使極言朝政得失，兼舉賢良方正直言極諫之士。

神龍二年，聖駕返回京師長安。

2

神龍政變既定，朝廷權力易人，社會發生了深刻變化，人們的思想觀念也在不知不覺中改變著。

其時，比王之渙年長十多歲的兄長王之豫，早已娶妻生子，正在家中賦閒。

王之豫覺得，父母去世得早，接著祖母、祖父也相繼去世，又趕上前幾年社會混亂，再加之自己也尚年輕，就沒有過多管教弟弟，致使其在社會上與一些五陵少年廝混在一起，不走正道，成天混吃混喝，瘋跑瘋玩，現在眼看年齡也不小了，如此長期下去，怎麼得了？

思來想去，王之豫覺得，弟弟不走正道，自己的責任最大。既然長輩們都已去世，弟弟且又少不更事，自己就應當擔起管理弟弟的責任。那麼，目前應當如何讓弟弟做一個正常的人呢？他想了想，覺得當務之急是盡快為弟弟聘請一位私塾先生，讓其回來讀書，增長學問。拿定了主意，他就在洛陽城裡聘請了一位叫李尼秋的飽學之士，來家裡教弟弟讀書。

李尼秋第一天來到王宅，王之豫急忙將先生接到堂屋。二人正品茗敘話之間，王之渙也正好從外面回來。

王之豫指著蓬頭垢面，渾身上下一身泥土的王之渙，向先生介紹說，這就是舍弟。

李尼秋定睛看了看這個野氣十足的孩子，脫口說道：

上樹爬牆活像活猴子

王之渙知道這位就是兄長為自己請來的先生，他也聽說過先生名字，就隨口應道：

入池鑽土真似真泥鰍

句中「泥鰍」二字，正與李尼秋的「尼秋」二字諧音。李尼秋聽了，大為不悅，有心發作，因有王之豫在場，還是勉強忍住了。

很快午飯準備停當，王之豫便請先生移座入席就餐。先生第一次來家，王之豫將午餐準備得十分豐盛，除了豬肉、羊肉、魚肉之外，還上了王家家傳的五香燻雞。席間，李尼秋在王之豫的作陪下，一邊飲酒，一邊吃肉。因先生有些眼花，伸筷子夾雞肉時，卻誤將一根雞骨頭夾起，送入口中，於是不勝感慨，脫口吟出一聯：

五香燻雞稀爛梆硬

這時候，王之渙正雙手端碗喝著綠豆湯，隨口對道：

綠豆熬湯翻滾冰涼

李尼秋聽了，對未來這位弟子很是吃驚，一時無話。

飯罷，王之豫陪著先生到大門外散步，也讓弟弟隨同在後。這幾天，正是正月時節，街頭都掛著串串綵燈。李尼秋看著各種造型的綵燈，出口又是一聯：

第六章　刻苦攻讀

　　魚變龍，龍變魚，魚龍變化

　　李尼秋話音剛落，王之渙即接著對道：

　　官同民，民同官，官民同歡

　　李尼秋回頭看了看王之渙，一時百感交集。

　　次日，李尼秋人沒有再來王宅，託人送給王之豫一封書信。信中的大意是：令弟之才不在鄙人之下，鄙人實難勝任教授令弟之職。希望令弟勿廢學業，將來必定前途無量。

　　王之豫看罷先生的書信，心想，既然弟弟有如此大才，聘了個先生又教不了他，那就讓他在家自學好了。

　　隔一天，王之豫將弟弟季凌叫到面前，與他長談了一次。

　　王之豫先從人生的前途談起，他說：「人生要有一個好的前途，不外乎有這麼三條主要途徑：門蔭入仕、舉薦入仕與科舉入仕。第一種門蔭入仕的所謂「門蔭」者，就是以父祖官位，豪門世家的餘蔭而得官。《唐會要·用蔭》有規定，三品以上官員可以蔭及曾孫，五品以上蔭孫。被蔭之孫品階降蔭子一等，曾孫又降孫一等。我們的祖父、父親都是七品一級的小官，靠門蔭入仕，汝就想也別想。再說第二種舉薦入仕。神龍革命之後，皇上詔令九品以上及朝集使舉薦賢良方正直言極諫之士。這賢良、方正、直言、極諫之士憑的是德行，而不是學問，舉薦這些人的各級官員心理動機又比較複雜，往往是『舉秀才，不知書；舉孝廉，父別居。寒素清白濁如泥，高第良將怯如雞。』真正有德性的人不一定能被舉薦上去，所以，這一條路，汝也別作打算。第三種是科舉入仕。科舉主要是明經和進士兩科。明經、進士兩科，最初都只是試策，考試的內容為經義或時務。後來兩種考試的科目雖有變化，但基本精神是進士重詩賦，明經重帖經、墨義。所謂帖經，就是將《九經》中任揭一頁，將左

右兩邊蒙上,中間只開一行,再用紙帖蓋三字,令試者填充。墨義是對經文的字句作簡單的筆試。帖經與墨義,只要熟讀《九經》和注釋就可能考中,詩賦則需要具有很高的文學才能。科舉之路,就是讀書之路,學問之路,也是人生之正途。」

王之渙又對季凌談起了王家的家史。他說:「我們王家,遠的不說,只說我們這一門近支,歷代祖宗都是讀書人,也都是因為讀書而做官。我們王家可以說是真正的書香世家。遷居於絳州的一世祖隆,官至行臺尚書。一生做官憑的是自己的學問,憑的是真本事。二世祖子傑,官至建威將軍、徐州刺史,襲封安陽伯,也是憑自己的學問。曾祖信,更是典型的讀書人,曾任過隋朝的國子博士。祖父那就更不用說了,官職雖然不大,僅任過瀛州文安縣令,卻是三教並修,學貫古今,滿腹經綸,一肚子學問。祖父著書立說,作品頗豐,先後寫了《春秋異同駁議》三卷,注釋了《孝經》,還注釋了《道德經》、《金剛般若經》各五卷。我們的父親,汝是知道的,官至浚儀縣令,也是靠讀書拔擢的。」

接著,王之渙的話就轉入正題,他對季凌說:「自從祖父去世之後,汝就放棄了學業,成天與一些不三不四的紈褲子弟混在一起,吃喝玩樂,不務正業。那時候,一是因為汝年齡尚小,父母早逝,祖母、祖父又先後離開人世,汝身邊走了這麼多親人,汝是孤單的,所以,哥可憐汝,也就沒有怎麼去責備汝;二是那幾年武氏當朝,用人不憑才學,許多人認為讀書無用,就連哥也曾有過這種想法。時下,那種混亂的時代已經過去了。當今聖上重視起了人才,重視起了讀書人,正在廣搜天下賢良方正、直言極諫之士。汝雖然耽誤了四五年時間,荒廢了人生的一段大好時光,儘管這樣美好的時光白白浪費掉,確實有些可惜,但是亡羊補牢,未為晚也。汝今年十九歲,只要汝現在刻苦學習,奮發攻讀,走上正道,還是能趕上來的。汝好好想想,如果汝覺得哥的話說得對,

第六章　刻苦攻讀

汝就與那些紈褲子弟斷了交往，待在家裡好好讀書。有哪些不懂的地方，由哥來好好教汝。」

《孝經》：「教民親愛，莫善於孝。教民禮順，莫善於悌。」王之渙早年跟著祖父學過《孝經》，至今仍能熟背如流。他知道「教民禮順，莫善於悌」的「悌」，就是指的弟弟要敬愛兄長。如今兄長苦口婆心對他說了這麼多的話，他豈能不聽？況且，兄長的話說得又句句在理，都是為了自己呢。

聽了兄長的勸告，王之渙就出去見了師父夏侯明與幾個小夥伴們，說了自己要重新讀書的想法。師父與幾個小夥伴們見王之渙態度堅決，知道勸說也於事無補，便只好依依不捨，揮淚而別。

3

雖然坐在了家裡，但是王之渙頭腦裡經常出現的不是小夥伴們的身影，便是那變化多端的劍術。熬煎了好長一段時間，他才將跑野了的心慢慢地收了回來。

兄長王之豫態度溫和，從不對王之渙發火。遇到事情，他總是先將原委講清楚，然後才讓他自自然然、痛痛快快地接受。他對王之渙說：「汝小時候，因為有祖父輔導，學了不少東西，打下了很扎實的基礎。但是那些東西絕大部分是啟蒙之學，要走科舉之路，就必須讀好『九經』。」「九經」到底是哪九經呢？九經包括「三禮」、「三傳」、「三經」。「三禮」就是《周禮》、《儀禮》與《禮記》。「三傳」就是《左傳》、《公羊傳》與《穀梁傳》。「三經」就是《易》、《書》、《詩》。「三禮」、「三傳」、「三經」合起來總稱為「九」。這裡先介紹「三禮」中《周禮》、《儀禮》與《禮記》的大體內容。

《周禮》原名《周官》，是西漢景、武之際河間獻王劉德從民間徵得的先秦古書之一。

　　《周禮》面世之初，不知什麼原因，連一些身分很高的儒者都沒見到就被藏入祕府，從此就無人知曉。直到漢成帝時，劉向、劉歆父子校理祕府所藏的文獻才重又發現此書，並加以著錄。劉歆十分推崇此書，認為這部書出自周公之手，是「周公致太平之跡」。東漢初，劉歆的門人杜子春傳授《周禮》之學，鄭眾、賈逵、馬融等鴻儒皆仰承其說，一時注家蜂起，歆學大盛。到了東漢末年，經學大師鄭玄為之作注，《周禮》一躍而居「三禮」之首。

　　《周禮》以天官、地官、春官、夏官、秋官、冬官等六篇為框架，記載的禮的方面最為系統，既有祭祀、朝覲、封國、巡狩、喪葬等國家大典，也有用鼎制度、樂懸制度、車騎制度、服飾制度、禮玉制度等具體規範，還有各種禮器的等級、組合、形制的記載。

　　《儀禮》，是春秋戰國時代的一部禮制彙編，共十七篇。內容記載周代的冠、婚、喪、祭、鄉、射、朝、聘等各種禮儀，以記載士大夫的禮儀為主，有士冠禮、士昏禮、士相見禮、鄉飲酒禮、鄉射禮、燕禮、大射禮、聘禮、公食大夫禮、覲禮、士喪禮、喪服、既夕禮等等。

　　《儀禮》原來就叫《禮》，漢朝人稱為《士禮》，到了晉代才稱《儀禮》。《儀禮》一書出自孔子。《史記・孔子世家》上說：「孔子之時，周室微而禮樂廢，《詩》、《書》缺焉。追跡三代之禮，序《書傳》，上紀唐虞之際，下至秦穆，編次其事，曰：『夏禮吾能言之，杞不足徵也。殷禮吾能言之，宋不足徵也。足，則吾能徵之矣。』觀殷夏所損益，曰：『後雖百世可知也，以一文一質。周監二代，鬱郁乎文哉！吾從周。』故《書傳》、《禮記》自孔氏。」由此可知，《禮儀》一書，是孔子採輯周魯各國即將失傳的禮儀而加以整理記錄的。

第六章　刻苦攻讀

　　《禮記》又名《小戴禮記》或《小戴記》，為西漢戴聖編撰，共二十卷四十九篇。《禮記》按照所述內容可分為四類：一是記禮節條文，補他書所不備的，如《曲禮》、《檀弓》、《玉藻》、《喪服小記》、《大傳》、《少儀》、《雜記》、《喪大記》、《奔喪》、《投壺》等；二是闡述周禮意義的，如《曾子問》、《禮運》、《禮器》、《郊特牲》、《內則》、《學記》、《樂記》、《祭法》、《祭義》、《祭統》、《經解》、《哀公問》、《仲尼燕居》、《孔子閒居》、《坊記》、《中庸》、《表記》、《緇衣》、《問喪》、《服問》、《間傳》、《三年問》、《儒行》、《大學》、《喪服四制》等；三是解釋《儀禮》之專篇的，如《冠義》、《昏義》、《鄉飲酒義》、《射義》、《燕義》、《聘義》等；四是專記各項制度和政令的，如《王制》、《月令》、《文王世子》、《明堂位》等。《禮記》章法謹嚴，映帶生姿，文辭婉轉，前後呼應，語言整飭而多變，修辭手法靈動而多樣。

　　之豫為之煥介紹了「三禮」，又為他介紹「三傳」。

　　「三傳」中，第一種是《左傳》。《左傳》，為魯國史官左丘明所著。全書六十卷，以《春秋》為綱，並仿照春秋體例，按照魯國君主的次序，主要記錄了周王室的衰微、諸侯爭霸的歷史，對各類禮儀規範、典章制度、社會風俗、民族關係、道德觀念、天文地理、曆法時令、古代文獻、神話傳說、歌謠言語均有記述和評論。《左傳》講預測，一些預測的事情都很靈驗，例如莊公二十二年記載，懿氏卜妻陳厲公之子陳完，「八世之後，莫之與京」，果然，其八世孫立為齊侯。《左傳》又斷言鄭國先亡。

　　《左傳》敘事勇於直書不諱，全書有關戰爭的記載較多，這些文字詳實生動，如晉楚城濮之戰、秦晉殽之戰、齊晉鞌之戰、晉楚鄢陵之戰，都有出色的敘述。善於敘事，講究謀篇布局，章法十分嚴謹，是《左傳》

的一大特色。歷代名士對《左傳》都有很高的評價。東漢名士桓譚說：「《左氏》經之與傳，猶衣之表裡，相持而成，經而無傳，使聖人閉門思之，十年不能知也。」晉人王接說：「《左氏》辭義贍富，自是一家書，不主為經發。」兩晉名臣賀循說：「左氏之傳，史之極也。文采若雲月，高深若山海。」當朝名士劉知幾說：「尋左氏載諸大夫詞令，行人應答，其文典而美，其語博而奧；述遠古則委曲如存，徵近代則循環可覆。必料其功用厚薄，指意深淺。諒非經營草創，出自一時；思索潤色，獨成一手。斯蓋當時國史，已有成文，丘明但編而次之，配經稱傳而行也。」又說：「左氏之敘事也，述行師則簿領盈視，囁嚅沸騰；論備火則區分在目，修飾峻整；言勝捷則收穫都盡；記奔敗則披靡橫前；申盟誓則慷慨有餘；稱譎詐則欺誣可見；談恩惠則煦如春日；紀嚴切則凜若秋霜；敘興邦則滋味無量。陳亡國則淒涼可憫。或腴辭潤簡牘，或美句入詠歌。跌宕而不群，縱橫而自得。若斯才者，殆將工侔造化，思涉鬼神，著述罕聞，古今卓絕。」

第二種是《公羊傳》。《公羊傳》在未成書之前，口耳相傳，它的傳承過程，據東漢何休《春秋公羊傳・序》唐徐彥疏引戴宏序說：「子夏傳與公羊高，高傳與其子平，平傳與其子地，地傳與其子敢，敢傳與其子壽。至漢景帝時，壽乃共弟子齊人胡毋子都著於竹帛。」

《公羊傳》是專門解釋《春秋》的一部典籍，上起魯隱西元年，止於魯哀公十四年，其釋史十分簡略，體裁特點是，經傳合併，用問答的方式逐句傳述《春秋》經文的「微言大義」。

第三個是《穀梁傳》。《穀梁傳》傳說是孔子的弟子子夏將這部書的內容口頭傳給穀梁赤，穀梁赤將它寫成書記錄下來，成書時間是在西漢。所記載的時間起於魯隱西元年，終於魯哀公十四年，體裁與《公羊

第六章 刻苦攻讀

傳》相似，以語錄體和對話文體為主，用這種方式來注解《春秋》，著重闡釋《春秋》的微言大義，強調尊王攘夷、大一統的思想，與現實政治配合較密切。《穀梁傳》以文義闡發《春秋》經文，較為謹慎，認為應該信以傳信，疑以傳疑，主張貴義而不貴惠，通道而不信邪，成人之美而不成人之惡。晉人范甯所做《穀梁傳序》，寫得漂亮，文字也很美。他講到孔子「因魯史而修《春秋》」時，說「一字之褒，寵逾華袞之贈。片言之貶，辱過市朝之撻。德之所助，雖賤必申。義之所抑，雖貴必屈。故附勢匿非者無所逃其罪，潛德獨運者無所隱其名，信不易之宏軌，百王之通典也。」他在《穀梁傳序》中，還曾把比較三傳，說出一番很高明的見解：「凡傳以通經為主，經以必當為理。夫至當無二，而三傳殊說，庸得不棄其所滯，擇善而從乎？既不俱當，則固容有失。若至言幽絕，擇善靡從，庸得不並舍以求宗，據理以通經乎？雖我之所是，理未全當，安可以得當之難，而自絕於希通哉！而漢興以來，瑰望碩儒，各信所習，是非紛錯，準裁靡定。故有父子異同之論，石渠分爭之說。廢興由於好惡，盛衰繼之辯訥。斯蓋非通方之至理，誠君子之所嘆息也。《左氏》豔而富，其失也巫。《穀梁》清而婉，其失也短。《公羊》辯而裁，其失也俗。若能富而不巫，清而不短，裁而不俗，則深於其道者也。故君子之於《春秋》，沒身而已矣。」

最後，之豫又簡略地為之煥介紹了一下「三經」。

《易》，又名《周易》、《易經》，是三經中的第一經。《易》是一部揭示事物變化規律的書，相傳為周文王姬昌所作，內容包括《經》和《傳》兩個部分。《經》主要是六十四卦和三百八十四爻，卦和爻各有卦辭、爻辭，作為占卜之用。《傳》包含解釋卦辭和爻辭的七種文辭共十篇，統稱《十翼》，相傳為孔子所撰。《易》的內容最早只是記載大自然、天文和氣象等的變化，古代帝王作為施政之用，百姓卻用為占卜事象。至

孔子作傳，始為哲理的書，是儒家的重要典籍。

《書》，是三經中的第二經，又名《尚書》、《書經》。「尚」，意為攤開、展平；「書」，指文字、文字記錄、文件。《尚書》，就是公之於眾的皇室文獻。《書》所記基本是誓、命、訓、誥一類的言辭。孔子晚年集中精力整理古代典籍，將上古時期的堯舜，一直到春秋時期秦穆公的各種重要文獻彙集在一起，經過認真編選，挑選出一百篇，編定為《尚書》。此後，《尚書》經歷了三次劫難。第一次劫難是在秦始皇統一中國後，頒布《焚書令》，禁止民間收藏圖書，凡是民間收藏的《詩》、《書》及諸子百家的著作，全都要送交官府，集中燒毀。秦代的焚書為《尚書》的流傳帶來毀滅性打擊，原有的《尚書》抄本幾乎全部被焚毀。漢代重新重視儒學，由秦博士伏生口授、用漢代通行文字隸書寫的《尚書》，共二十八篇。第二次劫難是在西漢時期，相傳魯恭王在拆除孔子故宅一段牆壁時，發現了另一部《尚書》，是用先秦六國時的字型書寫的。此部《尚書》經過孔子後人孔安國的整理，篇目比前一部《尚書》多了十六篇。第三次劫難是在西晉永嘉年間的戰亂中，前兩部《尚書》全都散失了。東晉初年，豫章內史梅賾向朝廷獻上一部《尚書》。這部《尚書》共有五十八篇，就是現在存世的《書》。

儒家三經中的一經是《詩》。《詩》，又稱《詩經》，是中國古代詩歌的開端，是最早的一部詩歌總集。《詩經》收集了西周初年至春秋中期的詩歌，總共有三百〇五篇，是故又被稱為「詩三百」。「風、雅、頌」是按音樂的不同對《詩經》作的分類，「風」又叫「國風」，是各地的歌謠。「賦、比、興」是《詩經》的表現手法。《詩經》多以四言為主，四句獨立成章，其間雜有二言至八言不等。「風」包括周南、召南、邶、鄘、衛、王、鄭、齊、魏、唐、秦、王、檜、曹、豳等十五篇。「國風」大部分是黃河流域的民歌，小部分是貴族加工的作品，共一百六十篇。「雅」包括

第六章　刻苦攻讀

小雅和大雅，共一百〇五篇。「雅」基本上是貴族的作品，只有小雅的一部分來自民間。「頌」包括周頌、魯頌和商頌，共四十篇，是宮廷用於祭祀的歌詞。歷代名士對《詩經》有極高的評價。孔子說：「詩三百，一言以蔽之，思無邪。」「不學詩，無以言。」「《詩》可以興，可以觀，可以群，可以怨。」孟子說：「頌其詩，讀其書，不知其人可乎？是以論其世也。」荀子說：「始乎誦經，終乎讀禮。」司馬遷說：「《禮》以節人，《樂》以發和，《書》以道事，《詩》以達意，《易》以道化，《春秋》以道義。撥亂世反之正，莫近於《春秋》。」董仲舒說：「《詩》無達詁，《易》無達占，《春秋》無達辭，從變從義，而一以奉人。」毛亨與毛萇在《毛詩序》中說：「經夫婦，成孝敬，厚人倫，美教化，移風俗。」何休說：「男女有所怨恨，相從而歌，勞者歌其事，飢者歌其食。」

　　王之豫不厭其煩地向弟弟王之渙介紹了「三禮」、「三傳」、「三經」的大概情況，最後囑咐他，這些書，家裡都有，都是祖父在世時購買的。要學好這些書，必須下苦功夫。要知其深意，爛熟於心。

4

　　初學「九經」，王之渙感到那些書文字生澀，內容深奧，很難入境，但是，沒有多久就進入了狀態。

　　王之渙每天早早地到書房裡去讀書。書房裡的擺設，與六年前祖父在世時沒有多大變化，用來讀書寫字的桌凳還是原來的樣子，高高的書架上依然擺滿了發黃的線裝書，一切依舊，只是缺少了祖父時而親切，時而嚴肅的面孔。每想到此，他的心裡就免不了生出一番悵然。

　　春天是最佳的學習時刻。天氣不冷亦不熱，春暖花開，萬物復甦，在萬物生發的季節裡，一切都生氣勃發，顯得那麼春意盎然！人是最能

體會到這種細微的變化與感受的。悵然歸悵然，王之渙知道自己的年齡已經不小了，不能與其他沒有耽誤過學業的孩子們相比，可以優哉遊哉！自己曾經耽誤了六年的學習時間啊！六年，那可是兩千一百九十多個日日夜夜啊！如果再不抓緊時間學習，他就對不起曾經深愛過他的去世祖父，對不起諄諄教誨他的兄長，就是連他自己也對不起了。再說，春天的時光又這麼美好，他是不能辜負了這大好春光的。

王之渙收回了心，專心致志攻讀起來。

他一時當作兩時用，一天當作兩天學。白天的時間，除了吃飯，就是抱著書本讀書；夜裡，仍然要秉燭夜讀。三更燈火五更雞，正是用功讀書時。瞌睡了，他就和衣趴在桌子上迷糊一會兒。

王之渙與那些五陵少年剛剛斷絕了交往的那幾天，兄長王之豫害怕他跑野了的心一下收不回來，不好好學習，還時不時地問一問他的學習進展狀況，言語婉轉地督促一下要他好好用功學習。當王之豫暗暗觀察到他夜以繼日的學習狀況時，又擔心起他的身體來，怕他這樣下去會累倒，於是，就來一個一百八十度的大轉彎，利用吃飯的機會，勸他學一學，休息休息，勞逸結合，千萬不要將身體累垮了。

溫和舒適的春季很快就過去了，時令又進入了炎熱難熬的夏天。熱了，別人可以搖著蒲扇到樹底下去乘涼；累了，別人可以去泡一個澡，洗去身上的睏乏。但是，王之渙不能，汗流浹背，他得忍著；再困再累，他得熬著。他要抓緊時間學習，將耽誤了的那幾年時間補回來。

夏天的時光難熬而漫長，秋天的氣候雖好，毫不遜色於春天的氣候，可是，時間卻短的出奇，轉眼之間就過去了。接下來，就又是一個寒冷而漫長的冬天。

冬天在書房裡讀書，像王之渙這樣的家境，是可以烤火盆的。白天

第六章　刻苦攻讀

還好說，有家人為他生火，不時地新增木炭，可是，到了夜裡，無人再新增木炭，他自己又顧不得這些，火盆裡的火自然熄滅。夜深了，室外的溫度驟降，西北風捲著雪花，在屋簷下呼嘯。屋子裡的溫度也降了，只有如豆的燈火是熱的、王之渙身上流淌的血是熱的。雙手僵硬了，他就使勁搓一搓；雙腳凍麻了，他就原地使勁踏一踏。天明了，風停了，雪止住了，他也感到困極了，於是，他就跑到院子裡，長長地呼吸幾口新鮮空氣，捧一團白雪，擦一擦臉面。立時，疲憊被趕走了，他感覺身上又來了精神，就又跑進屋子裡學起來。

幾經春秋，幾度寒暑，轉眼之間，三年就過去了，王之渙的學業精進，個子也長高了。

二十一歲的他已裝了一肚子經學。腹有詩書氣自華，人也顯得精神飽滿，容光煥發，玉樹臨風，風流倜儻，與同齡之人相比，自有一種不同凡響的灑脫氣度。

有一天，王之豫專門邀請二叔、三叔、四叔來到書房，要集體測驗一下弟弟這幾年的學習長進。二叔洛客曾任左臺監察御史，三叔景曾任懷州河內縣主簿，四叔昌曾任洛州洛陽縣尉，都是飽學之士。

這一次測驗是非正式的，完全是在一種和諧的、隨意的氛圍中進行。二叔先說「三禮」，有意說錯幾處地方，都被王之渙一一糾正了。三叔講「三傳」，故意講得結結巴巴，王之渙並不客氣，就接過來一口氣講下去。四叔想考查他「三經」學得如何，有意互換了幾個詩句，都被王之渙發現了，指了出來。兄長見此情景，就開門見山，索性從「九經」的各經中隨意抽出一段讓弟弟來背。王之渙絲毫不停頓，背得就像溪水一樣嘩嘩嘩地痛快流暢。測驗了他的記憶，大家就又讓他講「九經」。講經是檢驗一個人的學問深度。王之渙先講「三禮」，繼講「三傳」，再講

「三經」，除了書本上的釋義，不時還夾雜一些自己的讀書體會，古今上下，山南海北，引經據典，宏談闊論，直講得三位叔父張口結舌、目瞪口呆。

測驗結束，大家一致的看法是：九經已背誦如流，並已窮其奧義。

唐時，三歲以下為黃，十五歲以下為小，二十歲以下為中，二十三歲以上成丁。丁年，是一個人真正進入人生壯年的界限。這就是說二十一歲的王之渙，未及壯年，就已窮經籍之奧，確實是一個奇蹟。對於常人來說，是難以企及的。

王之豫見弟弟已經學成，年齡也已不小，就張羅著讓他成家。

景雲二年（西元 711 年），王之渙二十四歲。王之豫為弟弟王之渙說下一房媳婦，並為他舉辦了婚禮。

一年之後，夫人誕下一子，王之渙為他取名：炎。

王之渙叔伯兄弟共有九人，隨著年齡的長大，一個個都成家立業、娶妻生子。人口不斷增長，一個王家大院已顯得擁擠不堪，最好的辦法就是分居另過。好在祖父在世時，置下了好多土地，也置下了許多房產。

分給王之渙的是河南縣孝水里的一處宅院。孝水里是洛陽城內距離遵教里不遠處的另一個居民基層管理單位——坊。

從此，他便與妻兒搬到孝水里住了下來。

第六章　刻苦攻讀

第七章　初有詩名

1

唐隆元年（西元 710 年）六月，長安城裡發生了一件驚天動地的大事，史稱「唐隆之變」。

自從李顯以神龍革命復辟李唐江山之後，對與其曾經共過患難的妻子韋皇后十分縱容，導致朝政大權逐漸被韋皇后一族掌握，武三思在韋皇后和昭容上官婉兒的幫助下，位列宰相，在朝堂中形成了一個以韋氏為首的武、韋專政集團。他們大肆打壓張柬之、敬暉等神龍革命的功臣，激起了其他李唐皇族之間的矛盾。首當其衝的就是太子李重俊，他並非韋后親生，安樂公主與其夫武崇訓經常侮辱他，並想奪了他的太子之位。景龍元年（西元 707 年）七月，李重俊發動兵變，殺死武三思父子，但是因皇帝仍是中宗，羽林軍倒戈，最終兵敗被殺。武三思雖死，但是韋皇后的勢力並未被削弱，她繼續打壓反對勢力，培植親信，朝政一片混亂。此時，韋皇后等雖然大權在握，但是朝堂對其痛恨者甚多。

唐隆元年（西元 710 年）六月，唐中宗李顯暴死，外界傳言是韋皇后和安樂公主合謀，於餅中下毒害死了李顯，朝野上下人心惶惶。韋皇后意欲臨朝攝政，她扶李重茂登基，自己總攬朝政，改元唐隆，並將領南北衙的禁衛軍交與韋家子弟統領。

宰相宗楚客夥同太常卿武延秀、司農卿趙履溫、國子祭酒葉靜能以及韋家諸人一同勸說韋后沿用武氏的慣例登基稱帝。其時，守衛宮城的

第七章　初有詩名

南北禁衛軍以及地位重要的尚書省諸司，都已經被韋氏子弟所控制，他們大量網羅黨羽，在朝廷內外互相勾結。宗楚客又祕密上書皇太后韋氏，引用圖讖來說明韋氏理當取代大唐朝而君臨天下。宗楚客還打算害死李重茂，只是十分擔心相王李旦與太平公主會從中作梗，於是與韋溫和安樂公主密謀除掉他們。

相王李旦的兒子臨淄王李隆基，在此之前已被免去潞州別駕的職務，他在京師私下召集智勇雙全之士，謀劃匡復大唐社稷，特別是交往、接納萬騎兵中的豪傑之士。

兵部侍郎崔日用平素一向依附韋皇后及武氏集團，與宗楚客交情也不錯，他得知宗楚客的陰謀以後，擔心自己會因此惹禍，便派寶昌寺僧人普潤祕密向李隆基報告，並勸李隆基盡快發難。

於是李隆基與太平公主及其子衛尉少卿薛崇簡、西京苑總監鍾紹京、尚衣奉御王崇曄、前任朝邑尉劉幽求、利仁府折衝麻嗣宗等人策劃先行舉兵發難，剷除韋氏集團。韋播、高嵩二人為了樹立自己的威嚴，多次鞭打萬騎兵，從而引起萬騎兵對他們的普遍怨恨。果毅葛福順和王玄禮向李隆基訴說此事，李隆基暗示他們應當誅除韋后集團，兩人聽後都精神振奮地表示願效死力。萬騎果毅李仙鳧也參與了具體謀劃。有人建議李隆基應當把這件事告訴他的父親相王李旦，李隆基回答說：「我等是為了大唐的江山社稷才做這種事的，事成之後，福分歸於相王，萬一事情失敗了，我等為宗廟犧牲也就是了，不必因此而連累相王。如果告訴了他，他同意這樣做，就等於讓他也參與這種極為危險的事；若是他不同意這樣做，那就只會壞了大事。」因此，李隆基沒有把這件事告訴其父李旦。

六月二十日申時，李隆基身穿便服與劉幽求等人進入禁苑之中，到鍾紹京的住所集合。

此時，左右羽林軍將士都駐紮在玄武門，等待夜色降臨以便行事。將近二更時，夜空的流星散落如雪，劉幽求說：「天意如此，機不可失！」葛福順拔劍直闖羽林營，將韋璿、韋播、高嵩三人斬首示眾，高聲喝道：「韋后毒死先帝，謀危社稷，今晚大家要齊心協力，剷除韋氏家人及其死黨，凡是長得高過馬鞭的人一律斬殺；擁立相王為帝以安定天下。倘若有人膽敢首鼠兩端幫助逆黨，判罪並連及三族。」羽林軍將士全都欣然從命。

　　葛福順將韋璿等人的首級送給李隆基。李隆基便與劉幽求等人一同走出禁苑南門，鍾紹京率領著工匠二百餘人，手持斧子、鋸子跟在後面。李隆基派葛福順率領左萬騎攻打玄德門，派李仙鳧率領右萬騎攻打白獸門，雙方約定在凌煙閣前會師後，即大聲鼓噪。葛福順等人分別殺掉守門的兵將，攻入宮中。李隆基率兵守在玄武門外，三更時分，聽到宮中鼓噪聲之後，即率領羽林兵進入宮中，在太極殿負責守衛中宗靈柩的南衙衛兵們聽到鼓噪之後，全都披掛整齊響應李隆基等人。韋皇后惶惑中逃入飛騎營，一個飛騎兵將韋皇后斬首，並將首級獻給李隆基。安樂公主此時正對著鏡子畫眉，被士兵斬殺。此時，武延秀被斬首於肅章門外，內將軍賀婁氏也被斬首於太極殿西。

　　在李隆基率軍進入宮中時，上官婉兒手執燈籠率領宮人迎接，並把她起草的李顯遺詔的底稿拿給劉幽求看。劉幽求為她向李隆基求情，李隆基毫不猶豫，下令將上官婉兒押在旗下斬首。

　　此時，李重茂住在太極殿，劉幽求對眾人說道：「大家約好了今晚上擁立相王為帝，現在為什麼不早一點定下來呢！」李隆基急忙制止了他，下令將士們捕捉宮中和把守宮中各門的韋氏族人，平常得到韋后信任、重用的人也一起斬首。天將破曉，宮內外均已平定。

第七章　初有詩名

　　六月二十一日，李隆基出宮拜見李旦，為自己起事之前未能告訴李旦而叩頭謝罪。李旦流著眼淚抱住李隆基說：「大唐宗廟社稷得以保全，全是汝的功勞！」李隆基於是率軍迎接李旦入宮輔佐李重茂。

　　李隆基下令將京城各門及所有宮門關閉，然後又派遣萬騎兵分頭搜捕韋家的親屬徒黨。將太子少保、同中書門下三品韋溫斬首於東市之北。中書令宗楚客身穿喪服，騎著一頭黑驢急忙外逃，當他到了通化門時，被守門的兵士認出。兵士對他說：「您就是宗尚書吧！」說完摘下他的孝帽並將他斬首，與他一起被殺的還有他的弟弟宗晉卿。

　　李旦侍奉少帝來到安福門安撫百姓。當初，趙履溫不惜耗盡國家資財以討安樂公主的歡心，沒完沒了地為安樂公主起宅第、修園林，甚至於用手按住自己的紫色官服駕駛公主坐的牛車。安樂公主被殺後，趙履溫趕忙跑到安福樓下手舞足蹈地山呼萬歲；聲音未落，李旦便下令萬騎兵將其斬首。老百姓早已因趙履溫屢次增派勞役而對他恨之入骨，此時見他被殺，便爭相割下他屍體上的肉，轉眼就只剩下了一副骨架。祕書監汴王李邕的妻子是韋皇后的妹妹崇國夫人，他與御史大夫竇從一分別砍下各自妻子的首級進獻給相王李旦。左僕射、同中書門下三品韋巨源聽到李隆基起事的消息後，家人勸他外逃躲避，他回答說：「我身為朝廷大臣，怎麼能有難不赴！」說完便走出家門，來到大街上，頓時被亂兵所殺，時年八十歲。此時李隆基已派人將馬秦客、楊均、葉靜能梟首示眾，並將韋皇后暴屍街頭。崔日用帶兵到京城南邊的杜曲誅殺韋氏家族的其他成員，連尚在襁褓中的嬰兒也沒放過，居住在杜曲的杜氏家族也有很多人被冤殺。

　　六月二十三日，太平公主逼李重茂退位，李旦登上寶座，是為唐睿宗，改元景雲。

三天后，李隆基被立為太子。

唐隆政變雖然結束了韋皇后集團控制朝堂的狀況，但代之以起的卻是太子李隆基與太平公主的對抗，而唐睿宗又無法處理這種局面。

景雲二年（西元711年）春正月，突厥可汗默啜遣使請和，朝廷允准。邊疆的安定，真正受益的是老百姓。

先天元年（西元712年），唐睿宗禪讓帝位給李隆基，是為唐玄宗。

先天二年（西元713年）七月，唐玄宗發兵，誅滅太平公主，這才最終結束了朝政多年混亂的局面，為後來的開元盛世奠定了堅實的政治基礎。

2

唐隆之變、唐玄宗登基與太平公主被誅這些朝廷大事，對王之渙的生活與前程不能說沒有直接影響，多年來朝廷的勾心鬥角、爾虞我詐，他已厭煩透頂，如今安定的社會環境為他今後的詩歌創作、人生仕途創造了諸多可能。

其時，王之渙正在攻讀《昭明文選》。

唐代的進士科考試，最初是先考帖經，再考詩賦，最後考策問，這三場考試每考完後都要淘汰一些考生，稱之為「黜落」。後來，這三場考試的順序又有所調整，先考詩賦，再考帖經，最後考策問。進士科考試不僅要考詩賦，而且分量還很重，如果詩賦過不了關，後面的帖經、策問連參加考試的資格都沒有了。因此，要想參加進士科考就必須先好好學習詩賦，而《昭明文選》就成為人們學習詩賦的一種最適當的範本。

王之渙學習的《昭明文選》是唐高宗顯慶年間李善的《文選注》。李

第七章　初有詩名

善是一位淵博的學者，號稱「書籠」。他注釋的《昭明文選》，用力至勤，引書近 1,700 種，前後數易其稿，注釋偏重於說明語源和典故，引證賅博，體例謹嚴。王之渙覺得，選擇李善的《文選注》來學習，既可以學到詩賦的寫作方法，還可以擴大自己的知識面，增加自己的知識量。

《昭明文選》共三十卷，是一部詩文總集，由南朝梁武帝的長子蕭統於梁武帝普通七年（西元 526 年）至中大通三年（西元 531 年）之間，組織文人共同編選。蕭統死後諡「昭明」，因而他主編的這部文選就被稱作《昭明文選》。《昭明文選》收錄自周代至六朝梁以前七八百年間 130 多位作者的詩文 700 餘篇。《昭明文選》選錄嚴謹，編排合理。選錄標準以「文為本」，以詞人才子的名篇為主，「事出於沉思，義歸乎翰藻」，即情義與辭采內外並茂的著作才選，凡「姬公之籍，孔父之書」、「老莊之作，管孟之流」、「謀夫之話，辯士之端」、「記事之史，系年之書」，這幾類即後來習稱為經、史、子的著作一律不選。這個選錄標準的著重點顯然不在思想內容，而在於講究辭藻華美、聲律和諧以及對偶、用事切當這樣的藝術形式。編排標準為「凡次文之體，各以匯聚。詩賦體既不一，又以類分。類分之中，各以時代相次」。具體劃分為賦、詩、雜文三大類，又分列賦、詩、騷、七、詔、冊、令、教等 38 小類。又按內容把賦分為京都、郊祀、耕籍等 15 門，把詩分為補亡、述德、勸勵等 23 門。

蕭統所處的南朝，是詩歌、駢文發展的一個重要階段，也可以說是一個重要的轉型期，這個時期詩歌在聲律、用典、內容的表達等方面均有了進展，並創製了大量的新詩體，如山水詩、宮體詩、擬詠懷詩、詠史詩等等。《昭明文選》中總共收錄共二十五位南朝作家，其中包括南朝的一些大的文學團體，元嘉三大家以及竟陵八友中的六位，還有當時文壇上幾位具有代表性的作家，其文學成就也相當高，謝莊、劉孝標、江淹、徐敬業、王僧達、王微、王仲寶、王簡棲、劉鑠、虞子陽等。這

些作家的文學造詣都相當深厚，他們的作品能反映出南朝的文學繁榮氣象，這些也都是王之渙想要了解和掌握的。

王之渙在學習《昭明文選》的同時，也在學習《切韻》。

漢朝之前的詩歌是不講究聲律的。自從漢魏之間產生了使用反切標注字音的方法之後，便逐漸盛行起來。到了六朝，四聲現象被人發現，引起了文人的注意，文學創作就特別講究聲律。隋朝統一以後，在隋文帝開皇年間，陸法言的父親陸爽在朝廷做官時，由陸法言執筆將劉臻、顏之推、盧思道、李若、蕭該、辛德源、薛道衡、魏彥淵這八位當時的著名學者在陸法言家聚會時討論商定的審音原則記下來，並於隋文帝仁壽元年（西元601年）編寫了一本叫做《切韻》的書。《切韻》共五卷，收錄11,500字。全書以韻目為綱，共分193韻；韻又按聲歸入平、上、去、入四部分，平聲54韻，上聲51韻，去聲56韻，入聲32韻。同韻的字又以聲類、等呼排序。同音字全被歸在一起，每一音前標以韻紐，頭一字下以反切注音，每字均有釋義。

初唐科舉，對舉子撰寫的詩賦要求特別嚴格，必須合轍押韻，於是，《切韻》便被定為官韻。

王之渙認為，要寫詩，就要寫出好詩，而好詩怎麼可以不講究聲律呢？因此，他學習《切韻》，就特別用功。

3

王之渙在學詩，也在寫詩。

首先，他認真地研究與總結了一下有唐以來的詩人、詩風。

有唐以來詩人大體可以分為兩類，一類是圍繞在帝王身邊的宮廷詩人，另一類是與宮廷關係較為疏遠，或者是飄遊在山野之中的詩人。第

第七章　初有詩名

一類以上官儀為代表，這些宮廷詩人在詩歌內容上歌功頌德、應制唱和，形式上講究聲律對偶、雕琢辭藻。風格上麗景豔情，婉媚浮豔。第二類以「初唐四傑」的楊炯、王勃、盧照鄰、駱賓王為代表，這些詩人在唐詩的發展中有著承前啟後的作用，占有重要地位。他們的詩歌在內容上從宮廷、臺閣引向市井、江山和塞漠，增加了新的題材；形式上建設五律，用新式的宮體詩破壞舊式的宮體詩，對後來的長篇歌行產生了直接的影響；風格上反對南朝齊梁的綺靡文風，提倡抒發真情實感，詩歌要剛健、有骨氣。

　　王之渙厭惡的是第一類詩人，而喜歡的是第二類詩人，這與他的好惡、經歷有著密切的關係。有生以來，他經歷了朝政的數次變故，知道了一些帝王與朝臣為了達到自己的罪惡目的無所不用其極的醜惡嘴臉，一些詩人還要為之歌功頌德，他當然要厭惡與鄙夷。他小時候學過楊炯、王勃、盧照鄰、駱賓王的詩歌，這些詩歌為他留下了深刻的印象，他特別地喜愛，這是其一；其二，他曾經練劍數年，立志保衛邊境、報效朝廷，這些詩人的詩歌創作突破宮廷詩歌範疇，延伸到了邊塞；再者，這些詩人的性格與他的性格特別相近，其之詩猶發己之心。占此三點，他怎麼會不喜歡第二類詩人？

　　陳子昂是繼「四傑」之後，唐詩文的一位非常重要的革新人物。陳子昂繼承了「四傑」的主張，指出初唐宮廷詩人們所奉為偶像的齊梁詩風是「彩麗競繁，而興寄都絕」，而「風雅興寄」和「漢魏風骨」的傳統才應該成為創作的榜樣。他在《修竹篇序》中提出了自己的詩學主張，一是倡導「漢魏風骨」和「正始之音」來反對齊梁以來「彩麗競繁」的詩風；二是把「漢魏風骨」與「興寄」相連繫，明確詩歌抒情言志的本質特徵，既抒寫社會現實內容，又抒發具有時代美學深度的思想感情；三是把「風雅」與「興寄」相連繫，注重詩歌風雅美刺的教化功能；四是強調詩歌應該「骨

氣端翔，音情頓挫，光英朗練，有金石聲」，這是詩歌的思想內容和藝術形式統一所呈現的美學風貌；五是主張詩歌能「洗心飾視，發揮幽鬱」，具有發幽思、遣鬱悶，洩導人情的功能。這五點相互連結和制約，相輔相成，構成了較為完整的詩歌理論體系。

陳子昂既是詩歌革新理論的提出者，又是倡導「漢魏風骨」的踐行者，他的詩作皆內容充實，風格沉著雄健，鮮明有力地體現了他的革新主張。《感遇詩》三十八首，正是表現這種革新精神的主要作品，這些詩歌並不是同時之作，有的諷刺現實、感慨時事，有的感懷身世、抒發理想。內容廣闊豐富，思想也矛盾複雜。

比如他的《感遇·其二》：

蘭若生春夏，芊蔚何青青。
幽獨空林色，朱蕤冒紫莖。
遲遲白日晚，嫋嫋秋風生。
歲華盡搖落，芳意竟何成！

前四句讚美在幽靜孤獨的環境中，香蘭和杜若的秀麗風采：「蘭若生春夏，芊蔚何青青。」秀麗芬芳的香蘭和杜若，生長在春天與夏天這個萬物生長的季節，它們蓊蓊鬱鬱地生長得非常茂盛。「幽獨空林色，朱蕤冒紫莖。」在空無人跡的山林之中，有這麼幽雅清秀、空絕群芳的色彩：朱紅色的花冠下垂，覆蓋著紫色的莖。後四句感嘆在風刀霜劍的摧殘下，朱蕤紫莖的憔悴、凋零：「遲遲白日晚，嫋嫋秋風生。」天上這個光輝明亮的太陽，一天從早到夕陽慢慢西下，春夏一過，絲絲縷縷的秋風就吹起來了。「歲華盡搖落，芳意竟何成！」一年一度，草木榮枯，到了秋天所有的花朵都要枯萎凋零了，儘管汝是芳香四溢朱蕤紫莖的蘭花，汝也與其他花一樣，隨著時令的變化，會很快地枯萎凋謝了。詩中

第七章　初有詩名

以香蘭杜若自喻，託物感懷，寄意深遠。透露出自己報國無門、壯志難酬的苦悶，抒發了芳華易失、時不我待的感慨。

又比如他從征塞北時創作的一首邊塞詩現實性則更強：

朝入雲中郡，北望單于臺。
胡秦何密邇，沙朔氣雄哉！
籍籍天驕子，猖狂已復來。
塞垣無名將，亭堠空崔嵬。
咄嗟吾何嘆，邊人塗草萊。

在詩中，他對將帥無能，使邊民不斷遭受胡人侵害的現實，表示出深切的憤慨。

在從征幽州時，他所寫的「朔風吹海樹」一篇中，又對邊塞將士的愛國熱情遭到壓抑表示深刻的同情，「丁亥歲雲暮」一篇更明白地揭發了武氏開蜀山取道襲擊吐蕃的窮兵黷武的舉動。

陳子昂的詩歌，以其進步、充實的思想內容，質樸、剛健的語言風格，對整個唐代詩歌產生了巨大影響。後來的張九齡、李白都曾以他的《感遇》為寫詩範本，杜甫、白居易、元稹也都曾受到陳子昂《感遇》的啟發，並給予其極高的評價。

陳子昂生於高宗顯慶四年（西元659年），卒於武周久視元年（西元700年），比王之渙年長三十歲，是王之渙的父輩。陳子昂去世時，王之渙才十三歲。那時候，他正與幾個五陵少年在神都洛陽街市上瘋跑。每念及陳子昂的英年早逝與他未能趕上接觸這樣一位傑出人物，就不由得扼腕而長嘆。

王之渙特別喜歡陳子昂的《登幽州臺歌》：

前不見古人，後不見來者。

念天地之悠悠，獨愴然而涕下。

詩人那種弔古傷今、孤獨遺世、獨立蒼茫的落寞情懷，那種悲憤、深沉的思想感情，那種蒼勁奔放、富有感染力、結構緊湊連貫的詩句，每每將他打動得情不能已。特別是詩中「前不見古人，後不見來者」，一「前」一「後」，短短的十個字就將過去、未來、現在這個時間段無限度地開拓與延展，如此氣象雄渾、筆力非凡的詩句令他如痴如醉、魂牽夢縈。

王之渙讀著陳子昂的詩，心裡就不由得泛起了一股創作的衝動，於是，就根據當時社會上傳說的崔鶯鶯與張生的故事，鋪紙揮筆寫下了十二首七言絕句《惆悵詩》：

《惆悵詩・其一》

八蠶薄絮鴛鴦綺，半夜佳期並枕眠。

鐘動紅娘喚歸去，對人勻淚拾金鈿。

這一首是寫鶯鶯的。武氏稱制時，佛老之風盛行，蒲州城東興建了一座永清院。不久，在永清院發生了一段動人的愛情故事。前朝崔相國死了，夫人鄭氏攜小女鶯鶯送丈夫靈柩回河北安平安葬，途中因故受阻，暫住蒲州永清院。這鶯鶯芳年十七歲，才貌出眾，多愁善感。一日，在院中散步，被前來院中賞景的張生撞見。四目相視，一見鍾情。後經使女紅娘牽線撮合，二人偷偷在夜裡做成一段好事。王之渙在詩中不寫鶯鶯與張生如何相愛，筆墨重點放在二人相愛最高潮時，描述紅娘因害怕被夫人鄭氏發覺催促張生歸去，二人含淚相擁，難捨難分的情景。一對鴛鴦，不想分離，又不得不離去，真叫愁煞個人。

第七章　初有詩名

《惆悵詩·其二》

李夫人病已經秋，漢武看來不舉頭。

得所穠華銷歇盡，楚魂湘血一生休。

這一首是寫李夫人的。李夫人是西漢著名音樂家李延年、貳師將軍李廣利之妹，李季之姐，平民出身，後由平陽公主以其「精通音樂、擅長歌舞」推薦給漢武帝。漢武帝見到李夫人後，發現她果然是美麗善舞，心裡非常喜歡她，於是將她納入宮中為妃。從此李夫人得到漢武帝的寵幸，並為漢武帝生下一子，即昌邑哀王劉髆。後來，李夫人病重，漢武帝親自前去探望她，李夫人蒙著被子辭謝道：「妾長期臥病，容顏憔悴，不可以見陛下。希望能把兒子和兄弟託付給陛下。」漢武帝說：「夫人病重，大概不能痊癒，讓我見一面再囑託後事，豈不快哉？」李夫人說：「婦人容貌未曾修飾，不可以見君父。妾不敢以輕慢懈怠的態度見陛下。」漢武帝說：「夫人如見我一面，將加贈千金的賞賜，而且授予你的兄弟尊貴的官職。」李夫人說：「授不授尊官在於陛下，不在於見妾一面。」漢武帝還是堅持一定要見她，李夫人便轉過臉去嘆息流淚，不再說話。於是漢武帝不高興地起身離開了。王之渙從李夫人病重寫起，寫其容顏憔悴、芳華盡消，她知道自己因為容貌美好才獲得寵愛，以美色事人者，色衰則寵愛遂失。漢武帝前來看她，她心裡的惆悵滋味，誰能解的了？

《惆悵詩·其三》

謝家池館花籠月，蕭寺房廊竹颭風。

夜半酒醒憑檻立，所思多在別離中。

《惆悵詩·其四》

隋師戰艦欲亡陳，國破應難保此身。

訣別徐郎淚如雨，鏡鸞分後屬何人。

這二首是寫樂昌的。樂昌即樂昌公主，陳宣帝之女，南朝後主陳叔寶之妹。她雖生長在皇家，卻沒有一般金枝玉葉的那種驕橫脾氣，在宮中以性情溫婉、賢淑而為眾人稱道。她外貌端莊秀美，舉止高雅大方，且有很深的文學造詣。為此，她選擇夫婿也自有眼光，不戀侯門貴族，獨重詩文才識，成年後，由她自己做主下嫁江南才子徐德言為妻。徐德言作駙馬後入朝廷任侍中，也頗顯露出他的政治才華，夫妻二人互敬互愛，夫唱婦隨，成了一對當時人人羨慕的天成佳偶。隨後，陳國被隋文帝所滅，陳後主及皇族被虜北上長安，樂昌公主自然也在被虜之列。樂昌公主與恩愛夫婿徐德言眼看就要被活活拆散。臨行前，她將自己梳妝檯上的一面銅鏡摔成兩半，一半留給夫君，一半自己收在懷中。她與徐德言約定：以後每年的正月十五日，在長安街市上沿街叫賣銅鏡，直至找到對方，以便夫妻破鏡重圓。這是一個渺茫無期的希望，將來夫妻能否相見，充滿了不確定因素。王之渙這首詩正是寫樂昌公主與丈夫分別後無限惆悵的心情。

《惆悵詩・其五》

七夕瓊筵隨事陳，兼花連蒂共傷神。

蜀王殿裡三更月，不見驪山私語人。

這一首是寫楊妃的。楊妃，乃隋煬帝之女。武德初，作為亡國之帝女成了唐高祖第二子、當時已封為秦王的李世民諸多女眷中的一員。武德九年（西元626年）「玄武門之變」後，李世民登基為帝。楊氏獲得了「妃」的封號，史稱「大楊妃」。王之渙這首詩寫的是楊妃之子蜀王李恪於永徽四年（西元653年）因受「房遺愛謀反案」牽連，被冤致死。同時，另一子蜀王李愔也因此案連坐，廢為庶人，流放巴州。遭到雙重打擊的楊妃，站在蜀王殿裡，望著三更天的朦朧的月亮，想起了太宗皇帝在世時與她兼花連蒂似的恩愛，兩個人在驪山宮裡，瓊筵之後，說著悄悄話。此情此景，怎能不叫人黯然傷神？

第七章　初有詩名

《惆悵詩‧其六》

夜寒春病不勝懷，玉瘦花啼萬事乖。

薄倖檀郎斷芳信，驚嗟猶夢合歡鞋。

這一首是寫小玉的。吳王夫差小女紫玉，又名小玉，年十八，愛上家僕韓重，兩人私訂終身。韓重自知學問不夠，便決定遠赴齊魯遊學。臨行時，託父母向吳王代為提親。吳王大怒峻拒。王之渙這首詩正是寫韓重走後，父親拒婚，紫玉鬱鬱寡歡，鬱結於心，在第二年春天染病臥床，形消骨立，偏偏這時候卻沒有心愛的人的一丁點消息，驚疑嗟嘆與夢中的合歡之情，憂歡摻和，愁喜交加。

《惆悵詩‧其七》

嗚咽離聲管吹秋，妾身今日為君休。

齊奴不說平生事，忍看花枝謝玉樓。

這一首是寫綠珠的。西晉時，生在白州境內雙角山下的綠珠，絕豔的姿容世所罕見。石崇為交趾採訪使時，一見綠珠魂不守舍，用珍珠換得美人歸。綠珠嫵媚漂亮不說，還善解人意，曲意承歡又能吹笛跳舞。石崇對綠珠特別寵愛，專門為其建了金谷園，在園中又建了崇綺樓，樓裡飾以珍珠、瑪瑙、琥珀、犀角、象牙，十分豪華奢侈。後來，石崇被免官。趙王司馬倫手下有個人叫孫秀，早就垂涎綠珠的美貌，此時見石崇失勢，就派人去找石崇，點名要綠珠。石崇自然不給，於是，孫秀勸司馬倫殺了石崇，司馬倫同意了。臨死前，石崇對綠珠嘆息說：「我現在因為你而獲罪。」綠珠流淚說：「願效死於君前。」言畢縱身跳下崇綺樓，石崇伸手去拉，已來不及，可憐一代美人，香消玉殞。王之渙這首詩寫的就是綠珠跳樓時的一段情景。

《惆悵詩‧其八》

青絲一絡墮雲鬟，金剪刀鳴不忍看。

持謝君王寄幽怨，可能從此住人間。

這一首是寫楊妃的。這個楊妃，原是李元吉的妻子，「玄武門之變」後，李世民登基為帝，見其美貌異常，遂納其為妃，人稱「小楊妃」。王之渙這首詩寫得就是李元吉妻子被太宗皇帝納為妃子時一段哀怨、惆悵的心情。

《惆悵詩‧其九》

陳宮興廢事難期，三閣空餘綠草基。

狎客淪亡麗華死，他年江令獨來時。

這一首是寫麗華的。楊麗華，北周宣皇帝宇文贇正宮皇后。王之渙這首詩寫出了楊麗華父隋文帝楊堅篡周後，其悲憤欲死的惆悵心情。

《惆悵詩‧其十》

晨肇重來路已迷，碧桃花謝武陵溪。

仙山目斷無尋處，流水潺湲日漸西。

這一首是寫劉阮的。劉阮，即劉晨、阮肇二人的合稱。南朝《幽明錄》載：漢明帝永平五年，剡縣劉晨、阮肇共入天臺山取穀皮，迷不得返。經十三日，糧食乏盡，飢餒殆死。遙望山上，有一桃樹，大有籽實；而絕巖邃澗，永無登路。攀援藤葛，乃得至上。各啖數枚，而飢止體充。復下山，持杯取水，欲盥漱。見蕪菁葉從山腹流出，甚鮮新，復一杯流出，有胡麻飯糝，相謂曰：「此知去人徑不遠。」便共沒水，逆流二三里，得度山，出一大溪，溪邊有二女子，姿質妙絕，見二人持杯出，便笑曰：「劉阮二郎，捉向所失流杯來。」晨肇既不識之，緣二女便呼其姓，如似有舊，乃相見欣喜。問：「來何晚邪？」因邀還家。其家筒

第七章　初有詩名

瓦屋。南壁及東壁下各有一大床，皆施絳羅帳，帳角懸鈴，金銀交錯，床頭各有十侍婢，敕云：「劉阮二郎，經涉山岨，向雖得瓊實，猶尚虛弊，可速作食。」食胡麻飯、山羊脯、牛肉，甚甘美。食畢行酒，有一群女來，各持五三桃子，笑而言：「賀汝婿來。」酒酣作樂，劉阮忻怖交并。至暮，令各就一帳宿，女往就之，言聲清婉，令人忘憂。至十日後欲求還去，女云：「君已來是，宿福所牽，何復欲還邪？」遂停半年。氣候草木是春時，百鳥啼鳴，更懷悲思，求歸甚苦。女曰：「罪牽君，當可如何？」遂呼前來女子，有三四十人，集會奏樂，共送劉阮，指示還路。既出，親舊零落，邑屋改異，無復相識。問訊得七世孫，傳聞上世入山，迷不得歸。至晉太元八年，忽復去，不知何所。王之渙這首詩寫的正是劉阮奇遇的這段故事。

《惆悵詩‧其十一》

少卿降北子卿還，朔野離觴慘別顏。

卻到茂陵唯一慟，節旄零落鬢毛斑。

這一首是寫蘇李的。蘇李，即蘇武與李陵的合稱。王之渙這首詩寫少卿（李陵字）於天漢二年（西元前99年）奉漢武帝之命出征匈奴，率五千步兵與八萬匈奴兵戰於浚稽山，最後因寡不敵眾兵敗投降。而子卿（蘇武字）於天漢元年（西元前100年）奉命以中郎將持節出使匈奴，被扣留。匈奴多次威脅利誘，欲使其投降；他堅決不降。匈奴後將他遷到北海邊牧羊，揚言要公羊生子方可釋放他回國。蘇武歷盡艱辛，直至使節上掛著的旄牛尾裝飾物都掉光了，他的頭髮和鬍鬚也都變花白了，十九年持節不屈。後來，匈奴單于去世了，新單于與漢朝和好，漢昭帝才派使臣輾轉將蘇武接回自己的國家。蘇武回國後，第一件事就是到派他出使的漢武帝茂陵前放聲痛哭一場，述說他在北地艱難守節的過程。這首詩，可以看作是王之渙後來創作邊塞詩的發端之作。

《惆悵詩‧其十二》

夢裡分明入漢宮，覺來燈背錦屏空。

紫臺月落關山曉，腸斷君恩信畫工。

這一首是寫明妃的。明妃，即王昭君。漢元帝宮人王嬙字昭君，晉避司馬昭諱，改稱明君，後人又稱之為明妃。漢元帝竟寧元年（西元前33年），北方匈奴首領呼韓邪單于主動來漢朝，對漢稱臣，並請求和親，以結永久之好。漢元帝盡召後宮妃嬪，王昭君挺身而出，慷慨應召。呼韓邪臨辭大會，昭君豐容靚飾，元帝大驚，不知後宮竟有如此美貌之人，意欲留之，而難於失信，便賞她二萬八千匹錦帛，一萬六千斤絮及黃金美玉等貴重物品，並親自送出長安十餘里。王昭君在隊車細馬的簇擁下，肩負著漢匈和親之重任，別長安、出潼關、渡黃河、過雁門，歷時一年多，於第二年初夏到達漠北，受到匈奴人的盛大歡迎，並被封為「寧胡閼氏」。王之渙的這首詩寫的就是王昭君到了漠北之後經常夢中回到漢宮，醒來卻是一場空想，這種斷腸之愁，只能望著帶來的大漢宮殿的畫像來消解。

後來，王之渙又寫了一首七律《悼亡》：

春來得病夏來加，深掩妝窗臥碧紗。

為怯暗藏秦女扇，怕驚愁度阿香車。

腰肢暗想風欺柳，粉態難忘露洗花。

今日青門葬君處，亂蟬衰草夕陽斜。

很明顯，王之渙的這首詩是為一位少女寫的。寫的是誰？詩中沒有明說，我們今天也不能輕易妄斷，或許是他的一位情人，或許是另外一位與他感情特殊的人。悼亡詩首聯寫一位少女於春天生了病，夏季來臨，病情愈加深重，因為怕風，她躺在碧色的紗帳裡，將門窗都關閉得

第七章　初有詩名

嚴嚴實實的。頷聯寫少女身體虛弱，一個人孤苦無依，只能懷揣上畫秦女的團扇與自己做伴；天陰下雨、驚雷炸響，是她最為驚恐最難度過的時光。「為怯」對「怕驚」，「暗藏」對「愁度」，「秦女扇」對「阿香車」，對仗十分工整。頸聯寫少女看著自己憔悴的面容，回想當年的美麗：腰肢就像微風吹動的柳枝一樣柔軟，面色就像朝露浸潤過的花兒一樣嬌嫩。「腰肢」對「粉態」，「暗想」對「難忘」，「風欺柳」對「露洗花」，對仗亦十分講究、工整。尾聯，筆鋒一轉，一位絕佳美人已經香消玉殞，埋在了青門之外，陪伴墳塚的唯有亂飛的鳴蟬、衰落的荒草，以及快要落山的斜陽。王之渙的這首詩寫了少女什麼時候生病，生病期間的煎熬，生病前的美貌，以及死後的悽慘景象，寫得情真意切，生動感人，又令人心生感慨，浮想無限。

從上述這些王之渙早期的詩作可以看出，他嚮往、崇拜陳子昂，與陳子昂一樣極力反對「齊梁之風」，正在努力向著「漢魏風骨」與「興寄」方面發展。

有時候，王之渙與洛陽的一些詩人小聚，酒酣之後，常以詠詩為令，他詠的都是自己創作之詩。眾人聽了，覺得他寫的詩精麗華美、雄健清新、興象超妙、韻律和諧，頗具大家之氣，就齊聲讚好！後來越傳越遠，王之渙在社會上就有了一些詩名。

第八章　登鸛雀樓

1

　　王之渙每天寫詩、讀詩，也在深入研究陳子昂之後詩歌發展與詩歌的代表人物。他發現了力排齊梁頹風，追蹤漢魏風骨，開啟盛唐詩歌局面的另一個重要人物張九齡。

　　王之渙查閱了許多資料，知道張九齡是韶州曲江人，生於高宗儀鳳三年（西元678年），字子壽，一名博物，是西漢留侯張良之後，西晉壯武郡公張華十四世孫。

　　王之渙查到了原來張九齡還有一個非凡的童年。自幼天資聰慧的張九齡，才智過人，五六歲便能吟詩作對，一時人稱「神童」。七歲那年春天，張九齡隨家人遊寶林寺。寶林寺是名剎，香火鼎盛，風景秀麗，遊客如雲。張九齡被這裡的景象迷住了，看得津津有味。這時，忽報韶州府太守率州衙官員進香朝拜。殿前香客趕忙迴避。張九齡卻沒躲避，他把進寺前折的桃花藏於袖中，若無其事地看著太守隨從擺弄供品，沒有一點害怕的樣子。太守見這孩童活潑天真，十分可愛，就想試試他的才氣如何，便問道：「汝莫非想吃供果？我出個對子，汝若能對得上，就給汝供果吃。」張九齡接口道：「好呀。」太守早已看見孩子袖藏桃花，就出了個上聯：「白面書生袖裡暗藏春色。」張九齡接口應道：「黃堂太守胸中明察秋毫。」太守思忖，這小孩真是個神童，對得如此之工整。我就不妨再考考他，於是，又出一對：「一位童子，攀龍攀鳳攀丹桂。」張

第八章　登鸛雀樓

　　九齡猛一抬頭，正對面前三尊大佛像，觸景生情，便脫口應道：「三尊大佛，坐獅坐象坐蓮花。」太守與隨從聽了，無不驚嘆。太守一邊賞給張九齡供果，一邊說：「此子日後定非等閒之輩。」

　　張九齡青少年時更是非凡過人。張九齡九歲能文，十三歲即能寫出好文章。時用書信干求廣州刺史王方慶，王方慶非常讚賞他，預言說：「這個人一定能有所作為。」青年時期的張九齡，勤奮好學，能詩善文，舉止優雅，風度不凡。武周長安二年，張九齡登進士第，為考功郎沈佺期所賞識，被授予校書郎官職。長安三年，宰相張說因直言得罪了聖神皇帝的寵臣張昌宗，被流放到嶺南，過韶州，得閱張九齡文章，誇獎他的文章「有如輕縑素練」，能「濟時適用」，一見而厚遇之。張說博學多才，是當時文人的領袖，又是朝中多有建樹的重臣，他的激勵對剛剛走上人生道路的張九齡鼓舞很大。

　　王之渙還了解到張九齡是一個為人正直、肯為民辦事的好官。神龍三年（西元707年），張九齡赴京應吏部試，才堪經邦科登第，授祕書省校書郎。景龍二年（西元708年）夏，奉使嶺南，就便省親。他當了幾年校書郎，得不到調遷，萌生歸鄉之念。正好太子李隆基有所作為，舉天下文藻之士，親自策問，他應試道牟伊呂科，對策優等，升為右拾遺。

　　先天元年（西元712年）十二月，玄宗皇帝於東宮舉文學士，張九齡名列前茅，授左拾遺。張九齡曾上書玄宗皇帝，主張重視地方官人選，糾正重內輕外風氣；選官應重賢能，不循資歷。

　　開元四年（西元716年）秋，張九齡又以「封章直言」，招致了姚崇不滿。姚崇是玄宗皇帝器重的大臣，執掌軍國大權。張九齡既與姚崇生隙，豈能繼續在朝廷做事？這年秋天，他以秩滿為辭，去官歸養。

　　張九齡回到嶺南，並不想閒居，而是想為家鄉辦點實事。甫到家

中，他便向朝廷遞狀申請開築大庾嶺路。張九齡出入嶺南，也走過這必經之路，對大庾嶺梅關「人苦峻極」的險阻深有感受。開元年間的唐王朝，經濟發展，社會繁榮。嶺南以沿海之利，海外貿易交通有了很大發展，廣州已成為中外海上交通門戶的大商港。在這種情況下，開鑿梅關古道，改善南北交通顯得非常迫切。張九齡的建議得到朝廷批准，於是他自任開路主管，趁著農閒徵集民夫，開始開鑿工程。張九齡親自到現場踏勘，緣磴道，披灌叢，不辭勞苦，指揮施工。古道修通後，全長十幾公里，路寬近6丈，路兩旁遍植松樹。遂之，張九齡撰寫了《開鑿大庾嶺路序》，記述了大庾嶺開鑿後，公私販運「轉輸不以告勞，高深為之失險。於是乎鐻耳貫胸之類，珠琛絕贐之人，有宿有息，如京如坻」的狀況。由於梅關古道的修通，南北交通大為改觀。梅嶺古道成了連接南北交通的主要孔道。

王之渙了解到張九齡居家期間，一方面積極為家鄉辦實事，另一方面又積極創作詩歌，與曲江縣尉王履震、韶州王司馬來往密切，詩酒唱酬，結成知己。開元五年（西元717年）夏秋之間，他與王履震聯袂來到廣州，寫下了《與王六履震廣州津亭曉望》。

王之渙研究了一番張九齡的詩歌風格，他發現張九齡早年的詩歌辭采清麗，情致深婉，在藝術上以興寄為主，著意追求「言象會自泯，意色聊自宣」，即重在象外之象、言外之意的理想，這就使他的一些寫景詩突破了前人多注重極貌寫物、工於形似的表現手法，而在主客觀的交融中大力加強了抒情意味。他後來的詩歌創作則體現出「雄厲振拔」、「骨峻神竦，思深力遒」的勁健風格，又別具一種「雅正沖淡」的盛唐氣度。

作為盛唐初期的一位頗富威望的傳奇人物，王之渙發現張九齡還以愛才若渴、擢拔後進而聞名於士林之中。開元六年（西元718年）春，張

第八章　登鸛雀樓

九齡被召入京。到京後，其因修大庾嶺路有功，拜左補闕，主持吏部選拔人才。他與右拾遺趙冬曦四次奉命參與評定等第，為朝廷選拔了不少人才。張九齡的愛才如渴，一時盛傳天下。

唐時，每年仲冬，州、縣、官、監都要推舉成績好的學生送到尚書省參加科考，不是由官、監推薦的考生，稱為「鄉貢」，可各自帶著當地州、縣開具的牒文，列於所屬州、縣參加科考。鄉貢的成分可分為兩種，一種是州、縣官學出身，一種是私塾、家學出身。州、縣官學出身的人自持讀過官辦學校，認為身分很高，往往瞧不起私塾、家學出身的人。

王之渙沒有入過州、縣的官辦學校，純屬在家自學成才，屬於典型家學出身。以他的飽學經籍，滿腹經綸，才高氣傲，不要說受這些人的白眼了，他還不齒於與這些人為伍呢。因此，他痛恨科考，恥於屋場。當他知道了他所敬仰的著名詩人張九齡擢拔後進的事，就有意得到張九齡的知遇與推薦。

唐代取士，有兩個管道，一是參加科考，一是名人推薦。因此，求仕的才子們便紛紛奔走於公卿門下，向他們投獻自己的代表作，展示自己的才華，以引起公卿們的注意和重視，這稱為「行卷」。如果一次沒有引起重視，再次投獻作品的，稱為「溫卷」。這種投獻作品的行為，確實使一些有才能的人得以顯露頭角，如詩人白居易向顧況投詩《賦得原上草》，就受到老詩人的極力稱讚，並實現了自己的願望。

王之渙覺得自己遇上了好機會，機不可失，時不再來，就急忙從自己平時寫下的詩中，挑選了十餘首得意的詩作，精心製作了一份行卷，欲將其投給愛才如渴的左補闕張九齡大人。

2

　　開元六年（西元 718 年）這年夏天，王之渙背了行囊，起身上路，興沖沖直奔京師長安而來。

　　王之渙長這麼大是第一次去京師長安，他打聽到去京師長安可走兩條路，一條是經函谷關可到達京師長安，另一條是從蒲州過黃河可以到達京師長安。他聽說蒲州有個鸛雀樓，聞名天下，心想，這倒是一個好機會，何不走蒲州順路去看看。

　　蒲州位於洛陽的西北方向，介於洛陽與西安的中間，東南距洛陽 585 里，西南距長安 320 里。洛陽到蒲州需要翻山越嶺，需要穿溝過河，雖然路途遙遠，有些艱難，但是距離與艱難並不會使王之渙畏縮，他少年時是個曾經爬山下河混過來的人，路遠一些反倒正合他的心意，一邊走還可以一邊觀賞路上的景緻。

　　王之渙走的洛陽到解縣這一段路，正是當年爺爺領著他舉家南遷洛陽的路線。

　　出了洛陽，他第一站到的是新安縣。黃河橫於北，秦嶺障於南的新安縣，中間又有荊紫山、青要山、邙山、鬱山四山與青河川、畛河川、澗河川三川，是洛陽的西部門戶，地扼函關古道，為中原要塞、軍事重地。王之渙要穿過新安縣自有一番艱難。

　　過了新安縣，就是谷州與澠池縣。澠池是一個值得逗留的地方，藺相如完璧歸趙的故事就發生在澠池。王之渙專門到秦趙會盟臺瀏覽並懷古。

　　陝州在澠池縣西，與河北縣隔河相望，這裡是王之渙在黃河南面的最後一站。

第八章　登鸛雀樓

　　貞觀十一年（西元637年），唐太宗命大將丘行恭在陝州北面建造了一座76丈長的浮橋，稱「太陽橋」，溝通了兩岸交通。王之渙選擇走浮橋過河，自然就解除了乘船過河的艱辛與風險。

　　從河北縣一路向東北，越過中條山東麓，就到了解縣地界。解縣地界，就是河東地面。一踏上河東地面，王之渙就看到了一望無際的鹽池灘。

　　河東鹽池，亦稱鹽湖、銀湖，位於中條山下、涑水河畔。鹽池周長120里，由鴨子池、鹽池、硝池等組成。河東民間一直流傳著這樣一段「神牛造池」的故事。傳說很早以前，天宮裡的神牛因偷吃了玉皇大帝的鹽，而被趕下凡界。它流落到江南水鄉、塞外草原，想為人們造個鹽池，但是那裡的人沒有收留它。後來，它到了河東的中條山下，受到這一帶人民的熱情款待。為了報恩，它就臥下，身軀化成了寬闊的鹽湖。鹽池邊宿沙村有個牧羊人第一個在鹽池裡面發現了鹽，撈回一把，拿一點點放在菜裡，他覺得這拌了鹽的菜吃起來很香，就告訴了村裡的人們。後來，一傳十，十傳百，鹽池裡的鹽就被人們食用開了，並成為人人生活中離不開的東西。為了紀念發現食鹽的牧羊人，大家為他蓋了一座廟，頂禮膜拜，香火不斷，尊他為鹽宗。從此，鹽宗就成了鹽池、鹽商、鹽業最古老的鹽神。

　　鹽池產出的鹽，顏色潔白，質味純正。正是這些人類賴以生存的白色精靈，由此而引發過無數次血雨腥風的戰爭。據說黃帝與蚩尤就是為了爭奪鹽池，曾在這裡發生過一場生死血戰。

　　開元元年（西元713年），鹽池即將乾涸，河中府尹姜師緊急排程三千唐軍，疏濬溝渠，開通姚暹渠，引水入池救濟，才不致鹽池枯竭。

　　想到這裡，王之渙的神情不禁有些黯然。

王之渙來到的河東，司馬遷在《史記》中稱為「天下之中」。河東，本來是王之渙的祖籍，四歲那年，他們王家舉家遷往神都洛陽時，坐在像搖籃一樣的牛車上，他依偎在祖父的身旁，聽著祖父跟他講說著河東的古老、河東的富庶、河東的一切，那情景恍如昨日，祖父的話語言猶在耳。二十多年後的今天，他又踏上了河東大地，他感覺到這裡的一切都是那麼親切，這裡的一切總與他有一種難以割捨的感情。

　　他記得祖父曾經告訴他，河東大地是一塊古老而又神奇的土地，文化底蘊非常深厚，故有許多傳說。他纏著祖父跟他講傳說。祖父講的第一個傳說是「女媧補天」。傳說女媧用黃泥造人，日月星辰各司其職，子民安居樂業，四海歌舞昇平。後來共工與祝融爭帝位，共工戰敗，一怒之下，頭觸不周山，導致天柱折，九州裂，天傾西北，地陷東南，洪水氾濫，大火蔓延，人民流離失所。女媧看到她的子民陷入巨大災難之中，十分關切，決定煉石以補蒼天。於是她周遊四海，遍涉群山，最後選擇了東海之外的海上仙山——天臺山。天臺山是東海上五座仙山之一，五座仙山分別由神鰲用背駝著，以防沉入海底。女媧為何選擇天臺山呢，因為只有天臺山才出產煉石用的五色土，用五色土才能煉成最好的補天石。女媧在天臺山頂堆巨石為爐，取五色土為料，又借來太陽神火，歷時九天九夜，煉就了 36,501 塊五色巨石。然後又歷時九天九夜，用 36,500 塊五彩石將天補好。剩下的一塊遺留在了天臺山中湯谷的山頂上。天是補好了，可是卻找不到支撐四極的柱子。要是沒有柱子支撐，天就會塌下來。情急之下，女媧只好將背負天臺山之神鰲的四隻足砍下來支撐四極。可是天臺山要是沒有神鰲的負載，就會沉入海底，於是女媧將天臺山移到東海之濱的琅琊。女媧補天之後，天地定位，洪水歸道，烈火熄滅，四海寧靜。

　　祖父除了講給他聽「女媧傳說」，還講「舜耕歷山」。相傳舜出身於田

第八章 登鸛雀樓

墾。堯帝在位七十年時到民間去走訪,到了一個地方,他看到一個三十多歲的農人正在扶犁耕地。農人一邊扶犁,一邊用鞭桿敲打著綁在犁柄上的笸籮,前面一胖一瘦兩頭老牛拉犁拉得十分賣力。堯很奇怪,便詢問農人根由。農人說,我敲打笸籮,胖牛聽到了響聲,以為我在打瘦牛,接著就會打它,它自然會主動賣力,而瘦牛聽到了響聲,以為我正在打胖牛,接著就會打它,它也自然會主動賣力。我之所以這樣做,是因為看到兩隻牛每天勞作太辛苦了,實在不忍心將鞭子抽到它們身上。堯聽了農人的話,認為這個農人有仁者之心,愛牛尚且如此,管理國家,一定會以仁愛之心對待百姓,於是,就將這個農人帶回宮裡。這個農人就是舜。堯考察了舜三年後,決定由舜輔政,並將自己的兩個女兒許配給他。二十年後,堯禪讓於舜。

祖父還講過「禹鑿龍門」。王之渙記得「禹鑿龍門」是這樣一個故事:在堯的時代,洪水氾濫成災,老百姓深受其害。有一個部落的首領叫鯀,住在有崇,號「崇伯鯀」,這便是禹的父親。堯命他治理洪水,他用築堤的方法去「堵塞」,結果治了九年也沒有把洪水治好,於是被堯殺死在羽山。舜繼堯位後,命鯀的兒子禹繼承父業治理洪水。禹受命後不辭勞苦,精心治水,改用「疏導」的方法,開山挖河。禹在治水的過程中,不避寒暑,不畏艱險,手足長滿了老繭,治水十三年,「三過家門而不入」。正是這種恆心和毅力,千萬軍民,人心振奮,齊心協力,這才疏通了河流,鑿開了龍門天險,把洪水匯入河海,最終平息了水患,完成了治理洪水的大任,從而受到了老百姓的愛戴。於是,舜便將帝位禪讓於禹。

祖父講「嫘祖養蠶」的故事,至今依然讓他感動不已。數千年前,河東西陵有位姑娘叫嫘祖,她觀察到桑樹上有一種叫做「蠶」的昆蟲,一生食了桑葉後就吐絲結繭,然後鑽出繭殼再羽化為蛾,蛾再產卵生長為

蠶，如此循環往復，生生不息。蠶吐出的絲十分纖細，而且特別結實。於是，嫘祖便將蠶捉回家裡試養。後來，嫘祖將繭殼浸漬後，用拉出的銀絲纏在棍子上捻成了絲線，然後又用絲線織成了綢布。從此，綢布便代替了樹葉和獸皮，人們就有衣服穿了。嫘祖教民育蠶、繅絲、織布，被人們尊為「先蠶娘娘」。黃帝聽說了嫘祖的事蹟後，心生愛慕之情，便娶嫘祖做了他的妻子。王之渙記得《史記》中就有這樣的記載，黃帝娶於西陵之女，是為嫘祖。嫘祖為黃帝正妃。這就說明祖父講的這個「嫘祖養蠶」的故事絕不是一段虛妄的傳說，而是確有其人其事的。

後來，王之渙從史書中了解到，歷史在河東大地上轉換的無數個日日月月中，還曾經演義過無數個傳奇故事，湧現過像張儀、司馬遷、關羽等無數個鴻儒博學、文武俊秀。

想到這裡，王之渙竟有些為自己出生在河東，是一名河東子孫而驕傲而自豪起來。

解縣，背負中條山，東望鹽池灘，是蜀漢名將關羽的故鄉。

解縣城內街巷縱橫，西有關廟，東有孔廟。

在解縣，王之渙免不了要好好遊覽一番。

3

幾天后，王之渙終於來到蒲州。

蒲州，古稱蒲坂。蒲坂的本義是指黃河邊長有蒲葦的田地。古時候，黃河中游一帶不僅有一望無際的田地，也有溝壑縱橫的山坳，雨量充足，氣候溫和，草盛水豐，宜獵宜耕，又有鹽池之利，十分富裕，很適宜人類在這裡聚集。古人類開始聚集時，「一年成聚，二年成邑，三年成都。」由此可知，蒲坂在華夏大地上的古老。據《帝王世紀》記載，堯

第八章　登鸛雀樓

帝時，將天下劃分為九州。舜帝繼位後，將天下劃分為十二州，為了生存並便於發號施令指揮其部族，他選定蒲坂並在此建都。春秋時，蒲屬晉；戰國時稱蒲邑，蒲州一帶屬魏；秦漢時稱蒲坂；漢時，蒲坂改名蒲城，後又改為蒲坂；北魏神䴥元年（西元 428 年）複稱雍州，延和元年（西元 432 年）又改為秦州；北周明帝二年（西元 558 年）改秦州為蒲州；隋開皇十六年（西元 596 年），移蒲坂縣於蒲州東，在蒲坂故城置河東縣，大業三年（西元 607 年），蒲坂縣併入河東縣；唐武德元年（西元 618 年）於桑泉縣置蒲州，三年移治原蒲州城，領河東、河西、臨晉、猗氏、虞鄉、寶、解、永樂等縣。

蒲州南靠中條山，西臨黃河水，背山面水，地勢險要，是關中通往河東、河北等地的咽喉要衝，也是河東、河北陸道進入關中之第一鎖鑰，「控據關河，山川會要」，策略地位非常重要。

蒲州城為正方形，城牆高 3 丈 8 尺，方圓 8 里又 340 步，城牆由夯土築成。城外開鑿有一條寬闊的護城河。城牆上建有城樓，高大雄偉。城牆的四角建有敵樓，布滿了瞭望孔與箭眼。城樓與敵樓之間築有雉堞。雉堞上築有垛口，可瞭望，亦可射箭。城牆的內側築有矮牆，亦稱為女牆。牆上無垛口，主要作用是用以防備兵士往來行走時掉到城牆之下。

王之渙進得蒲州城來，見城內街道寬闊，縱橫交錯，商舖林立，區幌醒目，一派都市景象。大街上有昇轎的，有騎馬的，有牽著騾馬、駱駝運送貨物的；有在店鋪門口招攬生意的商人，也有肩挑背拷的遊商走販，土特產竹扇、漆匣、乾棗，格外招人眼目，整個街市人來車往，十分繁華熱鬧。王之渙覺得這座城雖然在規模上比京城洛陽要略微小些，但是街市的熱鬧程度與京城洛陽相比，卻一點也不遜色。他邊走邊看，穿過喧鬧的街市，在背街的一個狹窄的小巷裡，選擇了一個清靜的客棧住了下來。

王之渙在客棧裡吃了午飯，少憩片刻，便決定抓緊時間去登鸛雀樓。

建於蒲州的鸛雀樓，本來是一處軍事設施，為北周大塚宰宇文護所建。

這宇文護說起來還不是個一般人物。

宇文護，鮮卑族，小字薩保，是北周文帝宇文泰長兄邵惠公宇文顥的第三子。幼年正直有氣度，特別受祖父宇文肱寵愛，異於其他兄弟。宇文護十二歲時，父親宇文顥去世，隨叔父在葛榮軍中。葛榮兵敗後，宇文護便遷居晉陽。

宇文護曾經跟隨宇文泰與東魏交戰，屢立戰功，又與于謹南征梁朝江陵。西魏恭帝三年，宇文泰病故，因諸子年幼，遺命宇文護掌管國家大政。宇文護以宇文泰嗣子宇文覺幼弱為由，趁宇文泰的權勢和影響尚存，圖謀及早奪取政權。因此，他迫使西魏恭帝禪位於宇文覺並予誅殺。翌年，宇文覺稱周天王，建立北周。宇文護遂之成為大司馬，被封為晉國公。

宇文覺繼位後，大將軍趙貴、獨孤信對宇文護不服，宇文覺也不滿他專權，怕重蹈覆轍，於是便招收了一批武士在皇宮裡操練兵法，準備有朝一日擒拿宇文護以絕後患。結果，不但未能成功誅殺宇文護，反而被宇文護先發制人，殺死趙貴，逼獨孤信自殺，宇文覺也被廢黜而死。

廢除宇文覺後，宇文護自任大塚宰，並擁立他叔叔的另一個兒子宇文毓為周明帝。宇文護先還覺得宇文毓性格軟弱好欺負，易於駕馭，但是後來卻發現宇文毓不僅聰明能幹，努力發展經濟，而且在群臣中威望日增。於是，宇文護就想以「還政」方式試探宇文毓，只留軍權，向宇文毓交還了所有權力。不明其用心的宇文毓竟照單全收，真正做起了「皇

第八章　登鸛雀樓

帝」。宇文護見此又恨又怕，於是又毒死了這個周明帝。宇文護又立宇文泰四子宇文邕為周武帝，自己仍掌握實際大權。

周武帝是個十分厲害的角色，他表面上屈從宇文護，心裡卻另有打算。於是，宇文護放鬆了對宇文邕的戒心。

天和七年（西元572年）三月十四，宇文護從同州回到長安。宇文邕告訴宇文護說，太后最近經常飲酒，希望他能讀《酒誥》給太后聽，請太后戒酒。宇文護不知是計，向太后朗讀《酒誥》，讀到一半的時候，宇文邕用玉珽猛擊其後背，將其打倒，宇文直遂將其殺死。

鸛雀樓正是宇文護擔任大塚宰時，為了鎮守河外之地，動用能工巧匠，耗資費力，歷時數載建起的一座高樓，取名「雲棲樓」。有一種白身黑尾、長頸赤喙、喜歡在黃河裡捕食魚蝦名為「鸛雀」的水鳥經常棲息在雲棲樓上，後來人們便將「雲棲樓」改名為「鸛雀樓」。由於鸛雀樓龍踞虎視，下臨八州，占山河之勝，據柳林之秀，可以立晉望秦，前瞻中條秀山，下瞰大河奔流，後來就逐漸成了人們的登高賞景的勝地。

這一天下午，王之渙出了蒲州西門，遠遠地就望見了矗立在黃河東岸高阜之上的鸛雀樓，只見鸛雀樓高大雄偉，聳立雲端。一路上，他看到來來往往的不少人，有前去觀覽鸛雀樓的人們，也有觀覽罷鸛雀樓返城的人們。他隨著人流，在官道上漫步而行。

約莫一個時辰之後，王之渙走近鸛雀樓，這才對周圍的環境與鸛雀樓看的更加真切：黃河東岸有一隆起的高阜，高阜之上築有石條壘砌的高臺，高臺之上的鸛雀樓直插雲霄。鸛雀樓高三層，一體磚木結構，木柱粗壯，樓門寬大，重簷歇山，朱楹黑瓦，氣勢宏偉，結構精巧，十分壯觀。

由於時已向晚，遊人漸漸稀少，鸛雀樓內外的熱鬧氣氛冷落了許

多。這時,不但沒有減少王之渙遊覽的絲毫情趣,反而增加了他觀賞的興致。他看了鸛雀樓的整體結構,走近樓前,撫摸著一磚一石、一草一木,細細地觀看著門窗結構,痴痴地端詳著雕花藝術。

看了一樓,他又扶著梯欄,踏著樓梯,上了二樓。

登上二樓,王之渙近前兩步,雙手扶欄,面西而望,眼前頓時一亮:只見一輪落日向著黃河西岸似有似無、連綿起伏的山脈漸漸西沉,在視野裡徐徐而沒,流經樓前下方的黃河水,奔騰咆哮、滾滾而來,河面在落日餘光的映照下,泛著魚鱗般的金光,就像一條彩色緞帶向著東南方向飄去。這時候,他置身樓上,心底裡潛伏的那種浩蕩、磅礴、連綿、無盡的詩人激情一下子迸發出來,視通萬里,思接千載,他的眼裡出現了一個更加遼闊的意象:不僅有西方飄渺的遠山,還有東方浩瀚的大海;他的心裡想到的是一種更加高遠的意境,不僅有腳踏二樓的感受,還有登上更高樓層的想像。他一時觸景生情,詩興大發,按捺不住,一首五言絕句《登鸛雀樓》便情不自禁脫口而出:

白日依山盡,黃河入海流。

欲窮千里目,更上一層樓。

吟罷《登鸛雀樓》,王之渙便向看樓老丈討了一副筆墨過來,飽蘸濃墨,揮筆在二樓的白色牆壁上龍飛鳳舞寫下了這首詩句。

寫罷《登鸛雀樓》,王之渙審視了一番,見沒有差錯,便又登上了三樓,細細地觀賞了一番。

《登鸛雀樓》前兩句平平寫來,都是寫景,「白日依山盡」,寫遠景,寫的是登樓遠望的景色,卻如在目前,「黃河入海流」,寫近景,著眼點雖然在樓下,卻拓展到了遙遠的海洋,一開筆,就有縮萬里與咫尺、展咫尺有萬里之勢。後兩句陡起波瀾,暢敘感慨,「欲窮千里目」,寫希

第八章　登鸛雀樓

冀，寫願望，寫憧憬；「更上一層樓」，寫遞進，寫結果，寫答案，寫得出人意料，別翻新意，寫出了詩人向上進取的精神風貌，寫出了詩人高瞻遠矚的寬闊胸襟。一問一答，寫的是壯美的實景，抒的是哲理性的實感。兩句上下承接得十分緊密，十分自然，將道理與景物相互糅合，相互融化，既反映出「站得高才能看得遠」的深刻哲理，又給人語義順暢，天然無縫的感覺，達到了「景入理勢」的極高境界。全詩蘊意深刻，實虛相諧，意與境渾，既見轉折之妙，也具含蓄之功。

《登鸛雀樓》是一首五言絕句。絕句由四個五言句子組成，共分為兩聯，從來沒有硬性對仗的要求，可以對仗，也可以不對仗，如果要對仗，出現一個對仗句就可以了。一首絕句裡用兩個對仗句，很容易給人造成堆砌的感覺，所以一般詩人輕易不敢在一首絕句裡同時使用兩個對仗句。而王之渙則不然，全文對仗，十分工整。首聯「白日」與「黃河」兩個名詞相對，「依」與「入」兩個動詞相對，「山」與「海」兩個名詞向對，「盡」與「流」兩個動詞相對。尾聯「欲窮」與「更上」兩組動詞相對，「千」與「一」兩個數詞相對，「里」與「層」兩個量詞相對，「目」與「樓」兩個名詞相對。首聯採用正對，句式極為工整；尾聯採用流水對，思緒十分順暢。正對與流水對巧妙地結合起來，互相映襯又互相補充，既不感到呆板雕琢，又一氣呵成、工巧自然，這就在形式上構成了絕對的完美。同時，《登鸛雀樓》音律十分優美，選擇尤韻的「流」「樓」為韻腳，聲韻流亮暢達，舒徐不迫，更好地表現了他高昂的情調和闊大的胸懷。

《登鸛雀樓》一詩，從下到上，由近及遠，動靜結合，虛實交錯，凝練優美，音調和諧，意境高遠，氣勢雄渾，氣象萬千，意境闊大，格調高邁，通篇沒有出現過一個生僻字，短短二十個字，字字淺顯易懂，句句上口易記，語言風格極其平淡質樸，直白曉暢，表達的不僅僅是站得高、望得遠的一般哲理，還充滿了積極進取的哲學意蘊的人生啟迪。內

容的雋永和形式的優美，使之成為超邁古今、千古不朽的五絕珍品。

那天向晚，王之渙遊覽了鸛雀樓，時間已經不早了，夜幕就像一層淡淡的輕紗籠罩在大地上，好在東方的一輪明月正在冉冉升起，他踏著月光，沿著來時的官道，進了蒲州城，回到了歇腳的客棧。

從來話比腿快，詩歌更比話速。王之渙離開蒲州之後，他的《登鸛雀樓》便在當地的文人雅士中傳誦開來，很快又被樂工譜成了歌曲，越傳越遠，名動一時，竟至熱議於宮廷酒肆，流布於尋常巷陌，皓首垂髫，皆能吟誦，被人們譽為「千古絕唱」。

後來，有關介紹唐詩的書，對王之渙的《登鸛雀樓》是這樣評價的：

宋代沈括在其《夢溪筆談》中說：「河中府鸛雀樓，三層，前瞻中條，下瞰大河，唐人留詩者甚多，唯李益、王文（之）奐、暢當能狀其景。」

宋代《古今詩話》載：「河中府鸛雀樓，唐人留詩者極多，唯王之渙、李益、暢當詩最佳。」

明代唐汝詢在其《唐詩解》中說《登鸛雀樓》「日沒河流之景，未足稱奇，窮目之觀，更在高處」。

明代李攀龍在其《唐詩訓解》中說《登鸛雀樓》「結語天成，非可意撰」。

明代周珽編的《唐詩選脈會通評林》中載《登鸛雀樓》「周敬日：大豁眼界」。

清代黃生編選的《唐詩摘抄》中載《登鸛雀樓》「空闊中無所不有，故雄渾而不疏寂」。

清代沈德潛在他的《唐詩別裁》中說《登鸛雀樓》「四語皆對，讀去不嫌其排，骨高故也」。

第八章　登鸛雀樓

俞陛雲在其《詩境淺說續編》中說《登鸛雀樓》「前一句寫山河勝概，雄偉闊遠，兼而有之，已如題之量；後二句復餘勁穿札。二十字中，有尺幅千里之勢」。

馬茂元在其《唐詩選》中說《登鸛雀樓》「玉遮曰：不明說『高』字，已自極高」。

王兆鵬等人編寫的《唐詩排行榜》將王之渙的《登鸛雀樓》「白日依山盡，黃河入海流；欲窮千里目，更上一層樓。」排名為唐詩第四名。

《登鸛雀樓》「欲窮千里目，更上一層樓」兩句，更被後人廣泛作為「座右銘」或祝願、激勵他人的警句用語來使用，以表達積極進取、前景無量的願望。

4

登過鸛雀樓數日之後，王之渙來到了京師長安。

長安城的最北面是宮城。宮城東西 4 里，南北 2 里 270 步，環周 13 里 180 步，高 3 丈 5 尺。北面是宮苑，東有東宮，西有掖庭宮。

宮城南面是皇城，又名子城。皇城東西 5 里 115 步，南北 3 里 140 步，南面三門，正門曰「朱雀門」，東曰「安上門」，西曰「含光門」；東面二門，北曰「延喜門」，南曰「景風門」；西面二門，北曰「安福門」，南曰「順義門」。城中南北七街，東西五街，其間並列有臺、省、寺、衛。宮城南門外有東西大街，承天門外橫街之南有南北大街，曰「承天門街」。

皇城的東、西、南三面為長安城，其形大致就像一個「凹」字。長安城，又名外郭城、京師城，東西 18 里 115 步，南北 15 里 175 步，環周 67 里，高 1 丈 8 尺。南面三門，正中曰「明德門」，東曰「啟夏門」，

西曰「安化門」；東面三門，北曰「通化門」，中曰「春明門」，南曰「延興門」；西面三門，北曰「開遠門」，中曰「金光門」，南曰「延平門」；北面一門，曰「光化門」。皇城之東五門，皇城之西二門。長安城中南北有十四條街，東西十一條街，坊、市共有一百一十個，京兆府、萬年與長安二縣治所、寺、觀、邸、第、編戶錯居其間。其中折衝府有四座，僧寺六十四座，尼寺二十七座，道士觀十座，女觀六座，波斯寺二座，胡天祠四座。皇城南面朱雀門有南北大街，曰「朱雀門街」，街寬百步，萬年縣、長安縣以此街為界，街東五十四坊及東市屬萬年縣管轄，街西五十四坊及西市屬長安縣管轄。

　　長安城內渠水南北貫通。一曰「龍首渠」自城東南引滻水至長樂坡，分為二渠，一渠北流入宮苑，一渠經通化門、興慶宮，由皇城入太極宮。二曰「永安渠」，引交水自大安坊、西街，入城北，流入宮苑，然後注入渭水。三曰「清明渠」，引灞水，自大安坊東街入城，由皇城入太極宮。

　　長安城是國內外各色人聚居的大都會，除漢族外，還有自立邦國的吐蕃、南詔、回紇、龜茲、于闐、疏勒等少數民族及突厥人也在此定居，也有一些西域及其他外國王子、質子、才士藝人、商人適此樂土，世代安居，還有流寓兩京的外國王公、在唐朝任職的外國官員、外國學問僧和求法僧、留學生、樂工、舞士、商賈等。每天車來人往，中國人、外國人穿行其間，十分繁華熱鬧。

　　王之渙打聽到張九齡大人的宅第在朱雀街東第三街，即皇城東之第一街從北往南數第二十四坊的修政坊。

　　為了方便拜見張九齡大人，他便在修政坊北面的東市擇一處僻靜客棧住了下來。

第八章　登鸛雀樓

東市距離修政坊，隔著四個坊，依次是安邑坊、宣平坊、昇平坊、修行坊。

剛一安頓好住處，他便越過四個坊，找到張九齡大人的宅上，請門房將自己的行卷及下榻地址遞了進去。門房告訴他：「張大人今天不在宅中，汝可先回客棧，等候消息。」

王之渙沒有見到張九齡大人，心裡悵然。只能獨自回到客棧，讀些隨身自帶的雜書，偶爾作一二首絕句。

自己的詩作會不會引起張九齡大人的重視？張九齡大人會不會舉薦自己？一連數日，他的心七上八下，忐忑不安起來。

在長安城裡盤桓了幾日。這天，王之渙正覺得沒有什麼希望，在客棧裡正要結帳準備離京返鄉時，忽見張宅來人說，禮部員外郎張大人要他前去見面。

他急忙隨來人來到張宅，拜見了禮部員外郎張大人張九齡。

原來王之渙將行卷投到張宅後，張九齡因幾天來朝中事忙，一直未顧得上翻閱，直到這天開啟一看，方才大吃一驚，他見這些詩寫得剛勁清新，一股漢魏之風撲面而來，玩味數遍，就有些愛不釋手。再一看作者，名叫王之渙，又是一驚。這幾天長安城裡人們正在傳唱一個叫王之渙的詩人寫的《登鸛雀樓》。《登鸛雀樓》絕非尋常詩作，這可是開創了詩壇新風的詩歌呀！《登鸛雀樓》的作者莫非正是此人？想到此，他便急忙差人去請王之渙。

王之渙踏進張九齡大人宅第的大門，第一眼看到的就是甬道兩邊花圃裡長得鬱鬱蔥蔥的蘭草。這些蘭草的枝葉雖然纖細，卻挺挺向上；枝葉之間的串串蘭花雖然不很豔麗，卻馨香襲人。走在甬道上，他覺得自己被一種清氣包圍著、裹挾著、浸潤著，好像自己脫胎換骨了一樣。

張九齡在書房裡接見了王之渙。

王之渙向張九齡大人執弟子之禮。

張九齡見王之渙身材高挑，器宇軒昂，心裡暗暗高興，便開口問道：「汝可是寫《登鸛雀樓》的王之渙？」

王之渙答道：「正是弟子。」

張九齡又道：「詩寫得很好！意境高邁，全無一點俗氣。」

王之渙答道：「弟子正在學詩，還請老師指教。」

接著，張九齡又向王之渙問了一些他的家事與讀書情況。

張九齡見王之渙態度謙恭有禮、不卑不亢，用語不多不少，恰到好處，就越發器重他，對他有些吝惜不捨。於是，就當即決定將王之渙收為門子。

所謂門子，實為官府中親侍主人左右的僕役。但是，張九齡並不讓王之渙做僕役的工作，只是在他閒暇時，讓王之渙過來與他共同賞一賞栽種在庭前的一簇簇蘭草。張九齡說，蘭，有君子之風度，身為草而不甘平庸，雖無骨卻不靡弱。它居於幽谷，但是從不自棄，雖無人問津，卻照樣應期芬芳。蘭草之美，美得儀表高雅；蘭花之香，香得幽遠飄逸；蘭草之純，純得皎潔無暇。高潔、典雅與堅貞不渝，脫俗、澄淨與不戀世間紛擾，這就是蘭草的君子風韻。

王之渙眼中的蘭草是一身傲骨，蘭花是幽香四溢。他特別喜歡蘭草草葉柔弱卻挺拔的姿勢。他下定決心要像蘭草一樣做人，像蘭花一樣作詩。

張九齡除了與王之渙欣賞蘭草，時不時還要與王之渙談談詩，對對詩。

第八章　登鸛雀樓

　　張九齡從來沒有將王之渙當作僕人看待，王之渙也一直將比自己年長十幾歲的張九齡以恩師事之！

　　在張府，王之渙又寫了不少詩，也接觸到在京城的不少詩人。由於他的詩語言奇警，意境開闊，受到了人們的普遍喜愛。隨之，他的詩與他的名字在朝野一併揚播開來。

　　開元八年（西元720年），張九齡升遷司勳員外郎。司勳員外郎是吏部司勳司的次官，執掌校定勳級及授予勳官告身等事。

　　是年季秋，王之渙以張九齡門子調補冀州衡水縣主簿。這一年，王之渙三十三歲。

　　王之渙赴任之前，張九齡問他有什麼要求。王之渙說：「別的要求，弟子沒有。」接著，指著庭前那一簇簇長得鬱鬱蔥蔥、碧綠可愛的蘭草說，「弟子只想要庭前的一株蘭草。此草一身傲骨，不貪水，不貪肥，雖無豔態，卻幽香四溢；不畏風，不懼霜，雖無枝莖，卻適然挺茂。我想將它帶到任上，栽到庭前，時刻以蘭草的品格激勵自己，節律自己，檢驗自己。」

　　張九齡聽了，會心地笑了，親自拿起小鏟挖了一墩蘭草，小心翼翼地用油紙包好了，雙手鄭重地贈給了王之渙。

第九章　主簿任上

1

　　冀州衡水縣是個歷史悠久的地方，夏朝時分屬冀、兗二州；商周時期有饒、昌、武城、武羅等主要封邑方國；春秋時期多歸晉國，戰國時代為燕、趙之地；秦始皇統一中國後屬鉅鹿郡；漢代屬冀州刺史部，先後設有廣川國、信都國和安平國；三國時為魏國冀州域，冀州州治始移信都，境內分屬安平、博陵、渤海三郡；晉代仍為冀州所轄；隋時，南部屬冀州，北部屬深州；當朝屬河北道。

　　「衡水」一詞始見於北魏文成帝拓跋濬的《文成帝南巡碑》，文成帝曾在信都「衡水之濱」舉行過規模盛大的「禊禮」。「衡水之濱」中的「衡水」，為當時穿越漳水後一段的別稱，又名「橫漳」或「衡漳」。隋開皇十六年（西元 596 年），由河北大使郎蔚之分下博、信都和武邑三縣地，新置衡水縣，縣之名稱，取「漳水橫流」之意。因漳水從衡水縣西南入境後，不是東流入海，而是折向北流，然後才入海，古人故將這一段漳河水稱為「衡水」。

　　王之渙記得最早聽到「衡水」這個地名，是早年幾個哥哥竊竊私語議論聖神皇帝於武周天授元年（西元 690 年）濫用酷吏、誣告忠良時說的一個故事：衡水人王弘義，是個典型的無賴，曾經向鄰居要瓜吃，鄰居沒給他，他就告縣官說鄰居瓜田中有白兔。縣官派人搜捕，結果瓜田被踐踏盡毀。王弘義又外出遊蕩，見閭里耆老作邑齋，遂誣告謀反。結果

第九章　主簿任上

閭里百姓被殺兩百餘人,而他則被聖神皇帝擢授游擊將軍,很快又升殿中侍御史。有人告勝州都督王安仁謀反。聖神皇帝讓王弘義審理。王安仁不服,王弘義即於枷上將其頭顱割下;又捕其子,也將其頭顱割下,裝入木匣子裡帶回。路過汾州,司馬毛公請其赴宴,未吃幾口,王弘義即呵叱毛公下階,立斬其首。一路上,王弘義用槍挑著毛公的頭顱,大搖大擺,一直回到神都洛陽,所見者無不震懼、戰慄。其時,制獄設在麗景門內,凡入獄者,非死不出,王弘義戲稱為「例竟門」。朝士人人自危,相見莫敢交言,只是以目代言。懼怕密遭逮捕,有去無回,官員每次入朝,則與家人訣別曰:「未知復相見否?」

那時候,他就記下了「衡水」這個地名,他也記住了衡水有一個無賴名叫王弘義,由誣告別人而升官,殺人連眼都不眨一下。

王之渙來到衡水,立即見過衡水縣令李滌,並向李滌遞交了衡水縣主簿任命牒文。因為他是單身,李滌就安排他在縣衙的廂房之內居住。

定了住處,王之渙做的第一件事就是趕緊開啟行囊,取出恩師張九齡贈送給他的一墩蘭草,栽植在住房的臺階下面,培上土,澆了水。蘭草是一種生命力非常頑強的植物,雖然經過旅途的多日風塵,卻依然碧綠精神。

從此,王之渙脫去了平民服飾,穿上了官服。

主簿一職,在隋唐以前是各級主官屬下掌管文書的佐吏,隋唐以降就成為部分官署與地方政府的事務官。

朝廷規定,三品以上官員服紫,穿紫色衣服;四品五品服緋,穿紅色衣服;六品官員服綠,穿綠色衣服;八品九品服青,穿青色衣服。王之渙出任的是一個縣級主簿,只是一個從九品上階的小官,他著的官服自然是最低等的青色:頭裹幞頭,身著用絲布雜綾製作的淺青色圓領窄

袖袍衫，腰帶用的是最低一等的玉石帶鉤。

王之渙這是生平第一次做官，穿著低等的官服，卻並沒有看不起主簿這個官小，他認為祖父當年做官，不也是從鄜州洛川縣主簿做起；父親做官，雖然是個朝官，但也只是個鴻臚寺主簿。主簿儘管官小，但是一樣可以報效朝廷，服務百姓。

王之渙這個從九品上階主簿的收入是年俸，共有三種，即俸錢、俸料和職田。年俸錢十五兩、俸料五十四石、職田兩百畝。這樣的數字，在人們眼裡已經是人見人羨，很是可觀的了。

上任沒幾天，王之渙就接到家中來信。信中說夫人因病醫治無效，不幸去世。讀了信，他不禁悲從中來。他一悲夫人命短，年紀輕輕就離開了人世；二悲兒子炎命苦，小小年紀就沒有了母親。想到此，就又想到了自己的身世，想到了自己小時候沒有雙親的那種孤苦無依的悲涼情景。

大詩人王之渙來到衡水小縣擔任主簿的消息，很快就傳遍了縣內外。

縣裡的文人士子都想一睹王之渙的風采，並與之結交。

一時間，縣衙裡就熱鬧起來。有人來拜，請教王之渙詩歌創作；有人來拜，要請王之渙寫字；有人來拜，是想以能結識到詩人為榮耀……每天來請王之渙赴宴吃酒的更是不計其數。在酒席宴上，一幫縣上的文人士子吟詩作對，觥籌交錯，直到酒酣意盡方散。每一次酒宴，都是王之渙搶先來付酒錢。

開元九年（西元 721 年）的一天，渤海詩人高適來訪。

渤海是衡水東南的毗鄰縣，詩人王之渙來衡水任主簿的消息傳到這裡也就較早。

第九章　主簿任上

　　高適是渤海的一位青年詩人，字達夫，又字仲武，少年孤貧，寫了不少詩歌，其詩筆力雄健，氣勢奔放，洋溢著一股奮發進取、蓬勃向上的精神，在社會上早已詩名遠馳。這年年僅十八歲的高適聽人說大詩人王之渙來到鄰縣衡水任主簿，就徒步幾十里前來拜訪王之渙。

　　兩個人一見如故，雖然王之渙比高適年長十六歲，但是交流起來，思想與言語一點也不會感到有隔膜。王之渙見高適舉止灑脫，不拘小節，言語談吐，直抒胸臆，性情率真，有游俠之氣，心下就有些暗暗喜歡。再觀其詩作，見其詞鋒華潤，氣骨凜然，皆脫古人之窠臼，就更加器重高適。王之渙覺得高適與自己性情相似，詩風近相，就將其引為知己。

　　王之渙將高適安頓在客棧裡住下。兩個人每天飲酒論詩，酬答不輟。

　　不幾日，客居衡水的薊門人郭密之也來拜訪。郭密之的年齡在王之渙與高適之間，也是性情中人，且又寫得好詩，於是，酒桌子上就又增添了一位酒朋與詩友。

　　有一天，王之渙聽說縣城東北寶雲寺內的寶雲塔年久失修，縣民自發組織要維修，正在籌集維修銀錢。他就主動將自己第一次領到的俸薪分出一半捐出，同時，又出面動員城裡的商家富戶出捐。

　　維修銀錢很快就湊了起來。工匠們日夜加緊施工，一座寶塔被維修得煥然一新。

　　竣工之日，王之渙前去祝賀，順便挖了幾株恩師張九齡贈他的蘭草帶去，栽到了寶雲寺裡。

　　維修寶雲塔的糾首想請一位名人為寶雲寺的山門題寫一副對聯，想到的第一個人就是王之渙。王之渙也不推辭，他欣然命筆，為寶雲寺山門題寫了一副對聯，上面寫的是：

寶雲施雨雨沛然

擎天拄地地沃野

2

開元十年（西元 722 年），年屆三十五歲的王之渙，不知不覺已在衡水主簿任上度過了兩年。

衡水縣令李滌是渤海人，他生有三個女兒，大女兒、二女兒已相繼出閣，只有三女兒芳年一十八歲，正待字閨中。人們介紹了幾個夫婿，父女皆未中意。

王之渙是個主簿，專管衙門裡的一應事務，由於工作特殊，較常與縣令大人打交道，經常在前堂、中堂走動，有時候去見縣令大人還免不了要涉足後堂，躲之不及，就會與縣令大人的三女兒碰個照面。這女子是讀過書的人，也有一肚子學問，她早就聽衙門裡的人傳新來的主簿滿腹經綸，詩寫得特別好，是當今大才子、大詩人，就已被他的才學所傾倒，及至見了本人，才知道原來這主簿不但肚子裡有學問，人也長得高大清俊、風流倜儻，心裡的仰慕之情就禁不住油然而生，不覺暗覷幾眼，臉上飄上了幾朵紅雲。日子久了，李滌體察到了女兒的心思，而且，他也覺得王之渙這個人既有學問，又是名人，人也正直能幹。雖然家中有妻室兒子，但是妻子已喪，女兒嫁過去只是填房，不用做小，尚無大礙。對於王之渙年齡比女兒大十幾歲的事，李滌覺得只要女兒不嫌，這也只能算作白璧微瑕、美中不足了。再說，世界上十全十美的事情又能從哪裡找得到呢？主意拿定了，李滌就請了媒人去與王之渙婉轉透露了自己的意思。王之渙是見過縣令大人的三女兒的，身長膚白，符合美女的首要兩個標準。再說容貌，眉似柳葉，眼若秋水，唇紅齒白，

第九章　主簿任上

頭梳高髻，再加上身著淡赭襦衫，淺綠長裙，走起路來，婀娜多姿，飄飄欲仙，就是一個標準的美人。這樣的美人哪裡去尋？他聽了媒人說辭，喜不自勝，唯恐好事不成。

王之渙就託人向縣令大人送去了《通婚書》，李縣令遂回之以《答婚書》。王之渙又親自上門納彩。納彩就是送彩禮。彩禮共有九種，分別是：合歡、嘉禾、阿膠、九子蒲、朱葦、雙石、綿絮、長命縷、乾漆。合歡、阿膠、雙石、乾漆、長命縷寓意夫妻雙方如膠似漆、和和美美、長命百歲；嘉禾、九子蒲、朱葦、綿絮則寓意女方溫柔善良、能屈能伸、賢淑聰慧。女方收下彩禮叫「納徵」。納徵之後，就是選定吉日，上門迎娶。接著，王之渙就在衙門東面的一條街上租了一處院子，派了工匠粉刷收拾停當，又置辦了應時傢什生活用具，擇了一個黃道吉日準備迎娶新娘。

這時候，王之渙沒忘了移植一墩蘭草在新房門口。

結婚這一天，王之渙脫去淺青色官服，穿了一身光鮮亮麗的婚服。

開元年間，婦女的地位很高，也很開放，穿著豔麗，這與之前武氏稱帝有很大關係。

這一天，新娘子也打扮得搖曳多姿、美麗動人。廣額之下，眉用鉛粉畫過，更加墨黑，面經胭脂輕敷，越發嬌羞可人。高挽的髮髻上插著象牙簪與玉梳，上身是坦領粉衫，一條綠帔繞過雙臂搭在肩上。下身是八幅間色曳地石榴長裙，腳步移動之間，一雙粉紅繡鞋時隱時現。無須佩戴香囊，身上不時散發出一種天然的馨香。

一切禮儀都是按照當地初婚習俗進行。衙門裡的大小官員、差役都來道賀，縣裡的文人士子也前來賀喜。縣城裡的老百姓聽說今天是衙門裡王主簿的大婚日子，觀者如雲。王之渙安排人招呼著，凡是來人都讓吃喜糖、喝喜酒。

洞房花燭之夜，一個是大詩人，一個是多才女，燭光之下，才子佳人少不了有一番山盟海誓。郎君說：「關關雎鳩，在河之洲。窈窕淑女，君子好逑。」娘子說：「山無陵，天地合，江水為竭，乃敢與君絕。」

結婚之後，夫妻二人日子過得如膠似漆，十分恩愛。累月經年，愛情結出了豐碩的果實，夫人為王之渙生下了一個白胖小子。王之渙為其取名曰：羽。

3

開元十一年（西元 723 年）初，王之渙的岳父大人在衡水縣令位子上因年高致仕，衡水縣又來了一位姓譚的新縣令。

這年春天，冀州也換了刺史，聽說新來的刺史姓錢，也特別愛錢。衡水衙門裡的大小官員都在往州衙裡跑著去為刺史大人送禮送錢。先是正七品的官員去送，正七品的官員送罷，從七品的官員去送。接著，正八品的官員去送，正八品的官員送罷，從八品的官員去送。最後是正九品的官員去送，正九品的官員送罷，該輪到從九品的官員去送了，大家都在眼睜睜地看著一向剛正不阿的王之渙的舉動。

衙門裡有平日交好的朋友悄悄地對王之渙說，刺史是個貪官，大家都去送了，只他王之渙一個人不送，怕是以後在刺史手下不好做官了。王之渙笑笑說：「送！我一定要送！」

這一天，有人見王之渙備了兩桶重重的禮物，還有一個盒子。木桶是兩隻嶄新的木桶，木桶的上面用鮮紅的大紙裱糊得嚴嚴實實，不知道裡面裝著什麼貴重禮品。王之渙讓一個差役在前面挑著木桶，他自己抱著一個盒子跟著後面，直接往州衙裡去了。一路上，王之渙對差役千叮嚀萬囑咐：抬腳要低，步伐要碎，要保持桶面平衡，不能讓木桶晃盪，

第九章 主簿任上

小心損壞了桶裡面的禮品。

到了州衙,王之渙讓差役將木桶放在廳堂之上,自己也將盒子一併放在一起。

錢刺史見大詩人王之渙終於帶著重禮來了,心裡非常高興,不由得就滿臉堆著笑容。王之渙是個大詩人,又是個有名的正直人,不同於一般的官吏。如果王之渙能來送禮,就足以說明他在人們心目中的地位有多麼崇高。因此,這一次,王之渙能來,他覺得特別地有面子。

王之渙不慌不忙,上前去,將兩隻木桶上面的紅紙撕開,桶裡的東西現出來了,原來是兩桶清水。他又開啟盒子,盒子裡面放著一面鏡子、一副書法條幅。

刺史見狀,臉色一下子就變了,勃然大怒,指著王之渙說:「本官器重汝,汝卻戲弄本官。」

王之渙上前一步,展開書法條幅,語氣平靜地念道:

大人姓錢不愛錢,
官如清水潔如蓮。
獻上銅鏡作明鏡,
高懸大堂照清廉。

錢刺史聽王之渙唸完書法條幅上的四句話,一時語塞,被堵得說不上話來。緩了一陣,怒容才稍稍收斂,佯裝高興地說:「好!好!好!」

不久,王之渙送刺史禮的事,就傳遍了州、縣上下。

這年剛剛入夏,衡水縣衙門口對街有一家姓趙的奸商,為了擴大自家的商舖門面,意欲買下隔壁張寡婦家的房產。這張寡婦自從三年前丈夫因惡疾去世之後,決意要侍奉年高孤苦的婆婆,並為其養老送終,因

而不肯改嫁。三間迎街的房產是其婆媳二人唯一的經濟來源，她哪肯出賣於他人。姓趙的商人見好買不成，便拿出一張張寡婦男人三年前立的「張××向趙家借銀三十兩，三年後還不清銀子，自願將三間房子抵償趙家」的借據，並寫了一紙訴狀，將張寡婦告到縣衙，要求縣老爺把張寡婦的三間房子判歸他家。

這一天，譚縣令升堂，縣丞陪審，王之渙側坐錄案。

譚縣令看了趙家遞上的訴狀與借據，又簡單問了趙商人兩句。接著，就喝問張寡婦為何賴帳。

張寡婦口拙，只說借據是假的，別的話則什麼也說不出來。

譚縣令說道：「既如此，汝等且各自回去，待本縣令查訪之後，改日再判。」

側坐錄案的王之渙看見那張借據的紙是舊的，字跡卻是新的，立時意識到這張借據極有可能是趙商人偽造，弄不好就會判成一樁冤案。

這天夜晚，王之渙當值，沒有回家。他正在廂房的燈燭下品讀著前朝一位詩人的詩集，忽然看見窗外有一道黑影閃過。他從門縫裡細細一瞧，看見那黑影極像白天在大堂上遞訴狀與借據的趙商人，懷裡揣著一包東西往後堂去了。

王之渙心生疑竇，便輕輕開了門，躡手躡腳跟在黑影後面，看他究竟意欲何為。

黑影一閃，進了譚縣令的堂屋。王之渙放了膽子，佯作解手路過，悄悄地貼著堂屋的窗戶細聽。

堂屋裡傳出了「嘩啦嘩啦」的銀子碰撞聲。王之渙聽見譚縣令聲音低低地說：「儘管放心。」趙商人也壓低聲音說：「事成之後，在下還有重謝！」

第九章　主簿任上

　　這一晚，王之渙一夜不曾闔眼。他知道譚縣令的為人，此公生性貪婪，甫一上任，就想著搜刮民財。斷了幾個案子，該立判的拖拖延延，該重判的從輕發落，幾乎沒有一個沒有從中謀利的，弄得百姓們怨聲滿城飛。他覺得這又是一個典型的冤案，這一次自己絕不能讓他們的陰謀得逞。他想採取兩個步驟來阻止這場冤案的形成，一是旁敲側擊地與譚縣令談一談，二是為張寡婦寫一紙應訴狀，點明偽造借據的要害。

　　第二天，王之渙找個機會向譚縣令好言規勸道：「這兩日滿城百姓都在議論張寡婦的案子是個冤案。百姓們還說趙商人為了達到目的，肯定要行賄衙門。望大人秉公斷案，千萬不要入了趙商人的圈套，在百姓中間留下罵名。」

　　譚縣令聽了，臉一下紅了，很快又由紅變白，由白轉青，雙眼冒著凶光，喝斥道：「照汝這麼說，本縣令是受了趙商人的賄賂了？是不會秉公斷案的了？王之渙，你作為本縣主簿，以下犯上，汙衊本官，該當何罪！？」

　　王之渙見第一個步驟沒有效果，就進行第二個步驟。他來到張寡婦家裡，向其指出了趙商人偽造借據的要害，並為其寫了一紙應訴狀，告訴她來日可在大堂遞上應訴狀為自己辯護申冤。

　　過了兩天，譚縣令升堂，重新審理趙商人與張寡婦一案。

　　趙商人面露得意之色，仍執原辭。

　　張寡婦滿臉愁雲，遞上了應訴狀。

　　譚縣令一看應訴狀筆跡，原來是王之渙所寫，不由大怒，一拍驚堂木，喝道：「王主簿身為公人，竟敢以公徇私，袒護被告，為其私寫狀子。本縣令早就聽說汝與這婦人有染，看來這是真的了！」

　　王之渙絕對沒有想到譚縣令會使出如此狠毒的一招誣陷於他，急忙

辯白道：「大人明察，卑職與那婦人以前素不相識，絕無此事！」

　　堂下的張寡婦聽了縣太爺的一派胡言，初時就像木樁一樣愣在那裡，待緩過神來，大聲喊道：「大人冤枉啊！羞煞民婦了！」邊喊邊以袖掩面，跟跟蹌蹌向家裡奔去。

　　當天夜裡，羞憤交加的張寡婦在自家屋內拴一根麻繩懸梁自盡。

　　趙商人如願以償，得到了張寡婦的三間房屋。

　　為張寡婦申冤不成，反而惹了一身臊，王之渙只覺得自己這個官做得窩囊。

4

　　從此，王之渙的厄運也就開始了。

　　上司經常找他的毛病，指責他這也做得不好，那也做得不對。經常抓住一些雞毛蒜皮的小事，大做文章。

　　衙裡衙外關於他的一些流言蜚語，也傳得沸沸揚揚。除了說他與張寡婦有染之外，有人說，他這個主簿是花錢買下的，州衙裡正在追查此事，準備申報朝廷，給予嚴厲處理。有人說，他本來識不得多少字，連寫自己的名字都很困難。他寫的詩歌，都是抄襲別人的詩歌，有人正在告發他。有人說，他經常敲詐老百姓的錢財，誰不送錢送禮給他，他就擠兌誰、欺負誰，已有人在州衙裡遞了狀子。刺史大人念他是個文人，不想給他難堪，先將這些狀子壓下了。又有人說，他經常用他的詩歌騙吃騙喝。還有人說，他的夫人比他小十七歲，當年也是被他騙來的⋯⋯

　　這些流言蜚語，絕大部分是對他的侮辱與誹謗。

　　許多人知道他的為人，知道他的才學，也知道這些謠言都是因為他

第九章　主簿任上

得罪了刺史大人與縣令大人而引起的。有刺史大人與縣令大人放出來的話，也有一些人幫著刺史乘風揚土編造他的壞話。也有一些不了解他的人，信以為真，於是，就對他側目而視。

傷害最大的是他的心靈。這個時期，他就生存在這種醜惡的、虛假的、壓抑的氛圍之中。他明白，眼前的這種局面，都是因為自己不能隨俗而造成的。他也明白，只要自己前去向刺史大人與縣令大人認個錯，賠個不是，送上一份厚禮，所有謠言會立即煙消雲散。他更明白，為官之道，一是要會巴結人，特別是要會巴結有用的人；二是要能克制自己，遵守潛規則；三是要能與自己的上司、同僚同流合汙。可是，自己做得到嗎？自己是那樣的人嗎？

此時，衙門裡的蘭草長勢正旺，看起來柔弱的蘭葉，挺拔向上，孤傲不羈。王之渙站在蘭草面前，他曾反覆思索，反覆自問。

王之渙又想起了陶淵明。陶淵明是東晉末年至南朝宋初期偉大的詩人、辭賦家。他的祖輩陶侃封長沙郡公。八歲時，陶淵明的父親去世，家境逐漸沒落。十二歲時，他的庶母又辭世。他自幼修習儒家經典，愛閒靜，念善事，抱孤念，愛丘山，有猛志，不同流俗。二十歲時，他開始了遊宦生涯，以謀生路。王之渙想，陶淵明的這些遭遇，和自己的遭遇頗有幾分相似。二十九歲時，陶淵明出任江州祭酒，但是很快就不堪吏職辭官，不做了。後來又做過建威將軍劉敬宣的參軍，不久，又辭了官。陶淵明喜歡詩酒，無論貴賤人等，只要來造訪他，他總是設酒宴一起飲酒，如果是他先喝醉，他就跟客人說：「我喝醉了，想去睡覺啦，汝可以回去了。」王之渙覺得，陶淵明的直率性情與自己的性情又何其相似。為了養家餬口，陶淵明最後一次出仕的是彭澤縣令。那年冬天，郡太守派出一名督郵，到彭澤縣來督察。督郵品味很低，卻有些權勢，在

太守面前可以說好話，也可以說壞話。這個督郵，是個粗俗而又傲慢的人，他一到彭澤的官驛，就派差役去叫縣令來見他。陶淵明平時蔑視功名富貴，不肯趨炎附勢，很瞧不起這種假借上司名義發號施令的人，但是也不得不去見一見，於是他馬上動身。不料縣吏攔住陶淵明說：「大人，參見督郵要穿官服，並且束上大帶，不然有失體統，督郵如果乘機大做文章，是會對大人不利的！」這一下，陶淵明再也忍受不下去了。他長嘆一聲，道：「我不能為五斗米向鄉里小人折腰！」說罷，索性取出官印，把它封好，馬上寫了一封辭職書，並作《歸去來兮辭》，隨即離開只當了八十多天縣令的彭澤，正式開始了他的歸隱生活，直至生命結束。

王之渙想，陶淵明最後一次辭官是四十一歲，自己今年三十七歲，比陶公還年輕四歲呢。面對如此腐敗的上司，再做下去還有什麼意思呢？想到此，他就寫了一份辭職書，掛冠而去。

5

衡水縣的一些文人士子聽說大詩人王之渙辭掉主簿一職要回鄉歸隱，就在衡水縣城最大的酒店──聚仙樓，訂了酒席為他餞行。

王之渙準時到場，見幾年來交往的那些熟悉的詩朋文友已提前等在那裡，便一一作揖見過。

酒宴開始，每一個人的碗裡都斟滿了酒。第一碗酒，大家是敬王之渙的，都道能在衡水地面結識他這樣一位正直而有才學的大詩人，乃人生大幸！第二碗酒，大家又是敬王之渙的，都道非常感激他這幾年來對大家寫詩、生活上的指導與幫助。第三碗酒，大家還是敬王之渙的，都道希望他回鄉後多多保重並寫出更多膾炙人口的詩歌。接著，大家輪流

第九章　主簿任上

向王之渙敬酒。每輪到一個敬酒的人，就有一番高談闊論，有的述說幾年來自己與王之渙的友情，憶到感人處，就禁不住潸然淚下；有的當場贈送離別詩，吟到動情時，就由不得聲調激昂；有的為王之渙大發感慨，說他生不逢時；有的為王之渙鳴冤叫屈，說王之渙受到了一些小人的誣陷與誹謗；有的則擊掌讚嘆王之渙辭官歸隱的壯舉，說他是一個不為五斗米折腰的陶淵明第二。

對每一位誠摯敬酒與感慨議論的人，王之渙都以酒回敬，表達謝意。

酒過三巡，菜過五味。

詩與酒不分，酒與詩相連。王之渙是大詩人，又是一個胸懷磊落、性情豪爽的人，自然就有豪飲的習慣，平時，與三五個人對飲，他都不在話下。這天，來送他的人多，他就多飲了幾杯，又與這些文朋詩友有些依依不捨之情，詩借酒意，酒助詩情，一時詩興大發，就脫口吟出一首《宴詞》詩來：

長堤春水綠悠悠，畎入漳河一道流。
莫聽聲聲催去棹，桃溪淺處不勝舟。

這首七言絕句，雖然王之渙是在宴席上吟誦周圍的美好景色，卻是借景抒情，委婉含蓄地表達出深深的離愁別意。起句「長堤春水綠悠悠」，表明了眼下正是春天時令，萬物復甦，生機盎然，巧用一個「綠」字，來點明「春水」特色，又用「悠悠」二字，來加強春色的濃郁。他在極力告訴大家這樣的春色是多麼美好，多麼值得人珍惜啊！意在撩撥筵席上每一位文朋詩友聯想的心弦。第二句「畎入漳河一道流」，描述的是眼前一種遞進的景觀，田間的涓涓渠水就像一條細細長長的飄帶，緩緩匯入漳河，一起向遠方流去，這一望無際的碧野春色這時候是多麼的柔

和美麗。寓情於景，以景抒情，進一步喚起大家的聯想，眼前的美景，不免使人想到好景不長，盛筵難再。他用借景移情的手法，婉轉地表達了春水與漳河一道流走的萬分遺憾與無限憂思愁緒。第三、第四兩句，他一下子就從視覺轉到聽覺和想像上。他勸告大家不要去理睬那添愁助恨催促人快走的棹聲，不然，越來越多的離愁別恨一齊載到船上，船兒就會漸漸超「重」，淺淺的桃花溪水，怎麼能載得動這滿船的離愁呢？他用「莫聽」這樣的口吻來勸慰大家，將許多難以言傳的情感蘊含於內，情致委婉動人。全詩第一二句，以桃花隨溪水漂流的景色寄寓他的傷感；第三四句，以「溪淺」之景回應第一二句的離愁之深。通篇沒吟一個「愁」字，卻已透過詩中描繪的畫面，充分訴說了他的滿腹愁緒了。

　　王之渙吟出《宴詞》絕句，大家先是被他引入看到的春景，繼而又被他引入聽到的棹聲，最後被他引入一個離愁別恨的沉思之中。

　　許久，不知是誰叫了一聲「好詩！」大家才從沉思中緩過神來，發出了一片叫好之聲。

　　開元十二年（西元724年）春天，王之渙挈婦攜子踏上了歸鄉的旅程。

　　王之渙從衡水帶走的還有他摯愛的一墩蘭草。

第九章　主簿任上

第十章　玉門聽笛

1

　　回到洛陽孝水里私第，王之渙見到了已經長到了十多歲的大兒子炎，感到無比高興。

　　王之渙小心翼翼地取出帶回來的一墩蘭草，栽植到孝水里私宅影壁前的最顯眼處。

　　最初幾日，他忙著到遵教里等處拜見了幾位叔父與幾位兄長，向他們問了安，並述說了一些別後的情形。

　　這幾年，王之渙在外做的是小官，所得俸薪也不多，除了生活費用，不是捐資做了公益，就是與文朋詩友吃了酒，囊中所餘已經無幾，好在祖父致仕時曾經得過朝廷的重獎，晚年為子孫們置買了房產、田地，享祖上舊德，過個普通人家的生活也不用他發愁。

　　李夫人性格溫和，心地善良，是個十分賢淑的女人，平日與炎相處得也很融洽。

　　王之渙住在家裡，每天讀書、寫詩，並有嬌妻相伴，他的生活過得優哉遊哉，舒適而愜意，怡然自得。

　　王之渙是當朝的大詩人，無論走到哪裡，總有一些文人士子圍在他的周圍。回到洛陽不久，當地及周圍的一些文人士子就聞訊拜上門來。每天，人來人往，絡繹不絕。無論名氣大小，身分貴賤，凡是登門者，王之渙都一律接待。這一夥文人士子，成天談詩論世，詩酒唱和。

第十章　玉門聽笛

其時,玄宗皇帝下詔,天下人才可以互薦與自薦。

有人建議王之渙,憑他天下奇才,應當前往長安向朝廷自薦做官。王之渙說,如果我想做官,我還用得著辭官嗎?

校書郎王冷然寫一封「公薦」給丞相張說,舉薦襄州刺史靳能任洛陽令。「公薦」中說:「相公必欲選良宰,莫若舉前倉部員外郎吳太玄為洛陽令;必欲舉御史中丞,莫若舉襄州刺史靳能。清輦轂之路,非太玄不可;生臺閣之風,非靳能不可。僕非吳靳親友,但以知其賢名,相公有而不知,知而不用,亦其過深矣。」

不久,靳能擢任洛陽令。

時任洛陽令的靳能也常請王之渙飲酒賦詩,遂成為好友。

同時,王之渙與詩人鄭臚等交好,常詩酒唱和,往來甚密。

這個時期,王之渙寫的詩多為雜詩。

寫什麼?這是每一位創作者必須首先要解決的問題。王之渙小時候,祖父曾教他背誦過許多詩歌,其中楊炯的《從軍行》、《出塞》就是他最喜愛的詩歌。後來,祖父去世,他又將從戎報國定為自己的終身志向,成天拜師練習劍術不止。雖然後來他聽了兄長的勸告走上了一條讀書入仕的道路,但是長期以來的邊塞情結在他心裡卻沒有減弱分毫,一有機會,他就會不由得關心和打聽邊塞消息、將士情況。如今,他是一名詩人,雖然不能奔赴疆場殺敵衛國,但是,他可以吟從軍,歌出塞,以了平生之志。

解決了寫什麼的問題,他就決定親自到邊塞去走一趟,看一看那裡的情況,看一看將士們如何生活,如何殺敵。

剛剛做了決定,看到小他十七歲的嬌妻,他又猶豫了,他真有些捨不得離開自己的娘子。一面是在家守著嬌妻,過著幸福美滿的安逸日子;另一面是遠赴邊塞,冒著萬千艱險實現人生的理想。他反覆掂量,思之

再三，還是選擇了遠赴邊塞。

他計劃沿著黃河北上，到西北邊塞玉門關看一看。從黃河的哪一段啟程呢？他躊躇一番。經過再三斟酌，他將啟程點定在了蒲州。開元六年（西元718年），他到京師長安求見張九齡大人，曾路過蒲州，登了鸛雀樓，後來聽說蒲州幾易其名，規模也發生了很大變化。開元八年（西元720年），蒲州與陝、鄭、汴、魏、懷並稱六大雄州；開元九年（西元721年），改蒲州為河中府，升中都，與長安、洛陽齊名，同年，河中府又改蒲州；開元十二年（西元724年）蒲州與同州、華州、岐州共為「四輔」，以拱衛京畿長安。開元年間，蒲州轄境東西205里，南北177里，70,200多戶，已是一處政治、經濟、文化中心，其地位十分顯赫。特別是他聽說蒲州剛剛修了一座鐵索橋，規模宏大，氣勢非凡，他決定在赴邊塞的途中順路先去領略一番。他又詳細地畫出了自己這次出行的路線圖，列出了一個大致的時間表。他將自己的想法告訴了夫人，並告訴夫人，這次出行，時間可能要長一些，少則數月，多則數年。夫人心下雖有幾分不捨，但是卻識得大節，她不想忤了丈夫的雄心美意。

2

開元十六年（西元728年），歲在戊辰，俟過了正月十五，人們尚然沉浸在春節的歡樂之中，王之渙在洛陽孝水里家中與妻子李氏婉別後，就背上行囊，邁開雙腳，仗劍登程上路了。

這一次，王之渙還是走上次去蒲州的舊路。半個月之後便來到蒲州，擇一僻靜客棧住了下來。

蒲州因為曾是舜都，又有漢魏遺風，所以民風質樸，力田巧紡，亦頗多文儒。

第十章　玉門聽笛

　　自武德元年（西元 618 年）唐朝開國，至開元十六年（西元 728 年），共一百一十年，蒲州曾出了許多全國著名的詩人，他們分別是：釋海順，僧人，俗姓任，仁壽寺住持，曾刺血和墨書寫《七佛戒經》，有《三不為》篇及數卷詩集行世。馮待徵，開元年間進士，《全唐詩續拾》卷十一錄其詩《虞美人怨》一首。虞羽客，《全唐詩》卷七百七十四錄其詩《結客少年場行》一首。呂太一，《全唐詩》卷一百錄其詩《詠院中叢竹》一首。王維，《全唐詩》卷一百二十五至一百二十八錄其詩四卷三百四十一題，《全唐詩續補逸》卷一錄其《牡丹花》一聯。王縉，《全唐詩》卷一百二十九錄其詩八首。閻防，《全唐詩》卷二百五十三錄其詩五首。

　　除了上述數位籍貫為蒲州的著名詩人外，曾在蒲州做過官的著名詩人也不在少數，主要有：李世民，祖籍隴西，生於陝西武功，武德九年（西元 626 年）兼任蒲州都督，《全唐詩》卷一錄其詩八十七題、句四聯，《全唐詩續拾》卷二錄其詩九首，《全唐詩續補遺》卷一錄其《題龜峰山》一首。竇懷貞，京兆始平人，神龍二年（西元 706 年）時任蒲州刺史，《全唐詩》卷二錄其句一聯。徐彥伯，兗州瑕丘人，景龍三年（西元 709 年）時任蒲州刺史，《全唐詩》卷七十六錄其詩三十一題。裴談，景雲元年（西元 710 年）被貶為蒲州刺史，《全唐詩》卷八百九十錄其詩《回波樂》一首。韋安石，京兆萬年人，景雲二年（西元 711 年）任蒲州刺史，《全唐詩》卷一百零四錄其詩三首。蕭至忠，祖籍南蘭陵，後徙居沂州，先天元年（西元 712 年）初任蒲州刺史，《全唐詩》卷一百零四錄其詩九首。

　　王之渙是天下聞名的大詩人，沒有兩日，他來到蒲州的消息便在城裡傳了開來。剛剛上任沒有幾個月的蒲州刺史大人聽說大詩人王之渙住在一個私人客棧裡，便急忙派差役幫王之渙搬了行囊，移住到蒲州官驛下榻。隨之，刺史大人又在府內後花園設宴為王之渙接風洗塵，作陪的自然少不了當地的文豪詩人、社會名流。

席間，刺史大人一邊讓王之渙品嘗「紅燒鯉魚」、「手撕驢肉」、「清炒蘆筍」等當地特產，一邊頻頻勸他飲酒。王之渙覺得這無色透明、清香純正的美酒直衝他的味覺器官，入口綿甜，特別好喝，就問李刺史這是何酒？

刺史大人告訴他，這酒名叫「桑落酒」。桑落酒是蒲州的特產，其淵源頗有些來頭。傳說，北魏時，蒲州流民甚多。有一個姓劉名白墮的流民，來到蒲州，看到當地的酒很是一般，於是便在街上開了一座酒坊。每至桑葉凋落之時，劉白墮就取後院的井水來釀酒。他所釀之酒風味獨特，特別好喝，為時人所喜愛。後來越傳越遠，便為天下人共知，成了蜚聲天下的名酒。當時曾流傳「不稱張弓挾刀，唯稱白墮春醪」的歌謠。其典故是：由於河中有劉白墮釀的美酒，權貴們便不遠千里來購買，稱該酒為「鶴觴」。當時青州刺史毛鴻賓，購買了很多壇桑落酒，在運回青州的半路上被盜賊劫獲，人人爭飲。不料這些盜賊飲過桑落酒之後，個個酩酊大醉，癱倒在地，於是全被官兵擒獲。「蒲城桑落酒，灞岸菊花香」，就是南北朝時期大詩人庾信對桑落酒的讚譽。

王之渙品咂著桑落酒，聽著刺史大人的述說，越覺得這酒味道香醇，回味悠長，不知不覺就多飲了幾杯。

酒至數巡，一桌人都已漸漸微醺，酒催詩情，詩助酒意，大家少不了或低吟淺唱，或縱情高歌，相互唱和了一番。

此後幾天，蒲州的詩人們一面與王之渙飲酒賦詩，一面陪王之渙在城裡遊覽了關帝廟、白馬廟、鐘樓、鼓樓、貢院、舜帝廟，還登上北城遊覽了薰風樓。

應酬了幾日，王之渙見這些新結交的文朋詩友陪他飲酒遊覽也有些累了，他便辭去了文朋詩友，決定獨自去觀賞蒲津渡。

第十章　玉門聽笛

　　蒲津渡位於蒲州城西門外的黃河東岸,是黃河的一大渡口,自古以來就是秦晉兩地的交通要衝,歷史上很多朝代都曾經在這裡修造過浮橋。秦昭王元年,公子咸攜帶資財、車輛,欲前往黃河東岸的晉國,在這裡用舟船建造了一座浮橋,開創了在蒲津渡建橋之先河。到了戰國時期,秦昭襄王為了進攻韓、趙、魏,先後兩次在蒲津渡口建造浮橋。以後漢高祖定關中、漢武帝劉徹東征、隋文帝楊堅過黃河東進,都在蒲津渡建造過連舟浮橋。唐初,河東為京畿,蒲州處在長安與洛陽的中間,其地位非常突顯。開元九年(西元721年),蒲州被置為中都後,蒲津渡的交通地位顯得更加重要,竹索連舟橋已與飛速發展的經濟速度不相適應。其時,兵部尚書向玄宗皇帝上書,陳述蒲津橋破敗不堪、難以承受車馬負重的窘境。玄宗皇帝聽了,立即降旨,在蒲津渡修造新橋。滿朝文武大臣出主意、想辦法,集思廣益,很快拿出了一套切實可行的造橋方案:一是將竹索連舟改為鐵索連舟,二是加固石堤,三是鑄造鐵牛為索樁。為了盡快完成這項重大工程,朝廷召集了河東和河西數萬民眾在黃河兩岸修築石堤、鍊鐵鑄造。經過三年艱辛苦戰,鐵索連舟橋終於建成,蒲津渡第一次將黃河天塹變為通衢大道。

　　王之渙出蒲州西門,來到黃河東岸的蒲津渡口。當年他初次到京師長安求見張九齡大人,過黃河就是走得這個渡口。那時候的蒲津渡只是一座浮橋,水面上是由竹竿、繩索綁固並排在一起的舟船,舟船上再鋪了木板就成了橋面。如今卻舊貌換了新顏,只見渡口建有一棟房屋,房屋前的道路旁站著幾個穿著軍服的軍人,檢查著來來往往的過往人群。王之渙過了檢查站,看到河岸上有一道梯形石堤,石堤壘砌的石條間由鐵水灌注,縫隙全部用米漿白灰泥黏合。從石堤之下可以看出,石堤的堤基是由密整合排的柏木樹樁做成的,十分穩定牢固。石堤之上排列著四尊鐵牛,每尊鐵牛旁站著一尊牽牛鐵人。鐵牛分南北兩組,兩牛一

組，前後排列，頭西尾東。每尊鐵牛高約6尺，長約1丈2尺，寬約4尺，前腿作蹬狀，後腿作蹬伏狀，矯角昂首，兩眼圓睜，呈負重狀，造型生動，威武雄壯，形象逼真。牛身之下有鐵盤，鐵盤之下有鐵柱，起固定與地錨的作用。兩排之間還鑄有鐵山。1尺多粗、7尺多長的鐵軸橫綴在牛尾，用作栓連橋索。橫軸的軸頭鑄有紋飾，各軸又不相同，分別有連珠、菱花、卷草、蓮花等圖案。鐵牛身側各立有一個高鼻深目的胡人。胡人身高5尺，肩寬2尺，形態各異，皆作牽引狀，造型精美，栩栩如生。

設計鐵索連舟的文武大臣們除了想用巨型鐵牛穩定橋索外，還有一層更深層次的意義在裡面。《易經》說：「牛象坤，坤為土，土勝水。」古人又云：「兵來將擋，水來土掩。」將巨型鐵牛放置於黃河岸邊，就是一種對肆意氾濫的黃河水的威嚴震懾。在鑄造鐵牛的同時，還鑄造了七星鐵柱與四個鐵人。七星鐵柱代表著天上的北斗七星，鐵人則代表著動物的最靈長者。天、地、人都在這裡守著，汝這凶惡的河怪，還敢來犯嗎？

王之渙看了河東的鐵牛、鐵人，就隨著來來往往的人流、木輪滾滾的馬車，踏著由鐵索連線起來的八十多隻舟船搭成的浮橋，向河西走來。漫步在橋上，他覺得這橋面既寬敞，又平穩。

過了橋，他看到河西的石堤、鐵牛、鐵人、鐵山、鐵柱的數量、形狀與河東的一模一樣，毫無二致，只是鐵牛、鐵人與河東的方向正好相反。他看著墨黑油亮、光可鑑人的鐵牛、鐵人，不由得就感慨起來：這麼多的鐵牛、鐵人、鐵山、鐵柱，得需要多少鐵料啊！這樣亙古未有的浩大工程得需要多少人力、財力啊！如果不是如今大唐盛世，誰人敢想，哪個又能做成？

第十章　玉門聽笛

　　觀賞罷蒲津渡，一個人又慢悠悠出了東門，來到永清院遊覽。

　　有唐一代，全國佛老思想盛行，僅蒲州就先後建起了棲巖寺、萬固寺、永清院、柏梯寺等寺院。永清院是一座佛教十方院，始建於武周時期，有些大型建築完工時間不長。

　　這天，永清院裡的遊人不多，住持老和尚見王之渙是外地人，問明瞭身分，知道他就是大名鼎鼎的詩人王之渙，立時肅然起敬，便請他到方丈吃茶。

　　吃了茶，又說了些閒話，老和尚在前一邊導引，一邊介紹，陪他遊覽永清院的建築。

　　寺院布局依次為天王殿、鐘鼓樓和大雄殿。大雄殿西面建有一座舍利塔。從塬上到塬下，殿宇樓閣，廊榭佛塔，依塬隨勢，逐級升高，帶來雄渾莊嚴，挺拔俊逸之感。

　　來到舍利塔前，老和尚說：「施主別看這座磚塔的外貌普普通通，它卻有些奇妙之處。當年，蒲州要在州城外的永清院與中條山下的萬固寺各建一座佛塔，但是因一直選不下能工巧匠而未能動工。有一天，從外地來了兩個人，自稱師徒，並說能將佛塔建好。永清院與萬固寺的住持經過考問，最後商定由師徒各建一塔，要求塔身為十三級，用青磚砌成，當年四月初八佛誕日開工，次年四月初八佛誕日竣工。當下，徒弟選建萬固寺塔，師父建築永清院塔。很快，一年就過去了，兩座磚塔如期竣工。四月初八，永清院與萬固寺同時舉行盛大法會，慶祝舍利塔竣工。這一天，各路香客也如潮如湧，前來觀瞻寶塔。人們經過對比，一致認為萬固寺裡的舍利塔做工精良，雕刻精細，要勝永清院的舍利塔一籌。徒弟聽了，表現得十分得意。就在這時，只見師父手握一塊石頭，在塔下的石頭上敲了幾下，永清院舍利塔便發出了蛤蟆的叫聲，眾人聽

了稱奇、喝采不已。這時，徒弟臉紅如硃色，急忙跪地向師父謝罪求教。師父告訴他，建一座磚塔，注重它的外形固然重要，但外美內秀才會更好。」

王之渙聽了老和尚的講解，俯首擊石，果然聽到了蛙鳴。

這時，王之渙忽然想起了社會上流傳的張生與鶯鶯在永清院裡的那段愛情佳話，便問老和尚此事可曾真的發生，老和尚雙手合十，道一聲「阿彌陀佛」，未置可否。王之渙又想起當年自己正在初學寫詩，聽到那段愛情傳說，還寫過一首寫「鶯鶯」的詩：「八蠶薄絮鴛鴦綺，半夜佳期並枕眠。鐘動紅娘喚歸去，對人勻淚拾金鈿。」那時寫得詩還十分稚嫩，齊梁時期「彩麗競繁」的綺靡詩風在自己的詩中還沒有完全褪去，如果今天再寫鶯鶯，絕不會再出現那種情況了。但是，此時此刻，他也沒有了再寫鶯鶯的興趣。

3

遊覽了永清院的次日，王之渙就仗劍而行，沿著河東之路，開始了繼續前往西北邊塞的行程。

站在黃河岸邊，向北遠望，滔滔河水閃耀著魚鱗般的波紋，一直向北延伸，天盡頭是一團團羊絨一樣的白雲，水雲交接。

王之渙覺得，這時候的黃河水宛若從白雲之間流出來一般，給予人無限的遐想。

王之渙且行且停，每到一個州的所在地，他就要算作一站，就要在此短暫逗留幾日，瀏覽一番當地風光，了解一下當地的管轄範圍、人口戶數，土特產品。

第十章　玉門聽笛

王之渙路經的第一站是隰州。

因為這一帶泉泊下溼，故名隰州。這裡地勢東北高、西南低，有三川、七垣、八大溝，垣面高闊殘缺，溝壑縱橫交錯，山巒連綿，丘陵起伏。鄰縣有隰川，蒲縣，溫泉，永和，石樓，大寧 6 縣，戶 18,583。交賦以麻、布為主，朝貢有蠟、白蜜、麝香和胡女布。

王之渙路經的第二站是汾州。

汾州，原為浩州。唐武德三年（西元 620 年），改浩州為汾州，並割并州之文水縣來屬。這個時期，汾州發生了多次戰事，高祖父子南下長安時，先取西河郡，得到了汾州父老的大力支持。汾州有戶 53,076，鄉 114。管縣有西河、孝義、介休、靈石和平遙。交賦為布、麻、菽、粟。朝貢有龍鬚席和石膏。

王之渙在汾州逗留數日，瀏覽了州城，欣賞了民俗，又品嘗了一些當地的小吃。他看到這裡的楊柳枝條已泛出青色，有了春天的消息。

王之渙路經的第三站是朔州。

朔州地處桑乾河上游。春秋以前，這裡為北狄所居。戰國時，歸入趙國的版圖。秦始皇三十二年，邊帥蒙恬在此築城名馬邑，置馬邑縣，歸雁門郡管轄。北齊天保八年改馬邑縣為招遠縣，為朔州治，從此就有了朔州之名。唐武德四年（西元 621 年），改馬邑為朔州，並在馬邑郡設立節度經略使，置大同軍。

王之渙來到朔州，覺得這裡的氣候與汾州相比，竟有天壤之別，滿眼荒山禿嶺，冰未化，雪未消，滿眼是無邊無際的荒寒景象：人們還頭戴著皮帽，身穿著皮袍，腳踏著皮靴。呼嘯的西北風捲著黃沙漫天飛舞，人的眼睛時時都在瞇縫著，不敢睜開，生怕飛進了沙子。風勁時，路人為防備被順風吹跑，只得趴在低窪處暫避。儘管天氣如此惡劣，

他還是冒著嚴寒，遊覽了高宗麟德二年修建於城內的當地最有名的大寺廟。

王之渙路經的第四站是豐州。

貞觀三年（西元 629 年），唐太宗任命李靖為定襄道行軍總管出擊突厥。鐵山一戰，大獲全勝，突厥降唐多達數十萬人，分突厥突利可汗原轄地為四個州，置四個州都督府，分頡利可汗原轄地為六個州，置定襄、雲中兩個都督府。突厥降眾盡皆安置在這十個州中，豐州即為其中之一州。豐州都督府下不設縣，只領番戶。

王之渙在豐州未多停留，很快即離開此地。

王之渙路經的第五站是靈州。

靈州，初名靈洲，西漢惠帝四年（西元前 191 年）置。因此地在河之洲，隨水高下，未嘗淪沒，故號靈洲。開元九年（西元 721 年），置朔方節度使，管 64,708 兵，24,300 匹馬。衣賜 200 萬匹段。靈州有戶 9,606，鄉 27。朝貢有：甘草、鹿皮、紅花、野馬皮、烏瓴、鹿角膠、雜筋、麝香、花蓯蓉、赤樫、馬鞭等。

王之渙在靈州稍作停留，繼續前行。

王之渙路經的第六站是蘭州。

南北群山環抱，黃河由西南向東北流過的蘭州，原名為金城郡。隋開皇三年（西元 583 年），因城南有皋蘭山，故改金城郡為蘭州，置總管府。唐武德八年（西元 625 年）置都督府。

王之渙在這裡飽覽了黃河橫穿全境，切穿山嶺，形成峽谷與盆地相間的串珠形河谷風貌。

王之渙路經的第七站是鄯州。

第十章　玉門聽笛

鄯州設立於北魏孝昌二年（西元 526 年），是隴右道和隴右節度使的治所。隴右地區不僅是中原王朝通往西域的門戶，也是絲綢之路上的大動脈，同時又是防止吐蕃入侵中原、騷擾內地的屏障及邊防重地。自從文成公主出嫁吐蕃之後，那個時期，唐蕃邊境出現了少有的安定現象。隨著唐太宗與吐蕃松贊干布的相繼去世，唐蕃關係再次緊張，吐蕃屢屢侵犯唐朝邊境。開元年間，為捍禦外來強敵，保障邊陲安全，朝廷任命了安西、北庭、河西、隴右、朔方、河東、范陽、平盧、劍南、嶺南十個節度使，其中隴右節度使衙就駐在鄯州，領隴右之鄯、秦、河、渭、蘭、臨、武、洮、岷、廓、疊、宕十二個行政州，駐軍 75,000 人，有戰馬 10,600 匹，主要任務是防禦吐蕃東侵。

從此，王之渙結束了他夾河數千里溯源而上的旅程，離開了黃河流域，折往西北，向第八站——涼州出發。

涼州，距洛陽 2,870 里，轄姑臧、昌松、番禾三縣，有 8,231 戶、33,030 人，州治在姑臧。

涼州地勢平坦遼闊，是河西最大堆積平原，南接蘭州，北通新疆，山脈前隔，沙漠後繞，「通一線於廣漠，控五郡之咽喉」。有唐以來，涼州是其歷史上最繁榮的時期，皇帝下詔，足兵、足食及屯田、屯牧，人民與官方都十分富足。襟帶西蕃、蔥右諸國，商侶往來，無有停絕。

王之渙在涼州盤桓月餘。

時任河西節度使的蕭嵩聽說大詩人王之渙來到涼州，接待了他。

蕭嵩，字喬甫，號體竣，南蘭陵郡蘭陵人，梁武帝蕭衍之後，後梁明帝玄孫。蕭嵩長得相貌英俊，生有一部美髯。神龍元年（西元 705 年），蕭嵩擔任洺州參軍事，深受刺史桓彥範的器重，後被河北黜陟使姜師度表奏為判官。景雲元年（西元 710 年），蕭嵩改任醴泉尉，被中

書侍郎陸象先引為監察御史。次年，陸象先拜相，便引薦蕭嵩為殿中侍御史。開元元年（713年），蕭嵩擢升中書舍人，與崔琳、王丘、齊澣同列，雖學識淺薄，卻受到紫微令姚崇賞識，歷任宋州刺史、尚書左丞、兵部侍郎。開元十五年（西元727年），吐蕃大將悉諾邏恭祿、燭龍莽布支攻陷瓜州，生擒刺史田元獻，奪取城中輜重，而回紇也殺死河西節度使王君㚟，河西隴右震動。唐玄宗便任命蕭嵩為兵部尚書、河西節度使，判涼州事。蕭嵩到任後，將裴寬、郭虛己、牛仙客招至幕府，又任命建康軍使張守珪為瓜州刺史，安定河隴地區。不久，蕭嵩使用反間計，挑撥悉諾邏恭祿與吐蕃贊普的關係。最終，悉諾邏恭祿被贊普誅殺，吐蕃國力從此衰弱。

蕭嵩多次與王之渙宴飲、談詩論文，甚是融洽。

在涼州期間，王之渙還觀賞了當地有名的麻獅舞，參觀了建於武周天授元年（西元690年）的佛祖寺。

王之渙路經的第九站是甘州。

甘州，原名西涼州，西魏廢帝三年（西元554年），改西涼州為甘州。甘州位於河西走廊中部，不僅是東西絲路的重鎮，還是南北交通的要塞。特別是南邊的吐蕃和北面的突厥常來襲擾，甘州就成了河西的「扼喉之地」。唐朝初年，甘州的防務非常薄弱，境內只設有張掖、蓼泉二守捉。武周時期，為了加強甘州防務，兵員增加到5,300人，馬增加到500匹。開元年間，以募兵制取代了原先的府兵制，淘汰老弱軍官，選拔年輕幹練者補充，玄宗皇帝下詔對邊兵及家屬生活給以優待，穩定了軍心，進一步加強了邊防。

王之渙來到甘州，正趕上赤水守捉擴編為大鬥軍，守兵也增加到7,500人，馬增加到4,400匹。

第十章　玉門聽笛

甘州的風沙比之涼州明顯又大了起來，春、秋、冬三季強勁的西北風直將這裡的大地吹出了各種不同的奇形怪狀，有鍾乳狀，有窗櫺狀，有疊板狀，有波浪狀，有陡斜狀，有蜂窩狀，有的像宮殿，有的像城堡。看到這些，王之渙就想到了在這裡守邊的將士，堅硬的山石都經不住風沙的磨礪，何況將士們的血肉之軀呢？不用說冒著生命危險與敵作戰，僅僅這凌厲風沙也足以很快磨礪掉一個人的生命。

王之渙路經的第十站是肅州。

肅州，夏至戰國為西戎地，秦至漢初先後為烏孫、月氏、匈奴地。隋仁壽二年（西元 602 年），從甘州分出，始置肅州。

肅州的風沙依然大，土地依然荒涼。

肅州再往西走就是沙州。

沙州，隋朝時名敦煌郡。唐武德二年（西元 619 年）在此置瓜州，武德五年（西元 622 年），又改為西沙州。唐貞觀七年（西元 633 年），去「西」字，稱沙州。

從家鄉洛陽出來，至此，王之渙已走了一年，行程約 4,300 里。

要到玉門關，必須路經一個沙州下轄的小縣，名叫壽昌縣。

說壽昌縣小，還真小，開元年間，這裡只有 359 戶人家。

壽昌縣城西面 6 里處有個關，名叫陽關。陽關，因居玉門關之南，南為陽，故曰「陽關」，謂之南道，可通往鄯善、莎車。

壽昌縣城西北 118 里處，也有個關，就是玉門關。玉門關謂之北道，可通往車師前庭及疏勒，是通往西域的門戶。

陽關與玉門關，一個在南，一個在北，是大唐與西域交通的重要門戶。出了兩關之後，就進入了茫茫戈壁大漠，因此，兩關都是「絲綢之路」的重要關隘。西方的農作物、服飾、音樂、舞蹈；東方的絲綢、茶

葉、瓷器等，都在此通過，西達西域、中亞乃至西亞、歐洲，東達河西走廊，直至中原地區。自從西漢張騫出使西域以來，中原地區的文明和文化也透過這條路向西影響，陽關、玉門關也漸漸成為溝通中原漢族政權與北方游牧部落的策略交通樞紐。

唐時，天下有關共二十六座，又分為上中下三種。京城四面關有驛道者，為上關；京外有驛道及四面無驛道者，為中關；其餘皆為下關。關的主要作用是限中外、隔華夷、設險作固困邪正禁。所有關口，只負責貨物出入，不負責徵稅，一旦發現違禁貨物，不僅沒收其貨物，還要處罰其人。

王之渙到了壽昌縣，第一個要去的地方，就是陽關。跋涉數千里，他哪能錯失到陽關體驗生活的機會呢。

觀覽了陽關，王之渙在壽昌縣未停留多長時間，就從當地僱了駱駝作行腳，負囊仗劍，直奔前面的玉門關而去。

4

開元十七年（西元 729 年）春末，王之渙的願望終於實現了。

王之渙遠遠望見，戈壁灘東西走向的狹長地帶中，大風起處，黃沙漫天，天是黃的，地是黃的。黃漫漫的砂石岡上，隱隱約約矗立著一座孤零零的小方城，他知道這就是他多少天來苦苦跋涉要追尋的玉門關了。玉門關邊塞是他小時候就嚮往，並希望來到的一個地方，眼前看到的玉門關比他想像中的玉門關還要荒涼、孤苦幾分。時令已到了三月下旬，要在家鄉，正是柳綠花紅、鶯飛草長、萬物蔥蘢的春末季節，但是玉門關南邊的鹽鹼沼澤地，北邊不遠處的哈拉湖，這時候卻仍然是楊柳乾枯、草木肅殺、白茫茫的一片，一切尚處在冬眠的季節裡。鹽鹼沼澤

第十章　玉門聽笛

地南面的祁連山，巍峨挺拔，連綿起伏，銀裝素裹，顯得格外清淡素雅。哈拉湖北面的長城蜿蜒逶迤，一望無際。每隔5里或10里矗立的一座座方形烽火臺，顯示出的戰爭意味特別濃重強烈。

玉門關的關城是用黃土夯築而成，開西、北兩門。王之渙從北門入城，只見城內東南角有一條2尺多寬的馬道，靠東牆向南轉上可直達城牆頂上。城牆頂上有窄窄的走道，壘有內外女牆。一隊隊軍人正來回回在城牆的走道上穿梭巡邏。

王之渙從洛陽孝水里家中出發時，就查過一些關於玉門關的書籍，他知道秦漢以來，好戰的匈奴對漢民族威脅很大。漢初，匈奴東敗東胡，西逐大月氏，占據河西，並以河西為基地，屢犯漢境。漢王朝開始曾對匈奴採取和親政策，希圖換取暫時的安寧。漢武帝時，放棄了和親政策，對匈奴發動了大規模的軍事反擊。漢元狩二年（西元前121年），驃騎將軍霍去病率兵西征，沉重打擊了匈奴右部。同年，漢分河西為武威、酒泉兩郡。元鼎六年（西元前111年），又增設張掖、敦煌兩郡，同時建玉門關和陽關。從此，玉門關和陽關就成為西漢王朝設在河西走廊西部的重要關隘。來到玉門關，他聽當地人介紹玉門關的來歷，原來竟然是另外一種說法：古時候，在甘肅小方盤城西面，有個驛站叫「馬迷兔」，又叫「馬迷途」。商隊從邊陲于闐運玉到中原都要經過此地。這裡沼澤遍布、溝壑縱橫、森林蔽日、雜草叢生。每當酷熱天氣，運玉石的商隊為避免人、畜中暑，總是白天找個地方好好休息，晚上乘涼快加緊趕路。每當商隊走到這裡，總是一片黑暗，辨不清方向，就連經常往返於此路的老馬也會暈頭轉向，難以識途。從此，「馬迷途」就這樣叫了起來。有一支專販玉石和絲綢的商隊，常年奔波於這條路上，也常常在「馬迷途」迷失方向。有一次，馬隊剛進入「馬迷途」就迷路了。人們正在焦急萬分之際，忽然不遠處落下一隻孤雁。馬隊中一個小夥子悄悄地

把大雁抓住，心地善良的他，把它抱在懷裡，準備帶出「馬迷途」後再將它放掉。不一會兒，只見大雁流著眼淚對小夥子咕嚕咕嚕地叫著說：「咕嚕咕嚕給我食，咕嚕咕嚕我識途。」小夥子素來懂得鳥語，他聽了後，才知道大雁是因為餓得飛不動才掉隊的，便立即拿出自己的乾糧和水讓大雁吃了個飽。大雁吃飽以後，呼地飛上天空，不斷盤旋，領著商隊走出了「馬迷途」，順利到達了目的地小方盤城。過了一段時間，這支商隊又在「馬迷途」迷失了方向，那隻大雁又飛來在空中叫著：「咕嚕咕嚕，商隊迷路。咕嚕咕嚕，方盤鑲玉。」邊叫邊飛，又引著商隊走出了迷途。小夥子將大雁的話，翻譯告訴領隊的主人，說：「大雁叫我們在小方盤城上鑲上一塊墨綠的夜光玉石，以後商隊有了目標，就再也不會迷路了。」主人聽後，心裡一盤算，一塊夜光墨綠玉要值幾千兩銀子，實在捨不得，就沒有答應。沒想到下一次商隊又在「馬迷途」迷了路，數天找不到水源，駱駝乾渴地喘著粗氣，人人口乾舌燥，口渴得寸步難行，眼看生命危在旦夕。正在此時，那隻大雁又飛來了，並在上空叫道：「商隊迷路，方盤鑲玉。不捨墨玉，絕不引路。」小夥子聽罷急忙轉告主人，主人慌了手腳，忙問小夥子到底應該怎麼辦才好，小夥子說：「您趕快跪下向大雁起誓，就說一定鑲玉，絕不食言。」主人馬上按照小夥子說的，跪著向大雁起誓。大雁聽後，在空中盤旋兩圈，又一次將商隊引出了「馬迷途」。商隊到達小方盤城後，主人再也不敢愛財了，立刻挑了一塊最大最好的夜光墨綠玉，鑲在關樓的頂端，每當夜幕降臨之際，這塊玉便發出耀眼的光芒，方圓數十里之外都能看得清清楚楚。從此，過往商隊有了目標，再也不會迷路了。此後，小方盤城就改名為「玉門關」。

在玉門關的日子裡，王之渙看到，只有少量的駝隊，或由關外，或由關內在此通過。

他在細心觀察著守邊將士們的日常生活。

第十章　玉門聽笛

　　這裡沒有中原高大的建築與繁華的街市，有的只是關城外世世代代掩埋陣亡將士的墳塚；這裡沒有熟悉的親朋好友的歡笑聲，有的只是軍營裡操練時發出的震天動地的喊殺聲；這裡沒有中原的溫柔春光、鳥語花香，有的只是滿眼的黃沙、荒涼的枯草；這裡沒有生命安全保障，有的只是隨時揮戈上陣、血灑沙場。

　　將士們平時的生活枯燥而單調，唯一能寄託情思的就是手中的一支羌笛。

　　羌笛是用兩支長短相同、筒孔大小一致的竹管並在一起，再用絲線纏繞起來的樂器。創造羌笛的羌人，世居西方，居住分散，多以游牧為主。羌笛是其娛樂的一種主要樂器。

　　每到黃昏日落時分，王之渙就見幾個將士坐在城牆上，身披落日的餘暉，每人手持一支羌笛，將笛簧哨含入口內，幾根手指在五六個笛孔上有節奏地起起落落，一曲《折楊柳》就哀怨、悽婉地飄蕩在玉門關上空：

（一）

上馬不捉鞭，反折楊柳枝。

蹀座吹長笛，愁殺行客兒。

（二）

腹中愁不樂，願作郎馬鞭。

出入攬郎臂，蹀座郎膝邊。

（三）

放馬兩泉澤，忘不著連羈。

擔鞍逐馬走，何見得馬騎。

（四）

遙看孟津河，楊柳鬱婆娑。

我是虜家兒，不解漢兒歌。

（五）

健兒須快馬，快馬須健兒。

蹕跋黃塵下，然後別雄雌。

折楊柳枝是古代送別的習俗，送者、行者常折柳枝以為留念。

第一首是寫「行客」遠足之際，告別親友，跨鞍「上馬」，卻「不捉鞭」，反而探身去折一枝楊柳。柳者，留也，是一種惜別的象徵。折柳情節，巧妙地表現出其依依惜別的心情。折柳的同時，又傳來了悠悠的長笛之聲，行客悵惘之情又添，豈不令人「愁殺」！

第二首中，送別女子的心裡與郎一樣憂愁不樂，願意變作郎手中的一條馬鞭，終日陪伴在郎的身邊。行，挽著郎的臂；坐，偎著郎的膝。溫婉、纏綿之柔情，更讓人難捨難分。

第三首寫的是放馬的情形。馬不戴羈，人扛馬鞍，人隨馬走。我不騎馬是因為我的心情依然沉重，依然沉浸在離別的愁緒之中。

第四首詩寫的是徵人遙望漫漫征程，對此行充滿了隱隱的憂慮。此憂此慮，無處訴說，我只能遙問我心上的人兒：我是一個異族人，到時候不會唱漢家的歌該怎麼辦呢？

第五首詩是寫女子對郎的遙祝：在賽馬場上，汝的座下要配好馬，好馬要由汝來駕馭。在數馬齊奔的競爭中，汝一定能與別人一分高下、決一雌雄。

吹奏者時而鼓腮換氣，雙簧共振；時而喉頭蠕動，產生顫音；時而手指上下，發出滑音。一曲音色清脆明亮、婉轉，飽含離愁、纏綿、迷

第十章　玉門聽笛

惑、隱憂與激勵之情的曲調，隨著縷縷清風，在夕陽的映襯下，在戈壁灘上飄揚開來，傳遞著吹奏者的思念、惆悵之情，給人一種虛幻迷離、動人心魄的感覺。

王之渙被城牆上將士們吹奏的《折楊柳》深深感動著，也陷入了離愁別緒、悲歡離合的情感之中。

這一晚，王之渙在客棧中，情不能已，揮筆寫下了二首《出塞》：

其一
黃河遠上白雲間，一片孤城萬仞山。
羌笛何須怨楊柳，春風不度玉門關。

其二
單于北望拂雲堆，殺馬登壇祭幾回。
漢家天子今神武，不肯和親歸去來。

王之渙的《出塞》其一，首句「黃河遠上白雲間」是寫他從蒲州北上看到的黃河景象：洶湧澎湃、波浪滔滔的黃河，由近及遠望去，河水就像從遙遠的天際白雲之間流出來一般，近景與遠景交融，渾然一體。次句「一片孤城萬仞山」，寫的是他剛進入玉門關看到的景象，近處是玉門關，遠處是祁連山，小關與大山對比，更覺其小。而且「孤城」不說「一座」，而說「一片」，「片」比「座」更顯得單薄、孤零。這兩句由近寫到遠，由小寫到大，意象遼闊，起筆不同凡響。三四句寫戍邊士卒手持羌笛吹奏著悲涼的《折楊柳》曲調，離愁別緒幽幽而生。可是他要告訴戍邊士卒，現在的玉門關外本來就是春風還吹不到的地方，楊柳就不能返青吐綠，就不能抽出新枝，就不能折楊柳新枝以寄託情思，羌笛還有必要吹奏那悲涼傷感的曲子嗎？說「何須怨」，並不是沒有怨，也不是勸戍卒不要怨，而是說要面對現實，怨也沒用。雖然寫出了戍邊士卒的悲，卻

悲而不失其壯；寫出了戍邊士卒的哀，卻哀而益增其志。這兩句由提問到結論，絲毫沒有半點頹喪消沉的情調，充分表現出詩人的廣闊胸懷，意境高遠，引人深思，耐人尋味，非大手筆不能出。

《出塞》其二，首句寫突厥首領來到中原請求和親，這時候，北望自己的領土，看到了邊界以北的拂雲堆神祠。次句寫回想起當年與唐軍作戰，曾經多次在此殺馬登臺祭祀的情景，感慨不已。三四句寫今日的唐朝天子神明而英武，不答應我的和親請求，我只能去而回來。詩中的和親，說的是開元年間的一件事情：突厥首領小殺乞求當玄宗的兒子，玄宗答應了他的請求。小殺又想娶公主為妻，玄宗只厚賜而不許和親。小殺問唐使袁振不許和親的原因，袁振說：「可汗既與皇帝為子，父子豈合為婚姻？」後來，小殺派遣其大臣頡利發入唐朝貢獻，頡利發與玄宗射獵，時有兔起於御馬前，玄宗引弓傍射，一箭而獲之。頡利發下馬捧兔蹈舞曰：「聖人神武超絕，人間無也。」後來玄宗為其設宴，厚賜而遣返之，最終不許和親。這首詩借突厥首領請求和親的失望而回，表現了唐朝的無比強大，也表達了自己的無尚自豪感。

王之渙的《出塞》寫出來後，其「黃河遠上白雲間」一首，因其意境高遠，風格雄健，形象奇偉，想像瑰麗，更是名動一時，布在人口，很快便被人們填入涼州歌傳唱開來。

之後，人們凡說王之渙的《涼州詞》，大多指的就是「黃河遠上白雲間」這一首詩。

《涼州詞》，不是詩題，而是當時流行的一種曲調名。開元年間，隴右節度使郭知運搜集了一批西域的曲譜，進獻給玄宗皇帝。玄宗皇帝交給教坊並配上新的歌詞演唱，以這些曲譜產生的地名為曲調名。後來許多詩人都喜歡這個曲調，為它填寫新詞，因此唐代許多詩人都寫有《涼州詞》。

第十章　玉門聽笛

因為王之渙的《涼州詞》藝術成就極其之高，後人將其推向了唐代七絕奪冠的巔峰境界。

明代王世懋在《藝圃擷餘》中說：「於麟選唐七言絕句，取王龍標『秦時明月漢時關』第一以語人，多不服。於麟意止擊節『秦時明月』四字耳。必欲壓卷，還當於王翰『葡萄美酒』、王之渙『黃河遠上』二詩求之。」

清代沈德潛在他的《唐詩別裁》中評論唐詩七絕壓卷之作時說：「李於麟推王昌齡『秦時明月』為壓卷，王元美推王翰『葡萄美酒』為壓卷，王漁洋則云：『必求壓卷，王維之「渭城」，李白之「白帝」，王昌齡之「奉帚平明」，王之渙之「黃河遠上」，其庶幾乎！而終唐之世，絕句亦無出四章之右者矣。』」

清代詩人施補華在其《峴傭說詩》中說：「『秦時明月』一首，『黃河遠上』一首，『天山雪後』一首，『回樂峰前』一首，皆邊塞名作。意態絕健，音節高亮。情思悱惻，百讀不厭也。」

清代管世銘在《讀雪山房唐詩序例》中說：「摩詰、少伯、太白三家鼎足而立，美不勝收。王之渙獨以『黃河遠上』一篇當之，彼不厭其多，此不愧其少，可謂拔戟自成一隊。」

近人俞陛雲在其《詩境淺說續編》中評價《出塞・其一》時說：「首二句筆勢浩瀚，次句尤佳，再接再厲，有隼立華峰之概⋯⋯此詩前二句之壯採，後二句之深情，宜其傳遍旗亭，推為絕唱也。」

今人王兆鵬等人編寫的《唐詩排行榜》按歷代選本入選次數、歷代點評次數、當代研究文章篇數、文學史錄入次數、網際網路連結文章篇數，將王之渙「黃河遠上」排名第三。

5

後來，王之渙的《涼州詞》傳到了他的好友高適的耳朵裡，高適就即興揮毫寫了一首《和王七玉門關聽吹笛》：

胡人吹笛戍樓間，樓上蕭條海月閒。

借問落梅凡幾曲？從風一夜滿關山。

高適《和王七玉門關聽吹笛》中的「王七」，指的就是王之渙。這首詩首句寫戍人在戍守的烽火樓上，遙望家鄉，思鄉之情油然而生，如何發洩這種憋悶在胸中的情緒呢？唯一的辦法就是吹奏持在手中的這支羌笛。次句寫戍樓周圍的景色，樓上是蕭條的，沒有人與我說話，沒有人與我做伴，天空中的月亮灑下如海水一樣的光亮，清寥而悠閒。這一句旨在襯托首句，守邊將士處在這樣一種環境中，怎麼會不觸景生情產生思鄉之情呢？第三句「借問落梅凡幾曲」中的「落梅」，指的是《梅花落》。《梅花落》傳為漢武帝時「性知音，善歌舞」的宦官李延年所作，別名《落梅》、《落梅花》、《大梅花》、《小梅花》等，原為漢樂府二十八橫吹曲之一，魏晉以後很是風行，為當時流行的十八首橫吹曲之一。從南北朝時期開始，橫吹曲《梅花落》又被稱為笛子曲《梅花落》。至唐代，笛曲《梅花落》在市井流傳更廣。作者在問：「戍邊的將士啊，《梅花落》吹了幾曲了？」第四句寫嘹亮而悠揚的《梅花落》曲子，隨風飄去，一夜之間，傳遍了邊塞的整個關山。高適的這首七言絕句，前兩句是實寫，在笛聲和月色中，邊塞一片祥和，瀰漫著一種柔和明朗的氛圍，有思鄉之情，卻無哀怨之意；後兩句是虛寫，在《梅花落》與關山之間，構造出一種美妙闊遠的意境。全詩基調秀麗、明快，想像奇妙、豐富，文字優美，寫法獨特，委婉深沉，意蘊無窮，宛若一幅有著幾分田園詩風味，優美動人的塞外春光圖，令人回味不盡。

第十章　玉門聽笛

王之渙寫下《涼州詞》的一千年以後，穩坐在清朝皇宮龍椅裡的乾隆皇帝，這一天閒暇無事，手裡正展閱一卷唐詩，讀一首，覺得寫得好，再讀一首，覺得比前一首寫得還好。一直讀下去，他覺得一首比一首寫得精彩、漂亮。當他讀到王之渙的《涼州詞》「黃河遠上白雲間」這一首時，一巴掌拍在扶手上，一個「絕」字，就不由得叫出口來。

隨身太監先是見乾隆皇帝拍了扶手一巴掌，心裡吃了一驚，急忙趨步上前，及至聽到皇上叫出那個「絕」字後，他知道這一次皇上拍扶手是因為高興，那顆懸起來的心才放了下來。

乾隆皇帝吩咐隨身太監立即召紀曉嵐進宮。

紀曉嵐進宮後，乾隆皇帝讓他將王之渙的《涼州詞》「黃河遠上白雲間」這一首詩題寫在象牙骨絲絹扇面上，以便隨時把玩欣賞。

紀曉嵐不敢怠慢，就地蘸墨揮毫，用小楷一筆一畫將《涼州詞》「黃河遠上白雲間」這一首詩寫了上去。也許是紀曉嵐題寫時一時緊張，不小心竟漏掉了一個「間」字。乾隆皇帝拿著紀曉嵐寫好的扇面一看，勃然大怒：「汝欺負朕沒有讀過王之渙的《涼州詞》？怎麼少寫了一個『間』字？」紀曉嵐聽了，嚇得立時冒出了一身冷汗。少寫一個字，這是欺君之罪。欺君是要殺頭的。紀曉嵐是個滿腹才學，又特別機敏的人，這時候，突然靈感一閃，急中生智，慌忙奏道：「聖上，臣哪敢漏掉了一個『間』字啊！只是覺得王之渙的這首詩改成了一首詞，其意境和韻味會大大增加。」於是，他連忙要過扇子，為乾隆皇帝唸道：「黃河遠上，白雲一片，孤城萬仞山。羌笛何須怨？楊柳春風，不度玉門關。」唸完，又恭恭敬敬地雙手將扇子遞給乾隆皇帝。乾隆皇帝接過扇子，反覆誦讀了幾遍，覺得王之渙的這首詩好，改為詞，含義不變，還別具一番韻味。

於是，對王之渙的《涼州詞》就愈加喜愛。紀曉嵐漏寫一個字，不但沒有責罰他，還給予了他許多賞賜。

清末民初國學大師章太炎稱王之渙的《涼州詞》「黃河遠上白雲間，一片孤城萬仞山。羌笛何須怨楊柳，春風不度玉門關。」為「絕句之最」。

第十章　玉門聽笛

第十一章　詩友唱和

1

　　這次玉門關之行，王之渙在荒涼的塞外旅途上，馬背吟詩、邊關借宿，望大漠孤煙、看長城烽燧，雖然經歷了烈日曝晒、寒風吹打，雖然自己變得皮膚粗糙、一臉疲憊，但是他覺得平生之願已了，此行非常值得！

　　按照原來的出行計劃，王之渙從玉門關出來，原路向東返回，走到朔州時，他卻沒有南下，他想，大唐的西北邊關已經去了，既然走到這裡，何不順路再到東北邊關的薊門關去看看？主意定了，於是，他便一直向東，踏上了燕趙大地。

　　這時，王之渙的詩名已震動天下，特別是他的《涼州詞》「黃河遠上」更是老幼皆知，傳誦不絕。一路上，當地的官員與士子文人都要留他住下來飲酒作詩，而且是今天這個約酒，明天那個宴請，無休無止。每到一地，少則逗留十天半月，多則一月兩月。而他也樂得藉此逍遙，一邊悠悠走來，一邊瀏覽沿途的北國風光。

　　開元十八年（西元730年）春天，朝廷合併幽州的漁陽、三河、玉田三縣，取境內的古薊門關為州命名，置薊州。

　　恰好，兩個月後王之渙也來到了薊州。

　　薊州是一個十分古老的地方。黃帝遷居北方，他的一個部落來到這一帶定居。黃帝為求治國修身養性之道，兩次來到城北府君山（崆峒山）

第十一章　詩友唱和

　　問道於廣成子。黃帝死後，陶唐成為首領。從那時起，這裡的先民們就開始取土壘城，建立古城，雄居北方。虞舜時，分天下為十二州，冀為九州，面積最廣，薊屬其境，是北方重鎮。春秋時期稱無終子國。秦始皇滅六國統一天下，分天下為三十六郡，郡下設縣。秦在這裡設無終縣，屬右北平郡併為郡治。東漢建武元年（西元25年），光武帝劉秀在全國設十三個州，其中的幽州州治就在無終。北周大定元年（西元581年），楊堅滅後周，建立隋朝。隋大業末年，無終縣改名漁陽縣，併為郡治。隋朝末年，為反抗煬帝無道統治，農民起義領袖高開道率領義軍攻下漁陽城，自立為燕王，年號始興，定都漁陽城。

　　武周時，這裡一直是防備契丹的前線重鎮。開元以來，突厥屢戰屢敗，復遣使來求和，這裡出現了少有的安定。

　　王之渙在薊州見到的第一個人是他的好友郭密之。當年，他在衡水任主簿時，曾與客居衡水的郭密之、渤海的高適多次飲酒論詩，相處甚愜。這次來到郭密之的家鄉，當然要先見他。久別重逢的好友見了面，自有一番敘不盡的別後之情。

　　王之渙的到來，立即引起了轟動。先是州衙的大小官員輪番宴請，接著又是地方上的士子文人搶著宴請。每有宴請，他都不想忤了對方的美意，每請必到。每次都有好友郭密之陪著。每次都是談詩論文，喝得爛醉。

　　趁著人們宴請的間隙，王之渙邀郭密之陪同，徒步到東南60里外，遊了築於北齊的長城與薊門關。關城、戍樓、守邊將士，那裡的一山一水、一草一木，都沒有從他們的眼眶裡漏掉。

　　在薊州住了兩個月，王之渙要辭行回家。郭密之說，這個季節，洛陽正是一天比一天熱的時候，而薊州這地方的氣候夏天不太熱，冬天不

太寒，春秋兩季冷暖適中，住在這裡會覺得很舒服。您就不妨在這裡度一個夏季和冬季試試怎樣？

王之渙覺得薊州這地方確實不錯，加上他還想好好熟悉熟悉邊境的生活，於是就從郭密之所言，在薊州客居下來。

天下無有不散的宴席。王之渙初來時，地方官員與士子文人猜想他住不了多長時間，就輪番地急著請他吃酒，有些人因輪不上還產生了好多怨氣。當他正式客居下來之後，人們知道他一年半載是不走了，宴席就漸漸少起來。

宴席的減少，正好為王之渙空出了遊覽薊州風光的時間。

第二年的春天、夏天，郭密之又陪同王之渙遊了州河，遊了建於貞觀年間的獨樂寺。

客居在薊州的第二個秋天來到了，過了處暑，就是白露。這裡的秋天來得早，秋風蕭瑟，早晚已有了涼意。俗話說，「秋風涼，想親娘。」王之渙的親娘早已不在人世，無法相望了，但是家裡有他的嬌妻呀！至今，他離開家裡已經將近四年，他實在想盡快回到家鄉了。他將回家的日子定在了重陽節這一天。

重陽節，即九月初九，二九相重，故又稱為「重九」。漢中葉以後的陰陽觀，認為六陰九陽。因九是陽數，固重九亦叫「重陽」。南朝梁人吳均之在《續齊諧記》中記載：東漢時，汝南縣裡有一個叫桓景的人，他所住的地方突然發生大瘟疫，桓景的父母也因此病死，他拜費長房學藝，桓景早起晚睡，披星戴月，勤學苦練。一日，費長房說：「九月九日，瘟魔又要來，汝可以回去除害。」並且給了他茱萸葉子一包，菊花酒一瓶，讓他與家鄉父老登高避禍。九月九日那天，他領著妻子兒女、鄉親父老登上了附近的一座山。將茱萸葉分給大家隨身帶上，瘟魔則不敢近身。

第十一章　詩友唱和

他又將菊花酒倒出來,讓每人喝了一口,以避免染上瘟疫。他和瘟魔搏鬥,最後殺死了瘟魔。從那時起,人們就過起重陽節來,有了重九登高的風俗。唐初,重陽節又被定為全國正式節日。每到九月九日,宮廷、民間一起慶祝重陽節,並且在節日期間舉行各式各樣的活動。

王之渙之所以將回家的日子定在了九月九日,是因為這一天既有登高遠眺、觀賞菊花、遍插茱萸、吃重陽糕、飲菊花酒的活動,還有出遊賞景的習俗,因此,這一日回家,一路賞景而返,豈不美哉?

事有湊巧,郭密之因為有事,九月九日也要外出。於是,兩個人在酒樓把酒話別。因為是重陽節,兩個人喝的是芳菊酒。酒過數巡,王之渙面對此情此景,一時感奮,就問酒家要過一副紙墨筆硯來,寫下了一首《九日送別》:

薊庭蕭瑟故人稀,何處登高且送歸。

今日暫同芳菊酒,明朝應作斷蓬飛。

首句「薊庭蕭瑟故人稀」,說在薊州這個地方,現在正是秋風蕭瑟的季節,環顧酒席宴上,眼前的故人只剩下汝郭密之一個人了。次句「何處登高且送歸」,指出今天是「九九重陽節」,是個登高的日子,汝郭密之來送我回家,我也送汝郭密之出遠門,可是,我們去哪裡去登高相送呢?三四句「今日暫同芳菊酒,明朝應作斷蓬飛」,沒有登高送別的地方,那就還是回到現實,我們今日就在這酒樓裡同飲這芳菊酒吧,因為明天我們就要像斷了根的蓬草一樣隨風漂泊去了。全詩有地點「薊庭」,有時間「登高」日,有提問「何處」,有答案「暫同芳菊酒」,最後以「斷蓬飛」作結,寫得情同景融、實與虛交,說出了自己的苦悶心情。表明了與好友難捨難分的感情,又提出了未來難以預測的前景,讓人浮想聯翩,是送別詩中不可多得的一首上乘之作。

王之渙離開薊州幾天后，時年二十八歲的高適聽說他住在薊州，便專程來到薊州尋訪他與郭密之。

　　十年前，年僅十八歲的高適赴衡水與王之渙相識，談詩論文，意氣相投，互相引為知己。之後王之渙辭官回到洛陽孝水里，高適也離開家鄉渤海，前往長安，後又客遊梁宋，最後定居宋城。在宋城的七八年中，他一直自耕自食，自食其力。開元十九年（西元731年），他北遊燕趙，先後投朔方節度副大使信安郡王禕、幽州節度使張守珪幕府。九月中旬，他聽說好友王之渙客居在薊州，便來到薊州看望他的好友王之渙與郭密之。然而，碰巧王之渙與郭密之剛剛同時離開了薊州沒幾天。不得已，他揮筆寫下了《薊門不遇王之渙郭密之因以留別》：

適遠登薊丘，茲晨獨搔屑。
賢交不可見，吾願終難說。
迢遞千里遊，羈離十年別。
才華仰清興，功業嗟芳節。
曠蕩阻雲海，蕭條帶風雪。
逢時事多謬，失路心彌折。
行矣勿重陳，懷君但愁絕。

　　高適的這首五言詩，開門見山，直抒胸臆。前四句說，我這次大老遠地來登薊丘，是滿懷著希望的，可是來到薊州的第二天清晨，我卻十指亂搔頭皮，頭皮屑直往下落。這是為什麼呢，因為我聽說我的好朋友剛剛走了，我見不到了，我的一腔心願無處去訴說了。五六兩句說，這一次，我從宋城北遊，千里迢迢來薊州，就是因為我們離別已經十年，時間太久了。七八兩句說，您的《登鸛雀樓》、《涼州詞》，我都看到了，才華太高，清興雅緻，我太仰慕您了。您在衡水任上「不為五斗米折腰」

第十一章　詩友唱和

而辭官的「芳節」，我也早就聽說了，真令人感慨！細思之，我真是嗟嘆不如啊！九十兩句是寫自己的。借景抒情，用「曠蕩」、「雲海」、「蕭條」、「風雪」來描述自己所處的境遇是多麼的不好。十一十二兩句直抒胸臆，說自己生不逢時，懷才不遇，每事不順，失意之路使我心力交瘁。最後兩句，充滿了無奈與悲苦，您已經走了，我就不再在這裡絮絮叨叨地向您陳述我的不如意了，但是，我懷念您的憂愁卻是無法斷絕的啊！這首詩，有敘述，有懷想，有寫景，有抒情，寫得波瀾起伏、淋漓酣暢。寫出了被懷念者的橫溢才華，也寫出了懷念者的抱負壯志。

薊州距離家鄉洛陽一千多里，王之渙邊走邊停，一路上一邊遊山玩水，一邊與文朋詩友詩酒唱和，一個多月以後才回到洛陽孝水里的家裡。

2

開元二十二年（西元 734 年）冬天，王之渙應好友高適、王昌齡之約來到京城長安。

開元年間，社會穩定，經濟繁榮，國力強盛。由於「以詩賦取士」逐漸壓倒了武周時期的「進士科」取士，這就為各地富有才華的文人士子開啟了一道入仕的希望之門，再加上有愛才如渴的張說、張九齡先後在朝為相，長安就成了天下文人士子的聚集之地。文人士子們詩酒唱和，各展其才，各顯其能，一時間，在京華出現了一派詩賦的繁榮氣象。由於這些文人士子出身不同、愛好有異、性情有別等種種個體上的差異，他們的詩賦便逐漸形成了不同的風格。

一類是以王維、孟浩然為代表的山水田園派詩人。

王維的祖籍是太原祁縣，後徙家於蒲州，生於武周長安元年（西元

701年），比王之渙小十三歲。十五歲時，王維去京城應試，由於他能寫一手好詩，工於書畫，而且還有音樂天賦，所以一到京城，便立即成為京城王公貴族的寵兒。開元十九年（西元731年），王維擢進士第，任太樂丞。王維的詩言詞含蓄，清新明快，詩中有畫，畫中有詩，句式、節奏富於變化，音韻響亮、和諧，特別具有音樂美。

孟浩然是襄陽人，唐武氏永昌元年（西元689年）出生於襄陽城中一個薄有恆產的書香之家。孟浩然比王之渙晚一年出生。少年時期，孟浩然與弟弟一起讀書學劍。二十歲，孟浩然遊鹿門山，作《題鹿門山》詩。這首詩代表著孟浩然獨特的詩風基本形成。二十五歲到三十五歲之間，孟浩然辭親遠行，漫遊長江流域，廣交朋友，干謁公卿名流，以求進身之機。先天元年（西元712年）冬天，孟浩然送張子容應考進士，作詩《送張子容進士舉》。開元五年（西元717年），他遊洞庭湖，干謁張說。登岳陽樓，作《岳陽樓》詩以獻。開元六年（西元718年）二月，張說為荊州大都督府長史，四月赴任。其時，孟浩然正居家，作詩慨嘆清貧和失意，渴望有人向皇帝引薦。開元八年（西元720年）暮春，孟浩然抱病，有贈張子容詩《晚春臥病寄張八》。九月九日，孟浩然與賈昪登峴山，詩酒唱和。開元十二年（西元724年），孟浩然三十六歲，韓思復任襄州刺史，盧饌為襄陽令，浩然與之為忘形之交。因玄宗皇帝時在洛陽，便往洛陽求仕，滯洛三年，一無所獲。開元十三年（西元725年），李白出蜀，遊洞庭襄漢，孟浩然與李白結交為好友，成莫逆之交。當年韓思復卒，天子親題其碑，孟浩然與盧饌立石峴山。開元十四年（西元726年）三月，孟浩然遊揚州，途經武昌，遇李白。李白於黃鶴樓作詩送行。開元十五年（西元727年），孟浩然第一次趕赴長安參加科舉考試。開元十六年（西元728年）初春，在長安作《長安平春》詩，抒發渴望及第的心情，當年孟浩然四十歲，然而，科舉未中。同年，孟浩然與王維

第十一章　詩友唱和

結交，王維為孟浩然畫像，兩人成為莫逆之交。應進士舉不第後，孟浩然仍留在長安獻賦以求賞識，曾在太學賦詩，以「微雲淡河漢，疏雨滴梧桐」一聯名動京師。他和張說交誼甚篤。傳說張說曾私邀其入內署，適逢玄宗皇帝至，孟浩然避之不及，藏於床下。張說不敢隱瞞，據實奏聞，玄宗皇帝命其出見。孟浩然自誦其詩，至「不才明主棄」之句，玄宗皇帝不悅，說：「卿不求仕，而朕未嘗棄卿，奈何誣我！」放歸襄陽。後，孟浩然漫遊吳越，窮極山水之勝。開元十七年（西元729年），孟浩然離開長安，輾轉於襄陽、洛陽，夏季遊吳越，與曹三御史泛舟太湖。曹三御史擬薦孟浩然，他作詩婉言謝絕，次年遊玩於江南的名山古剎。開元十九年（西元731年）春，孟浩然在越州有《贈謝甫池》詩，表示出對農事的關心，並繼續在江浙一帶會友作詩。開元二十二年（西元734年），也就是王之渙赴長安這一年，孟浩然第二次前往長安求仕。孟浩然的詩絕大部分為五言短篇，多寫山水田園和隱居的逸興以及羈旅行役的心情，雖不如王維詩境界廣闊，但是在藝術上卻有獨特的造詣。

另一類是清剛勁健的邊塞詩人，除了王之渙之外，主要的還有王昌齡、高適、岑參等。

王昌齡，字少伯，河東晉陽人，生於武周聖曆元年（西元698年），比王之渙小十歲。開元八年（西元720年）前後，王昌齡曾居嵩山學道。開元十一年（西元723年）前後，王昌齡客居河東并州、潞州。開元十二年（西元724年）前後，王昌齡曾赴河隴，出玉門。其著名之邊塞詩，大約作於此時。開元十四年（西元726年），他隱居於京兆府藍田縣石門谷。開元十五年（西元727年），王昌齡進士及第，授祕書省校書郎，後貶龍標尉。開元十九年（西元731年），王昌齡在長安以博學宏詞登科，再遷河南汜水縣尉。開元二十一年（西元733年）四月，王昌齡在長安參加宴會，有《夏月花萼樓酺宴應制》詩。開元二十二年（西元734年），

也就是王之渙赴長安這一年，王昌齡選博學宏詞科，超絕群倫，於是由河南汜水縣尉遷任江寧丞。王昌齡詩的特點是緒密而思清。

高適因與王之渙多次交往，他的出生、籍貫、家庭、經歷已在前面作過交代。高適是個非常自負、功名心極強的詩人，性情狂放不羈，好交結游俠。他想像漢代大將衛青、霍去病那樣在邊塞立功封侯，因此才北上薊門。自開元十九年九月中旬，在薊門訪王之渙、郭密之不遇之後，繼續漫遊燕趙，希望能從軍立功邊塞，但是卻毫無結果。儘管當時他想透過立功邊塞而封侯的這種願望落了空，但是透過對邊塞生活的實地體驗和冷靜觀察，在詩歌上卻獲得了豐收。這個時期，他寫了《和王七玉門關聽吹笛》、《薊門不遇王之渙郭密之因以留別》、《信安王幕府》、《真定即事奉贈韋使君二十八韻》、《贈別王十七管記》及《塞上》、《薊門五首》等詩。開元二十二年（西元734年）冬天，高適趕赴長安，計劃第二年參加科舉考試。一到長安，他就約王之渙來長安相會。高適詩的特點是慷慨激昂、雄健奔放。

岑參，開元三年（西元715年）生於河南仙州，比王之渙小二十七歲。岑參的祖籍為南陽棘陽，高祖岑善方遷居荊州江陵。曾祖父岑文字在太宗時為宰相，伯祖岑長倩在高宗時為宰相，伯父岑羲在睿宗時為宰相。岑長倩為相時被誅殺，五子同賜死，岑羲亦被殺，身死家破，岑氏親族被流徙的有數十人。岑參的父親岑植曾作過仙州、晉州二州刺史，不幸很早就去世了。岑參幼年家境孤貧，只能從兄受學。岑參天資聰慧，五歲開始讀書，九歲就能賦詩作文。岑參的父親岑植於開元八年（西元720年）轉任晉州刺史，他也隨父親居住在晉州。父親去世後，這個時期，他仍留居晉州。開元十七年（西元729年），岑參才由晉州移居嵩陽。不久，他又移居潁陽。嵩陽、潁陽為嵩高山東西兩峰所在地，東峰太室在嵩陽，西峰少室在潁陽，兩室相距約70里，岑參在這兩地都結

第十一章　詩友唱和

有草堂。嵩山為五嶽之一，奇峰峻嶺，古木流泉。年輕的詩人在這幽靜的自然環境中潛心攻讀，嘯傲山林，不僅在學問上打下了廣博的基礎，而且也初步形成了他那種沉雄淡遠、新奇雋永的詩風。這年，王之渙赴長安時，岑參只有十九歲。第二年，二十歲的岑參也來到長安，與王之渙結為忘年之交。後來，岑參寫了大量的邊塞詩，詩風越發雄奇瑰麗。

王之渙到了長安，正趕上恩師張九齡遷升中書令，集賢院學士知院事修國史不久。王之渙的第一件事，就是到修政坊張九齡的宅第，拜見恩師張九齡。他向恩師述說了任衡水主簿以來的一些別後情況。張九齡對王之渙處世做人、詩歌創作給予了高度讚揚。

接下來，王之渙便成天與高適、王昌齡、王維、孟浩然等一群文朋詩友聚在一起，詩酒唱和，飲宴不止。

這年冬天，長安城裡飄下了第一場小雪。小小的雪花，零零星星，像煙一樣輕，像霧一樣柔，落在屋頂上，落在大地上，落在人們的身上，無聲無息，沒有引起人們的多少注意。漸漸的這些小雪花就多了起來，像銀屑一樣在空中曼舞起來，就像煙濃了、霧重了。雪花紛紛揚揚落下來，萬物就像被罩上了一床潔白的白絨被子，亮晶晶的分外耀眼。

這天，王之渙、王昌齡、高適三個人不畏寒冷，踏雪來到旗亭，上了酒樓，要了酒菜，圍住桌子，一邊談詩，一邊飲酒賞雪。三個人兩盅酒剛剛下肚，興趣正濃之時，忽然看見有十幾個梨園伶官也登上樓來會宴。他們一看這是一夥唱戲的，知道有好戲要看了，於是就離開酒席，移坐到牆角邊上，相偎在一起，一邊烤著爐火，一邊靜靜地觀看。不一會兒，只見有四個長裙拖曳，衣著華麗，身姿曼妙，容顏美麗的歌妓也尋將而來。接著，她們就開始奏樂，所奏之樂都是當時最流行的，最上等級的樂曲。見此情景，王昌齡就與王之渙、高適說：「當今天下，咱三

個人的詩名都很大,但誰是第一,誰是第二,一直也沒有一個結論。今天這是一個好機會,我們可以悄悄地看這些歌妓唱些什麼,誰的詩入的歌詞最多,誰就是第一,不知汝二人意下如何?」王之渙、高適聽了,欣然贊同。

不一會兒,一位歌妓站前來,一雙削蔥妙手輕輕拍著節拍,唱的是《出塞》:

秦時明月漢時關,萬里長征人未還。
但使龍城飛將在,不教胡馬度陰山。

王昌齡聽了,得意洋洋,急忙伸手就勢在牆壁上畫了一道,口中說道「一絕句。」

隔了一會兒,又一歌妓站前來,唱的是《哭單父梁九少府》:

開篋淚沾臆,見君前日書。
夜臺今寂寞,猶是子雲居。

高適也喜形於色,伸手在牆上畫了一道,興奮地說道:「一絕句。」

又過了一會兒,第三個歌妓又站前來,唱的是《長信怨》:

奉帚平明金殿開,暫將團扇共徘徊。
玉顏不及寒鴉色,猶帶昭陽日影來。

王昌齡聽到又是自己的詩,喜不自勝,伸手又在牆壁上畫了一道,高興地說:「二絕句。」

王之渙認為自己的詩名出得早,影響又大,但是前面三位歌妓都沒有唱他寫的詩,心裡有些不是滋味。頓了頓,就對王昌齡與高適說:「這幾個都是普通歌妓,她們所唱也都是『下里巴人』之詞。『陽春白雪』之曲,這些俗物哪敢來唱。」他指著一個身材高挑、年輕美貌、留著雙鬢的

第十一章　詩友唱和

歌妓說：「等一會兒這個唱的時候，如果還不是唱我的詩，我終身再也不與汝二人爭高下了。如果唱的是我的詩，汝二人就應當並排跪在床下，拜我為師。」三個人一邊說笑，一邊耐心等待著。

過了不多一會兒，果然，王之渙指點過的那個留著雙髻的歌妓，朱唇開啟，輕展歌喉，聲如黃鶯，一聲清亮的歌聲在旗亭裡響起來，她唱的是《涼州詞》：

黃河遠上白雲間，一片孤城萬仞山。

羌笛何須怨楊柳，春風不度玉門關。

唱畢，王之渙對王昌齡、高適揶揄說：「田舍奴！我說得沒錯吧。」說完，三個人都哈哈大笑起來。

在場的伶人、歌妓聽到笑聲，莫名其妙，不知道這三個人在笑什麼，就都站起來，問道：「不知道幾位郎君為何如此歡笑？」

王昌齡將他們三人打賭比賽詩歌的事向她們簡單敘述了一遍。所有伶人、歌妓聽了，大吃一驚，見面前的三位原來是當朝赫赫有名、如雷貫耳的大詩人，慌忙一齊拜倒在三人面前，誠懇地說：「我們是凡人俗眼，認不得神仙竟然就在眼前，請求三位屈尊降貴，俯就我們的宴席吧。」

三人聽了大喜，便與眾伶人、歌妓坐到一處，談詩論樂，推杯換盞，飲得大醉，日暮方依依不捨而散。

3

王之渙與眾詩人在長安城裡熱鬧了一個冬天，一過春節，天氣就開始轉暖，楊柳枝現出了青色，漸漸地又吐出了新芽，迎春花、杏花也次第開放，柳綠花紅，鶯飛蝶舞，又一個春光明媚的季節來到了。

有幾個詩人因事離開長安，王之渙都到春明門外御河邊上的灞橋一一相送。

王昌齡因開元二十二年（西元734年）選博學宏詞科，超絕群倫，於是由汜水縣尉擢遷為江寧丞。這年春天也要離京前往江寧赴任。

啟程這一天，王之渙等詩友就來到春明門外的御河邊的灞橋驛站送別。

發源於秦嶺藍谷的灞河原名滋水，橫貫長安東部，向北注入渭河。春秋時期，秦穆公稱霸西戎，將滋水改為灞水，並修「灞橋」，成為中國最古老的多孔石拱橋。王莽地皇三年（西元22年），灞橋遭受水災，王莽認為「灞」字不是吉兆，便將橋名改為長存橋。隋唐灞橋建於隋開皇三年（西元583年），位於早期灞橋下游的300米處，是關中交通要衝，連接著西安東邊的各主要交通幹線，是出入嶢關與潼關的必經之路。

當年，王之渙的父親王昱由鴻臚寺主簿改調雍州司士時，王之渙年齡尚幼，後來他長大了，才聽說父親所任的司士是個主管河津、營造橋梁、廟宇之事的專業官員。他還聽說父親任雍州司士時，曾經將灞河的治理作為治河的重中之重，而且重點放在灞橋驛站周圍，沿著河岸遍植柳樹，在驛站周圍擴建亭臺，於亭臺附近增設酒肆。後來，每到春天，這裡就柳絮紛飛如雪，形成了長安一帶「灞柳風雪」的一處重要景觀。

今日，王之渙站在灞橋之上，腳踏青石板路面，手扶漢白玉護欄，近看橋面上經人們踩踏磨出的滑亮石面，四道多年碾壓形成的深深的車轍印痕從橋西延伸到橋東，遠望橋兩頭河岸上的排排楊柳，柳枝長垂，柳絲搖曳，柳絮飄舞，好像冬日雪花在空中飛揚，想起當年父親在這裡的辛勤付出，不由得感慨萬端。

折柳相送，是中國人最古老的一個離別風俗。從《詩經》時起，古人

第十一章　詩友唱和

就喜歡將離別同楊柳相連，文獻記載最早可見諸《詩經·小雅·采薇》中的「昔我往矣，楊柳依依；今我來思，雨雪霏霏」。古人鍾情於柳，與柳自身的特點以及從柳本身所引申出的意義有關，柳枝的「柳」與挽留的「留」諧音，故有留別、留情的意象，柳絮之「絮」與情緒之「緒」諧音，故有傷情別緒之意象，柳絲之「絲」與相思之「思」諧音，故有情思綿綿之意象，於是古人將依依惜別的情懷寄託於嬌柔的細柳。

隋唐以來，凡送別親人好友東去，一般都要送到灞橋後才分手，並折下橋頭柳枝相贈。久而久之，「灞橋折柳贈別」便成了特有的習俗。

為迎合人們在灞橋折柳贈別那種離愁別緒和深情厚誼的習俗，朝廷還在灞橋上設立了驛站。

唐朝人到灞橋送別友人，除了「灞橋折柳贈別」要體現「柳」與「留」習俗外，另外還有許多講究。首先，送別的時間一般選在清晨時分，取「一日之計在於晨」之意。選在清晨時分送別，是因為離人往往要趁早趕路，夜晚才能到達下一站住宿，送者希望自己的朋友在新的一天裡有新的開始，在新的前程中有新的收穫。其次，送別的地點一般選在水邊的長亭。達官顯貴與富商大賈出門，一般都是騎馬而行，貧寒士人及平民百姓買不起馬，出門就只好騎驢騎騾，文人士子買不起馬，又不想落魄到騎驢，於是，就選擇了乘船。再次，送別的方式一般都要飲酒、吟詩。自古以來，酒這個東西最能激發感情，宣洩感情，表達感情，幾乎是無宴沒有酒，無酒不成宴。特別是文人士子，詩離不開酒，酒離不開詩，詩酒詩酒，難拆難分。好詩大都是與好酒伴生的。詩人送別這種場合又哪能缺的了酒呢？酒與詩相伴相生，文人士子相別，往往感慨，甚至涕淚交流，這時候，最好的表達方式就是吟詩，以抒發自己心中那離別的惆悵與哀傷。

王之渙與王昌齡在御河邊的灞橋驛站長亭，飲過送別酒，王之渙從一棵柳樹上折下一枝柳條，將其折為兩截，一截送於王昌齡，以表示祝福高就，一截留給自己，以表示盼與友人早日再會，然後，他便朗朗吟誦出《送別》詩一首：

楊柳東門樹，青青夾御河。

近來攀折苦，應為別離多。

　　詩的首句，寫作者一出東門（春明門）遠遠地就看見了那一排排的楊柳樹，這是遠景。次句寫，走近了又看到夾在御河兩岸的楊柳樹正泛出青青的綠色，這是近景。這兩句看似寫的是時間、地點與周圍的景色，實則渲染的是濃厚的離別情緒。「楊柳」是送別的代名詞，一見楊柳，就會讓人想到離別；「御河」也是送別常去的地方，一到御河，就會使人感到惆悵。綠色的楊柳樹夾雜在御河兩岸，這裡看似是一種恬靜的環境，但是來到這裡的人們內心裡卻波瀾起伏，有著怎麼樣的不平靜啊！這種由遠到近、以靜襯動的寫法，巧妙而婉轉道地出了自己本不想與友人分別，但是又不得不別的複雜心情。第三句寫最近常來這裡折柳，每一次折柳，自己的心裡就特別地難受。一個「苦」字，意味深長，道出了自己惆悵、悲涼的心情。第四句承接上句，寫為什麼而苦？自問自答，這是因為近來我來這裡送別的人太多了。最後兩句，有因有果，交代得非常清楚，既寫出了折柳的悲苦心情，又寫出了產生悲苦心情的原因。

　　這首《送別》詩，王之渙本來是為王昌齡寫的，但是他卻沒有提及被送者一個字，只寫來到御河多次折柳，因為別離特別悲苦，這就開拓了送別的範圍，挖掘了別離的深度，由小我到大我，由送一個人到送多個人，這樣一下子就提高了詩的品味，拉升了詩的規格，擴寬了詩的境界，寫出了一個與別人不一樣的送別詩。

第十一章　詩友唱和

全詩短小精悍,言簡意賅,貌似清淡如水,實則情深意切。

送走眾多友人,不久,王之渙也離開長安,回到了洛陽孝水里家裡。

第十二章　出任縣尉

1

當年，王之渙仰天大笑、掛冠辭職回到洛陽孝水里家中之後，心情苦悶，一個時期曾出入於市井酒肆、舞榭歌舫，每天飲酒、聽歌，與梨園伶人、歌舫歌妓廝混在一起，有時夜不歸宿，有時喝得爛醉，有時嘔吐得穢物滿袍，有時又莫名地生氣發火，將自己糟蹋作踐得不成樣子。

王之渙的這些行為，都被溫柔賢淑，剛剛二十出頭的夫人李氏看在眼裡，她最能理解夫君心裡的苦悶，男人們將「功名」二字視為畢生為之追求的終極目標，為了這兩個字，不惜頭懸樑，不怕錐刺股，板凳坐得十年冷，敢願青絲變白頭。為了這兩個字，幾進考場，幾番落第，甚至不惜生命，奮鬥終生。她後來才知道，郎君為了這兩個字，雖然沒有參加過科舉考試，但是讀書卻是下過硬功夫苦功夫的。正是因為郎君出色的詩賦才華，才被舉薦為衡水縣主簿。在主簿任上，有人嫉賢妒能，有人貪財受賄，也正是郎君不想與他們同流合汙，才遭到了這些人的汙衊誹謗，一氣之下掛冠辭官回到家裡。回了家，郎君成天飲酒、聽歌，糟蹋作踐自己，正是因為憋在心裡的這口悶氣無法宣洩呀！為此，她曾婉言勸導郎君換個地方去做官，竟被郎君一口回絕。

關於再次出來做官的事，王之渙在洛陽孝水里家中閒居的日子裡，許多親戚朋友也多次勸說過，有從「功名」二字入題的，有從生計方面考慮的，有從榮宗耀祖角度說開的，無論怎麼說，無論說什麼，都不為王之渙所動。

第十二章　出任縣尉

　　最近的京城長安之行，他才了解到好友高適為了博得功名，近幾年曾遠涉千餘里，不畏勞苦，北上薊門，漫遊燕趙，希望能從軍立功邊塞，但是卻毫無結果。開元二十二年（西元734年）冬天，高適又趕赴長安，計劃第二年參加科舉應試，希望中舉後出來做官，實現自己的遠大抱負。為了做官，高適可以說是費盡了周折，碰遍了釘子，吃盡了苦頭。就是好友王昌齡這個江寧丞來的也十分不易。以王昌齡的滿腹才華，開元十五年（西元727年），王昌齡進士及第，授祕書省校書郎，後貶龍標尉；開元十九年（西元731年），王昌齡在長安以博學宏詞登科，才改遷河南汜水縣尉；開元二十二年（西元734年）又選博學宏詞科，超絕群倫，又才由河南汜水縣尉改遷了一個江寧丞。高適對仕途追求的執著與艱難，王昌齡對功名進取的不易，著實令王之渙大為感動。從長安回來後，王之渙有時候就不由得捫心自問，兩位好友能夠如此，而自己又做得怎麼樣呢？

　　這次從京城長安回來，親戚朋友又來勸他，除了像上次從功名、生計、榮宗耀祖三個方面勸他外，特別提到了人生生命之短暫。說到人生生命之短暫，王之渙的心不能不為之震動。是呀，自己已是將近五十歲的人了，五十歲也就是五個十年，曹孟德在《短歌行》中說「對酒當歌，人生幾何？」就按十年計算，自己的人生還能有幾個十年呢？如果再不珍惜，恐怕一晃，人生就結束了。考慮到人生苦短，他就有了復出做官的念頭。

　　況且，居家十五年，一家人的生活雖然有祖上的資產作為支撐，但是坐吃山空，長此以往畢竟不是長遠之計。要徹底解決這個問題，就需要尋找經濟收入來源。就自己的情況來說，唯一的經濟收入來源就是出去做官了。

上一次出任衡水縣主簿，他依靠的是恩師張九齡向吏部的舉薦。而此時的王之渙已經是名動天下的大詩人，只要他自己願意出來做官，任何一個文朋詩友都會向朝廷舉薦他，朝廷接到舉薦，也會既往不咎地大膽使用他。朝廷使用王之渙這樣的人，一來可以向天下文人士子表示朝廷愛才如渴，二來也確實可以讓其發揮才能，為朝廷好好賣力做事。

2

開元二十七年（西元 739 年）初春，王之渙補文安郡文安縣尉。

這年，王之渙五十二歲。

文安是個中縣，雖然縣尉只是個從九品下的小官，但是朝廷卻是對王之渙格外重用，因為進士出身，充其量最初也只能補一個縣尉之職。王昌齡開元十五年（西元 727 年）進士及第，開元十九年（西元 731 年）在長安以博學宏詞登科，才遷任了一個河南汜水縣尉。由此可見，沒有走過科舉之路，而且曾經私自辭官的王之渙一出來就能補一個縣尉之職，已經是朝廷對他的格外開恩重用了。

在唐代的縣級官府中，縣令是最高長官，縣丞是輔佐縣令行政的副長官，主簿是縣衙裡的事務官，縣尉位居第四，雖然只是一個從九品下階的小官，但是其權力卻不小，職掌分判眾曹、收率課調、緝捕盜匪，是個負責庶務的官員。

王之渙任職的文安郡文安縣，古為燕趙之地，歷史悠久，西漢高祖五年（西元前 202 年）始置文安縣，取「崇尚文禮，治國安邦」之意。唐貞觀元年（西元 627 年），以豐利、文安兩縣相近，遂將豐利合入文安，縣治也由柳河東側遷至原豐利縣城。

第十二章　出任縣尉

　　王之渙知道，祖父就曾經在這裡任過縣令。他聽祖父說過，高宗乾封二年（西元 667 年），遼東邊寇大舉犯境，直攻燕州邊陲。文安縣城就是水陸交通的衝要之地、重要門戶。面臨大敵，作為一座小城，是放棄？還是堅守？祖父選擇的是後者。他氣定神靜，不慌不亂，動員城內居民加固城池，整頓隊伍軍紀，積極備戰。很快，邊寇即攻至城下，將文安縣城死死圍住。寇軍攻城那天，祖父親自登上城牆，厲聲鼓舞士氣，誓志與城池共存亡。但是，孤軍無援，城池很快便被寇軍攻陷。寇軍進入城內後，祖父不為所屈，仍然繼續帶領將士與敵白刃格鬥。然而，祖父終因寡不敵眾，被寇軍俘獲。祖父的英勇無畏，就連寇軍也被深深感動，他們不忍對其加害，暫時將祖父幽禁於廬庭。就在這天夜裡，祖父憑藉對城內地形的熟悉，乘寇兵不備之際，藉著夜幕悄悄逃出城外，找到官軍，詳細講述了寇軍在城內布防的虛實，並出謀劃策，帶領官軍一舉反擊，終於大獲全勝。官軍在文安縣打的這一大勝仗，全靠的是祖父提供的寇兵信息。清邊道大總管建安郡王為了感激祖父，曾重金酬謝。不久，朝廷又賜以祖父重金。後來，祖父在洛陽買房置地，包括他們眾多子孫的生活用度，都是來源於祖父的這一次收益。當年，祖父對他敘述在文安縣令任上的經歷時，他覺得祖父特別高大，他特別欽佩祖父，同時，對文安縣這個地方也感到好奇。他想在有生之年一定要到文安縣走一趟，目睹一下這個神奇的地方。萬萬沒有想到，他會被補到文安縣來任縣尉，這一下，他的願望終於實現了。

　　王之渙走馬上任，攜帶家眷前赴文安縣。臨行，他特地到影壁前挖了一墩蘭草，帶在身邊。

　　王之渙是從南路進入文安縣境的。他一路走來，一路上了解文安縣的地形地貌。文安縣為河流堆積地貌，地勢低下，平坦開闊，為大清河、子牙河、洋河、瀦龍河下游。縣境東部、北部形如釜底，洪瀝水無

下洩出路，自然就形成了一個封閉窪地，素稱「東澱」。寬闊、清澈的海河像一條玉帶環繞縣域北部，豐水時節，河面上白帆點點，兩岸煙柳迷濛，煞是迷人。

王之渙一邊走，一邊向當地老者打聽七十四年前發生在文安縣城的那場抗擊突厥的戰鬥。這個故事，是一代一代傳下來的，當地老百姓都耳熟能詳。人們爭著向他講述縣令王德表的故事，如何動員兵民，如何登上城頭指揮，如何仗劍與寇拚殺，如何被囚廬庭，如何神祕逃遁，又如何引來官軍將寇一舉殲滅，比之祖父跟他講的更加繪聲繪色，更加生動傳奇。

不日，王之渙來到文安縣城，他到縣衙向縣令報到後，又一次裹上了襆頭，穿上了淺青色絲布圓領窄袖袍衫。

穿上官服的王之渙，身上有一種沉重的感覺。他知道，這種沉重，就是一種使命！就是一份責任！他更知道，從今以後，他的所作所為已經與文安縣老百姓的命運連繫在一起了。

衙役們見新來的王大人帶著一墩蘭草，知道這官有養花伺草的雅興，便急忙找來一隻瓷質花盆，剷土弄肥來栽植。王之渙推開衙役，親自將這株蘭草栽植在大堂階下東面的花池裡，培了肥，澆了水，方罷。

3

王之渙在文安縣尉任上做的第一件事是微服私訪。

王之渙認為，身著官服到了民間，老百姓就不會對自己說真話，他們怕說不好，怕惹人，怕引火燒身，怕這怕那，最終還是怕自己這個當官的怪罪於他們。脫了官服，以一個普通人的面貌出現，老百姓才會對自己敞開胸懷，說真話，說實話。這樣，自己才能真正了解到民間的真情實情。

第十二章　出任縣尉

這天,他脫去官服,換了一身商人的裝束,帶了兩個隨役,出了縣城,向鄉下隨意走來。

文安的這個春天來得特別地早。路畔的排排楊柳已經泛出青色,交織如網的溪水歡快地流動著,青黃色的草芽也出了地面。廣闊的田野上,農夫們也在忙活著,有的在扶著犁,吆喝著牛,春耕土地;有的正挑著擔子,往地裡送糞;有的則揮舞著鐵鍬,正在撒糞;有的則脫去了上衣,赤裸著膀子,正在揮鍬打塄、整地,特別地賣力。王之渙看到,農夫們的身體是勞累的,臉上卻是喜悅的。是呀!一年之計在於春,早一點收拾好自己的土地,種一茬好莊稼,全家人一年的吃穿用度就都在這裡了,全家人一年的幸福也就全在這裡了,能不從心眼裡感到高興嗎?

走著走著,王之渙就看見在一塊田地的地塄下,有一個年輕人手拍著土地在嚎啕痛哭。他有些好奇,就緊走幾步,近前去盤問這個人姓甚名誰?為何在這裡痛哭?

年輕人說:「我姓王,名叫大山。我這是在這裡哭地呀!」

王之渙聽了,知道這裡有蹊蹺,就繼續追問:「普普通通的一塊地,這有什麼好哭的呢?」

王大山抽噎著說:「叫天,天不應。我沒了辦法,才來這裡哭地。難道這地也不靈了嗎?」

王之渙說:「想是汝有些冤情,不妨說出來讓我聽聽。」

王大山說:「與汝一個路人說這,有甚用處?」

隨役正要上前向王大山說明王之渙的身分,王之渙擺手做了個制止的動作,說道:「那倒未必。汝且說說看,或許正是我這個路人能幫汝洗刷了冤情。」

王大山抬頭看了看王之渙，見王之渙一來不像個壞人，二來也不是拿自己來取笑，就是向他說說又有何妨？想到此，便一時悲從中來，帶著哭腔向王之渙訴說開了。

　　原來王大山就住在前面的韓家莊，父親死得早，他與母親就一直靠種田為生。那一年冬天，他與母親到鄰縣的外祖母家裡去走親戚。也是外祖父、外祖母心疼閨女與外甥，想讓他們多住些時日，不覺就過了春節。母子二人想到了春耕的節令，就急忙趕回村裡來種地。王大山扛著犁耙到了地裡一看，土地已經春耕。他一打聽，原來這莊稼是村裡的韓元正所為，就到韓元正家裡去問個究竟。見了韓元正，他剛說出個「地」字，韓元正就說那塊地是他家的永業田，並告訴他想到哪告就到哪告去。說著，一腳就將他踢了出來。王大山想，告就告去，韓元正在村裡欺男霸女，誰也鬥不過他，但是天這麼大，他就不信找不到一個說理的地方。於是，他就進了縣城，到衙門前擊鼓鳴冤，將韓元正告下了。調查此案的是縣尉劉大人。劉大人問明訴因，又招來韓元正對證。韓元正說，這塊地本來就是我的永業田，有地界石為證。大人如若不信，可派人到地裡挖出地界石查驗。劉大人聽韓元正說得有理，便派人去地裡去挖地界石查驗。差役去地裡查驗之後，回來回報說，地裡果然挖到地界石，上刻一個「韓」字。王大山喊冤說，大人，地是我的。劉大人聽了大怒，指著王大山訓斥道，本大人只重證據，不憑口說。刁民小子，大堂之上，還敢誣賴？喝令衙役杖責三十，轟出衙門。如再誣賴，定不輕饒。

　　王大山說到這裡，已嗚嗚咽咽，語不成聲。

　　王之渙問：「汝這田地可有地契？」

　　王大山說：「這地是祖上墾荒傳下來的。沒有地契。」

　　王之渙又問：「韓元正霸占了汝的田地有幾年了？」

第十二章　出任縣尉

王大山說：「三年了。」

王之渙又問了韓元正埋地界石的地方後，說：「汝回去吧。聽說縣裡換了新縣尉。兩天后，汝再到衙門裡去告狀，這次保汝準贏。」

王大山聽說新縣尉能秉公斷案，就起身回去了。

王大山走後，王之渙又走到附近地裡，向正在勞作的幾個農夫了解了一番韓元正與王大山爭地的原委，坐實了王大山的冤情。然後，返回到王大山的那塊地界上，抽出隨役身上的腰刀，就在腳下的一塊枕頭般大小的青石上，橫砍三刀，豎砍一刀。他命隨役將韓元正的地界石挖出來，將這塊青石埋在韓元正的地界石下面，恢復原樣後，便離開了此地。

兩天后，王大山果然來到縣衙擊鼓鳴冤來告狀。

王之渙升堂審案。

王大山跪在地上，偷偷抬眼瞟了一眼坐在大堂之上的縣尉大人，見果然不是上一次的劉大人，而且這一位縣尉大人有些面熟，好像在哪裡見過。

王之渙問明瞭王大山的訴因，又傳來韓元正問話。韓元正還是說他有地界石為證。

王之渙說：「本官不重口訴，重的是證據。待本官親自到地裡查驗後再說。」

王大山聽了，早已嚇出一身冷汗，心裡說，又遇上了一個狗官。

韓元正則搖頭擺尾，滿臉顯出得意之色。

王之渙命衙役押著原告、被告來到地頭。又命衙役照韓元正所說的地方去挖地界石。不一會兒，衙役回報說，挖到一塊地界石，並搬過來讓縣尉大人查驗。

王之渙見地界石上面刻著一個「韓」字，就對韓元正說：「看來這塊地是汝的無疑了。」

韓元正滿臉堆笑，向王之渙恭維道：「大人公道！明斷！」

韓元正話音剛落，那邊的衙役又喊道：「大人。下面還有一塊石頭。」

王之渙說：「挖出來。我看看。」

須臾，兩個衙役將一塊青石抬到了王之渙面前。王之渙用手輕輕拂去溼土，上面一個真真切切的「王」字顯現出來。

王大山見狀，被弄糊塗了。

韓元正一見眼前的境況，一下被嚇傻了。

王之渙不慌不忙地說：「王家的地界石在下，韓家的地界石在上，這顯然是王家的地界石早於韓家的地界石，韓家的地界石是後來埋進去的。」說到這裡，他厲聲喝道：「韓元正，霸人田產，欺矇本官，汝可知罪？」

韓元正跪倒在王之渙面前，磕頭猶如雞啄米，連聲說：「小人知罪！小人知罪！」

王之渙說：「汝認打還是認罰？任打，杖汝六十，發配充軍一千里；任罰，地歸原主，罰粟十石，立即交割。」

韓元正痛哭流涕，說：「小人認罰。」

這時候，王大山突然想起兩天前在地頭遇到的一個人，面相特別地像眼前的這位縣尉王大人，就像剛從夢中醒來一般，匍匐在地，激動地說：「您真是一位青天大老爺啊！」

王之渙為窮人懲治惡霸的事，很快就傳遍了文安全縣，人們都稱他「王青天」。

第十二章　出任縣尉

4

　　這一天傍晚時分，王之渙與兩個隨役微服私訪，來到一個叫做「鄭家莊」的村子。

　　王之渙見已經走了一天的兩個隨役身疲體乏，又累又餓，就打算在此村裡找個地方吃點東西，休息一宿。

　　這鄭家莊說大也不大，說小也不小，一條村街橫貫東西。王之渙與兩個隨役從村東一直向村西走來，村街上除了看到一家賣雜貨的小店，並沒有發現可以住宿的客店。正在無望之時，忽然看見村西頭飄著一面招子，招子上寫著「鄭家客棧」四個大字。

　　王之渙與隨役緊走幾步，來到鄭家客棧。這時候，應該正是做生意的好時候，而這客棧的門前卻冷冷清清，客棧門面的鋪板是上著的，從鋪板上落下的灰塵來看，已有多日沒有人動過，那面招子在微風的吹動下，晃來晃去，也顯得有些灰心喪氣。正在疑惑之際，王之渙突然發現最邊上的一塊鋪板上貼著一紙，上寫「休業」二字。

　　一個隨役上前去拍打門環：「店家。店家。快快開門！」

　　隔了一會兒，店門開啟了，走出來一位身著一身素服、頭罩一塊白色頭巾的中年婦人。此婦人雖然已過青春年華，但是從其五官膚色仍可看出當年的花容月貌。

　　隨役說：「店家。我們是做生意的人，已經一天沒有吃東西了。剛好路過這裡，快快為我們弄些吃的。」

　　中年婦人上下打量了一下這灰頭土臉、一身疲憊的三個人，就讓他們進到店裡，便到廚房裡去弄吃的了。

　　這時候，王之渙就觀察了一下這家客棧的建築布局：迎街面的幾間

屋子是飯堂，四張飯桌整整齊齊擺在當地。飯堂後面是一個方方正正的院子，正房，看得出是店主人的住屋；正房與西方的銜接處開著一個向外的小角門；西廂房裡正發出鍋碗瓢盆的碰撞聲，應該就是廚房；東廂房的門口掛著一塊看不清字跡的木牌，猜想那就是客室了。

過了一陣兒，聽得中年婦人高聲吆喝：「小娥。快來為客人端飯。」只見從正房裡跑出來一個十歲左右的女孩子，進了西廂房。接著，中年婦人與小娥就將幾碟素菜與一盆麵食端到飯堂裡來。

王之渙見這客棧只有一大一小兩個女人，覺得有些蹊蹺，就邊吃飯邊向中年婦人問道：「這麼長時間，怎麼不見汝家男人？」

中年婦人立時現出一臉愁雲，答道：「實不相瞞客官，奴家男人姓鄭，一直在村裡開個小店謀生。想不到，幾個月前突然得了一場急病去世了。奴家是二十里鋪人，姓曹，現在與小女相依為生。」

很快吃過了飯，隨役要女店主開啟客房去休息。

女店主說：「自從奴家男人去世，客店就已關門歇業。因為是寡婦孤女人家，為避嫌疑，從未招待過一位客人。今天也是看見三位客官一是餓得慌急，二是不像歹人，所以才做了些粗茶淡飯。這些飯食，是不要錢的。至於客官要住宿，那是萬萬不能的。」

隨役說：「天已經這麼黑了，店家如果不留我們住宿，我們又沒有個別的住處，就只能夜宿野外了。那樣，恐怕有些危險。」

女店主聽得說幾個人要住野外，動了惻隱之心，極不情願地勉強將他們安頓在客房住下。隨役遂之結算了飯錢與店錢。

三更時分，疲累了一天的王之渙正睡得香甜，突然被客棧外一陣急促的打門聲與吵嚷聲驚醒了。他趴在窗戶上向外望去，看見女店主穿了衣服出去開門。

第十二章　出任縣尉

　　大門開了，一下擁進來五六個手執棍棒的男人。走在前面的一個中年男人指著女店主，厲聲罵道：「小娼婦！私養男人，拉汝到祠堂按家法問罪！」

　　這時候，兩個隨役也被外面的吵鬧聲驚醒了，聽說他們被誤認為是女店主私養的男人，就要出去與這一夥人理論。

　　王之渙將兩個隨役止住了，讓他們等一等再說。

　　只聽得院子裡女店主平靜地說：「大伯這話從何說起。我一個清白婦道人家，什麼時候養過男人，今天對著眾人，汝得說個清楚。」

　　大伯嘿嘿笑了兩聲，說：「我弟弟死了沒有幾個月，屍骨未寒，汝就養了男人在床。現在還要嘴硬抵賴。」

　　女店主坦然地說：「人常說：『捉賊要贓，捉姦要雙。』汝不能平白無故誣賴好人！」

　　大伯說：「小娼婦！這可是汝說的。我定叫汝有口莫辯。」說著，便指揮眾人進正房裡去搜。

　　不一會兒，幾個男人從正房裡扭拉出一個赤裸著上身的中年男人出來。

　　大伯得意地說：「小娼婦！捉姦在雙。這下有何話說。」

　　女店主見從自己屋子裡拉出村裡的一個無賴，大吃一驚，急忙喊道：「冤枉！這是陰謀！」

　　這時，客房的門推開了，王之渙與兩個隨役走出門來。

　　大伯看見王之渙等三人，先是吃了一驚，接著就又嘿嘿一笑說：「原來這小娼婦在東廂房還養著三個男人，給我一併拴了！」

　　兩個隨役手執軍棒，向前一步，護住王之渙，喝道：「休得無禮！這是本縣縣尉王大人！」

大伯看了一下王之渙，又嘿嘿笑道：「汝竟敢冒充縣尉王大人，到了官府，罪加一等。」

王之渙解下腰間繫著的印信，說：「我就是專管破案的本縣縣尉王之渙，有印信在此為證。」

眾人一看印信，知道眼前這一位就是真的縣尉王大人，一下都傻了眼。

王之渙看了看已經現出魚肚白的天色，知道天馬上就要亮了，就對兩個隨役說：「本縣尉今天要現場審理此案。」

很快，兩個隨役便在正房臺階前擺了一張桌子、一把椅子。然後，肅立兩旁。

這時候，村子裡的人們都已起床，聽得說鄭家客棧出了事，就都前來看熱鬧，圍了滿滿一院子。

王之渙端正坐好，一拍桌子，道：「原告上來，報上姓甚名誰？所訴何事？」

大伯得意洋洋，上前兩步，跪下，道：「小人鄭明，就是這鄭家莊人，平時以務農為生。弟弟鄭亮，本是這鄭家客棧主人，只因幾個月前得了一場急病去世了。不曾想弟媳曹氏不守本分，敗壞門庭，私宿姦夫有日。昨天夜晚被本人偵得，帶領本家數人，捉姦在雙於此。請縣尉大人按律明斷。」

王之渙喝令鄭明跪於一旁，又讓姦夫報上姓名、職業，交代所犯姦情。

鼻歪眼斜，嘴角上長著一撮毛的姦夫「撲通」一聲跪在王之渙面前，道：「小人郭小四，也是本村人。光棍一條。平時以打葬、抬轎、扔死嬰兒為生。曹氏與我相好已是好多天了。」

第十二章　出任縣尉

　　王之渙又命店主人曹氏上前問話。曹氏跪在王之渙面前，披頭散髮，怒雲滿面，大喊冤枉。喊著喊著，便昏厥過去。

　　這時，只聽得王之渙在上面判道：「郭小四光棍，鄭曹氏寡婦，一個有情，一個有意，二人相好已有多日。本縣尉成全汝二人好事，准予結為夫妻。郭小四快抱著鄭曹氏回家去吧。」

　　郭小四高高興興地抱著昏迷不醒的曹氏走了。

　　王之渙對一個隨役耳語了幾句，隨役也出去了。

　　接著，王之渙繼續判道：「曹氏女兒小娥年齡尚幼，歸母親撫養。鄭亮家產，已無後人繼承，悉歸於其兄鄭明名下。」說著，看了一眼跪在下面的鄭明：「這樣，你看是否滿意？」

　　鄭明喜笑顏開，拍著巴掌，連連說：「大人斷得好！大人斷得好！」

　　院子裡的聽眾發出了一片唏噓聲。

　　不一會兒，出去不多時的隨役跑回來報告說：「大人，不好了。郭小四正抱著曹氏走在回家的半路上，突然曹氏醒來，一見自己在郭小四懷裡，就伸手向郭小四臉上抓去。郭小四的臉上立即出現了十來道血印。接著，曹氏掙脫郭小四的懷抱，一頭撞在路旁的一塊大石頭上，立時頭破血流。」

　　王之渙問：「曹氏的傷勢如何？」

　　隨役說：「只是流了一些血，已包紮好了，性命卻無大礙。」

　　王之渙即命將郭小四與曹氏帶上來重審。

　　郭小四捂著滿臉血痕上來了。

　　王之渙指著郭小四罵道：「大膽歹徒，為何誣陷他人，從實招來。」

　　郭小四說：「小人沒有誣陷過任何人，不知該招什麼？」

王之渙說：「不動大刑，量你也不招。」說著吩咐兩個隨役對其重責四十大棍。

兩個隨役立即將郭小四掀翻，只打了二十棍，郭小四便被打得皮開肉綻，哀求著招了：原來，昨天上午，鄭明找到郭小四，問他是否願意娶個媳婦。他說太願意了。鄭明讓他那晚設法藏於弟媳曹氏的床下，待他半夜帶人去捉姦。到時，以家法將她判給郭小四為妻。另外還會送他謝錢一吊。於是，他就依計而行，發生了後來的情形。

聽了郭小四的招供，王之渙問鄭明可否知罪？

鄭明拒絕認罪，只說郭小四的話是屈打成招，才誣陷於他。

王之渙說：「本縣尉不對汝動刑。看來不講明，汝哪肯心服口服。」他盯著鄭明繼續說：「昨天夜裡汝帶人打門之時，郭小四有的是機會從角門逃走，然而，他卻藏在床下不走，專等汝來捉姦，我就判斷這事蹊蹺。這是其一。其二，本縣尉判曹氏與郭小四為妻，如果二人早有姦情，正好遂了其心願，應該高高興興，為何曹氏卻將郭小四臉面抓傷，自己又撞石求死？其三，本縣尉故意將汝姪女判歸汝弟媳，而將汝弟弟的財產悉數判歸於汝，看汝有何反應。正常親情，汝應當將這些財產作為汝姪女的撫養費，而汝卻毫無親情表現，將你弟弟的財產欣然全部接受，由此可見，汝這次捉姦就是為了汝弟弟的財產而來。本縣尉所言，汝可服氣？」

鄭明聽了，心服口服，低下了頭顱。

王之渙命隨役將郭小四、鄭明分別綁了，帶回縣衙，按律發落。

接著，又對曹氏說：「鄭曹氏貞烈舉止，應為鄉里楷模。待本縣尉申報朝廷，予以旌表。」

王之渙的話音剛落，院子裡就發出一片叫好聲。

第十二章　出任縣尉

這時，日頭已經爬上三竿。

王之渙與隨役押著兩個人犯向縣城走去。

5

這年夏天，文安縣城西街上發生了一件殺人命案。

發案的這家人家姓趙，男人常年在外做些遠途生意，家中只有姑嫂兩人相依為命。嫂嫂叫劉月娥，三十來歲，身強體壯，尚未生養，打理照外，家裡的粗活雜活都是她的。小姑年剛二八，正是花苞初放的時節，面如滿月，楚楚動人，無比美豔，她只在家裡幫著嫂嫂做刺繡、裁剪等細碎工作。

這一天下午，劉月娥見廚房裡的面甕中沒麵了，就用一塊布帕將頭罩了，到庫房裡挖了一笸籮小麥，又收拾了布袋、麵羅、笤帚等一應家具，到外院的磨房裡去磨麵。這磨麵是個重活，也是個細活。小麥加到磨眼裡，推著磨棍在磨道裡一圈一圈地轉，周而復始，直到頭暈眼花，這時小麥才破了半，並沒有多少麵粉，但也得過羅，這是頭欄麵。之後，再反覆磨，反覆羅，再分出二欄麵、三欄麵來。在羅三欄麵的時候，天已經完全黑下來，她就加快動作，準備結束。就在這時候，她聽到了裡院正房小姑子撕心裂肺的哭喊聲。劉月娥判定小姑子有事，顧不得一切，扔下麵羅，撒腿就往裡院跑去。剛進正房，就見一個男人竄了出來，因為天黑，看不清面貌，只見這個人光著上身，她就急忙上前去抓他，誰知這人身強力壯，脊背又光滑，竟被他脫身逃走了。劉月娥進了臥室一看，小姑子的胸脯上插著一把剪刀，已經沒氣了。

王之渙接到報案後，帶領衙役來到劉月娥家中，勘查現場。附近的人們聽說趙家出了人命，縣尉王大人前來破案，也都前來圍觀。

件作正在驗屍，王之渙便招來劉月娥，詳細詢問了案發的整個過程，斷定這是一起強姦不成，惱怒殺人的案件。

　　王之渙問劉月娥：「汝兩個年輕女子在家，難道平時就不做些防備嗎？」

　　劉月娥答道：「家裡養了一隻黃狗，但不知為何，小姑遇害時並未聽見狗叫。」

　　王之渙讓劉月娥將他領到狗窩前，只見一隻脖子上套著鐵鏈的威猛的大黃狗，一邊叫著，一邊凶惡地向他撲來。他見狀大怒，靈機一動，厲聲罵道：「狗東西！主人平日將汝養得膘肥體壯，關鍵時刻汝卻不為主人出聲，不盡狗責，實在可惡！明天本官就在這裡先來審汝這狗東西！」

　　王之渙說得聲高，圍觀的人聽得真切。殺了人，不審人卻要審狗，人們都覺得這是天下奇事，於是一傳十，十傳百，「王大人明日要審狗」的消息就在縣城裡傳開了。

　　次日上午，劉月娥家的外院裡來了許多看熱鬧的人，將整個院子都擠滿了。

　　外院的正中放著一張桌子，王之渙在桌子後面穩穩當當地坐著，桌子前面分別站著手執兵器的兩排威武雄壯的衙役。

　　王之渙見時機到了，便命衙役將院門關了，先將老人、女人、孩子悉數驅出門外。這時，院子裡還有幾十個青壯年男子。王之渙讓他們一個一個分別到裡院的狗窩前面走一趟，黃狗看著一個一個來人，吠一陣，歇一陣。王之渙命衙役將凡是被狗吠過的人也全都趕出院外。至此，狗不吠的人只剩下了四五個人。

　　這時候，只聽得王之渙大喝一聲：「都將上衣脫了，面朝牆壁站好！」

第十二章　出任縣尉

這四五個人都乖乖地脫了上衣，面朝牆壁站成了一排。

王之渙走上前去一個一個檢視這些男子的脊背，只見其中有一個男子的脊背上有兩道指甲抓痕。便問道：「汝叫什麼名字？」

「小的姓侯，名叫五五。」

「汝的家住在哪裡？」

「小的的家就住在附近。」

「這家姑嫂，汝可認識？」

侯五五結結巴巴地說：「小的正是她家鄰居，自然認識。」

王之渙喝令衙役：「將侯五五綁了！」接著，又對站在牆根的其餘人說：「此案與汝等無涉。汝等都穿上衣服，可以離開這裡了。」

經過審問，侯五五詳細交代了作案過程。

原來作為趙家鄰居的侯五五早就看上了如花似玉的趙家姑娘，經常藉故來趙家借東西、問消息，伺機不軌，只是嫂嫂劉月娥與小姑子相跟得緊，一直無法得手。這一天，他窺得劉月娥在磨房裡磨麵，就趁著夜色跑進了趙姑娘的臥室，先是語言挑逗，見趙姑娘不為所動，索性撲上去欲行強姦，趙姑娘急了，就哭著大喊救命。侯五五知道這喊叫聲招來人的後果會是什麼。情急之下，就順手摸起炕上的一把裁衣剪刀，使勁插入趙姑娘的胸膛。他一看趙姑娘死了，轉身就跑，剛到門口，劈面正碰上劉月娥回來，就發生了在脊背上抓他的那一幕。

王之渙迅速破了此案，問清口供，採得實證，做成一卷「強姦不成，故意殺人」的案卷，申報上司，按律治罪。

王之渙所辦的是一起強姦殺人案。唐代之前，只有「和姦罪」、「居喪姦罪」一說，到了唐代才出現了「強姦」、「輪姦」罪名。在唐代將姦罪

分為通姦、強姦和謀姦三種，對強姦罪「罪加一等」。但是對於強姦犯，唐代判刑較輕，《唐律疏議》規定：「和姦者，男女各徒一年半；有夫者徒兩年，強者各加一等。」唐代徒刑分為五等，從一年半到三年，一等就是半年，強姦罪加一等，就是判刑兩年，比和姦多半年。唐代殺人罪，一般就是抵命，像侯五五這種罪大惡極、傷風敗俗的要凌遲處死。

剛剛辦完案件的王之渙，迎面正好碰上了馬主簿。

馬主簿笑著說：「王大人，汝這一齣『審狗』戲，唱得太好了！不僅文安縣城的人們為汝這一齣戲叫好，就連衙門裡的人也都讚不絕口啊！」

王之渙說：「不敢。不敢。馬大人過獎了。」

馬主簿說：「大家都奇怪，汝是怎麼想出這麼一招的呀？」

王之渙說：「凶手入戶作案，院子裡有那麼威猛的一條狗，但是卻不吠，我想當時一定會出現兩種可能：一種可能是狗被下了藥，失去了吠的本領；另一種可能是熟人入戶，狗肯定不吠。我到狗窩前作了檢視，見狗的神態好好的，這就排除了第一種可能，我就斷定是熟人作案無疑。我放出話來要審狗，這是為了麻痺凶手。凶手必然會以為我是一個昏官，想審一下狗就草草結案，不再針對他。一件凶殺案，我不抓人，卻要審狗，這就是一個非常荒唐的天大的笑話。人們一定都會覺得好奇，都想去看一看，包括已經解除了戒備的凶手也會是這種想法，他一定會放心大膽地來觀看審狗，這可稱之為誘捕。至於審狗現場，我用的是排除法，死者的嫂嫂說，凶手是一個大漢，所以，我就將老人、女人、孩子全部趕出了院外。凶手入戶時，黃狗未吠。我就用黃狗驗一驗剩下的人。凡是被黃狗吠的人，肯定與此案無關，於是，也將這些人放出院外。剩到最後的都是王家的熟人了，這就只能查驗他們的脊背了，

第十二章 出任縣尉

脊背上有劉月娥抓痕的，就肯定是作案凶手無疑了。」

馬主簿伸出大拇指，評價說：「妙極！玄極！神極！」

王之渙審狗破案的事，傳遍了文安縣，也傳遍了整個文安郡。

6

開元二十八年（西元 740 年）五月七日，張九齡在家鄉曲江去世，終年六十八歲，皇上贈封他為荊州大都督，諡號「文獻」。

恩師張九齡去世的消息，一個月之後才傳到王之渙的耳朵裡。

那年，即王之渙第二次離開長安的開元二十三年（西元 735 年），張九齡被玄宗皇帝加封為金紫光祿大夫、始興縣伯，食邑 400 戶。

開元二十四年（西元 736 年）十月，玄宗皇帝欲加封朔方節度使牛仙客為尚書。張九齡奏道：「不可。尚書，古之納言，唐興以來，唯舊相及揚歷中外有德望者乃為之。仙客本河湟使典，今驟居清要，恐羞朝廷。」玄宗皇帝曰：「然則但加實封可乎？」張九齡對曰：「不可。封爵所以勸有功也。邊將實倉庫，修器械，乃常務耳，不足為功。陛下賞其勤，賜之金幣可也。裂土封之，恐非其宜。」玄宗皇帝猶豫不決。吏部尚書李林甫陰柔狡詐，他看到張九齡被皇帝賞識，心中非常妒忌不滿，於是趁機言於皇上曰：「仙客，宰相才也，何有於尚書！九齡書生，不達大體。」張九齡堅持己見，玄宗皇帝由是而不悅，遂罷張九齡中書令，遷為右丞相。升李林甫為中書令，牛仙客為工部尚書。

其時，唐朝處在全盛時期，但是卻又隱伏著種種社會危機。張九齡針對社會弊端，提出以「王道」替代「霸道」的為政主張，強調保民育人，反對窮兵黷武；主張省刑罰，薄徵徭，扶持農桑；堅持革新吏治，

選賢擇能，以德才兼備之士為地方官吏。他的施政方針，緩解了社會矛盾，鞏固了中央集權。在主理朝政時，他勇於向玄宗皇帝直言進諫，多次規勸玄宗皇帝居安思危，整頓朝綱。玄宗皇帝的寵妃武惠妃，欲謀廢太子李瑛而立己子時，命宮中官奴遊說於他，他不為所動，斥退遊說者，及時據理力爭，從而平息了宮廷內亂，穩定了政局。對於安祿山、李林甫等奸佞所為，張九齡更是痛斥其非，並竭力挫敗其陰謀。

開元二十四年（西元736年），安祿山任平盧將軍，在討伐契丹時失利，張守珪奏請朝廷對其斬首。之前，安祿山入京朝見皇上時，拜見過時任宰相的張九齡。張九齡頗有識人之道，明察秋毫，看出安祿山是奸詐之徒，斷定日後此人必會作亂，於是對侍中裴光庭說：「亂幽州者，必此胡也。」此次適逢安祿山犯軍法，被押送京城，奏請朝廷判決。張九齡上奏說：「穰苴出軍，必斬莊賈；孫武行令，亦斬宮嬪。守珪軍令若行，祿山不宜免死。」玄宗皇帝不明華夷之辨，看了奏文後批道：「卿豈以王夷甫識石勒，便臆斷祿山難制耶？」玄宗皇帝沒有採納張九齡的意見，反而為宣示皇恩，將安祿山釋放。最終安祿山反叛，重演了西晉末年，羯族石勒反晉亂華的一幕。

開元二十五年（西元737年）夏四月，監察御史周子諒彈劾牛仙客非才，引讖書為證。皇上大怒，命左右暴杖於朝堂，死而復活，流放瀼州，至藍田而死。李林甫乘機向皇上讒言：「子諒，張九齡所薦也。」於是，玄宗皇帝以舉薦不稱職之罪，貶張九齡為荊州長史。

在荊州任上，張九齡寫下了《感遇十二首》。

開元二十七年（西元739年），也就是王之渙赴任文安縣尉的這一年，張九齡被封為始興開國伯，食邑500戶。

開元二十八年（西元740年）春，張九齡請求回鄉拜掃先人之墓，病

第十二章　出任縣尉

逝於家鄉，終年六十八歲。

得到恩師張九齡去世的消息，王之渙異常悲痛。他擺設供案，供三牲，獻佳饌，奠美酒，焚香紙，跪倒在塵埃，灑淚向南遙祭了自己的恩師。

接著，他吟誦了恩師的《感遇十二首‧其一》：

蘭葉春葳蕤，桂華秋皎潔。
欣欣此生意，自爾為佳節。
誰知林棲者，聞風坐相悅。
草木有本心，何求美人折。

他深深知道，恩師這首詩是多麼的含蓄蘊藉，寄託遙深。全詩句句寫蘭桂，都沒有寫人，但是從詩歌的意象裡，完全可以看到恩師像蘭草一樣自勵名節、潔身自好的高尚品德。

7

文安縣地近邊陲，自古重武而輕文，從城鎮到鄉村，習武的多，做生意的多，種地的多，讀書的人卻很少，能詩善賦的人就少之更少，由是民風強悍，偷盜、賭博、嫖娼、打架鬥毆，甚至殺人的案件經常發生。身為一個主管治安的地方官，既要有惡必辦、堅決打擊，又要主持公道、懲惡揚善。但是這都是治表的辦法，怎麼樣才能從根本上解決這些問題呢？多少天來，王之渙飯吃不香，覺睡不著，他在苦苦地思索著這個問題。經過一段苦思冥想之後，他終於理清了這個問題的根源。問題就出在這裡的人不讀書上。人不讀書就會少禮失教、就沒有法規觀念，就會違法亂紀，相反，知書才能達理，明理的人多了，社會風氣自

然就會慢慢改變。但是要提倡讀書，就必須先從兒童抓起，而要讓兒童讀書，就必須先辦教育。於是，他詳細了解了一下縣裡的教育狀況，一處縣學，是官辦的，只有額定的二十五名學生，而且都是官宦人家的子弟。要入縣學，門檻又太高，普通人家的子弟根本無法邁過這道高門檻。當朝雖然流行家學，在家裡設堂聘師，讓自己的子弟不出門就能受到良好的教育，但是這都是家境非常富有的人家才能做到的事，普通人家想都不敢想啊！要讓大多數普通人家的子弟都能讀上書，那就必須興辦義學。

　　王之渙找到縣令大人，說了自己對文安縣民風的看法，又分析了產生這種民風的根源，最後又談了興辦義學的想法。

　　縣令大人說：「王大人對文安縣的看法很中肯，分析得也切中要害，這也是我多年來的憂慮。興辦義學是個從根本上解決問題的好辦法，但是，辦義學，首先需要建一座學堂，這可不是一件簡單的事情，得花一大筆銀子呢。文安是一個窮縣，到哪裡去籌措這一筆開支呢？」

　　王之渙說：「銀子的事，不消大人發愁，我來籌措。」

　　縣令大人聽王之渙說有辦法解決興建義學的資金，心下大喜，便當下決定興建義學的事由王之渙負責全權操辦。

　　王之渙接了興建義學的任務，一刻也不敢怠慢。

　　他在縣城裡最大的酒店「鴻賓樓」的二樓定了一桌酒席，又向全縣幾個有名的財主發了請柬，請他們第二天來赴宴。

　　第二天中午，王之渙見所請的客人都到齊了，招呼大家依次坐定，就命酒保開席。他親自為每一個人斟了一盞酒，舉杯共同飲了，然後站起來，抱拳向大家施了一禮，說道：「今天，我請各位來此赴宴，是想與大家商量一件修建義學堂的事情。修建義學堂是一件造福子孫後代的大

第十二章　出任縣尉

事。大家都知道，修建義學堂就要花錢，而文安縣裡又窮，縣庫裡沒有這筆銀子，所以請大家一定慷慨解囊，萬勿推辭。」

眾財主聽說要他們往出拿錢，面面相覷，便七嘴八舌地哭起窮來。

王之渙見此情景，便指著身旁的財主劉子善說：「修建義學堂可是積德行善的好事，汝打算出多少錢呢？」

劉子善是全縣的首富，別看名字叫善，實際為人處世又刁又奸。他見縣尉大人點了自己的名，急忙站起來，點頭哈腰，說：「王大人，在下家裡人口多，土地少，這幾年又連年鬧災，收不上租子，實在是拿不出錢來呀！」

王之渙見第一個就卡了殼，心想，如果拿不下劉子善，別人怎麼會肯出錢。想到這裡，他便拉下臉來說：「汝劉子善整天嘴上喊積德行善，怎麼一到辦實事的時候就往後退縮呢？據我所知，這幾年汝收的地租不算數，光是販私鹽就賺了不少銀子吧！」

按照當朝律例，私販食鹽是要坐牢的。劉子善一聽縣尉大人知道了自己販賣食鹽的事，早就嚇得就像篩糠一般，身子抖作一團，強作笑顏說：「王大人千萬不要生氣，剛才在下不過就是說句笑話。修建義學堂這麼好的事情，在下怎麼會不出錢呢？」

王之渙就勢問道：「那汝準備出多少錢呢？」

劉子善說：「我出一百兩吧。」

王之渙說：「一百兩？這恐怕是汝的九牛一毛吧。」

劉子善說：「那就一百五十兩吧。」

王之渙說：「劉子善，汝這是將本官當小孩子耍嗎？」

劉子善見再不多捐些，今天難過此關，便咬了咬牙，說：「為了王大

人，在下今天豁出去了，就捐兩百兩。這可是傾在下家中所有，再多可真是拿不出來了。」

王之渙見好就止。

其他財主見劉子善捐了銀子，也都積極報捐，根據各自家底，有的要捐一百兩，有的要捐五十兩，有的要捐八十兩，最少的也捐了三十兩銀子，累計起來，總共有一千多兩銀子。

王之渙讓隨役登記了捐銀人姓名、數量，又規定了交銀期限，最後說了一些褒獎勉勵的話，酒席就散了。

這次收到的捐銀數量，雖然距離建一座義學堂尚有一定的差距，但總是可以起步了。王之渙確定了幾個建築管理人員，建立了收支帳簿，又將義學堂地址選在了縣城西街，設計好圖紙，邀好了木泥工匠，採購了建築材料，又擇了良辰吉日，工程就正式開工了。

8

開元末年春節除夕晚上，王之渙辦理完公務，從衙門裡出來，走在大街上，他想要檢視一下縣民們這個年過得怎麼樣。

文安縣城裡被一片濃濃的年味籠罩著。

街道兩旁的商舖與住戶的門口已經掛出了紅彤彤的燈籠。燈籠有絹裱的，也有紙糊的；形狀有桶式的，也有瓜式的，還有各種動物造型。紙糊的窗戶上映出來屋子裡大人們忙亂的身影，不時還能聽到閨女、媳婦們按捺不住歡樂的嘻笑聲。誰家的門口，有幾個小孩穿著嶄新的小長袍，正手持香火與爆竹，追逐著，打鬧著，喊叫聲與爆竹聲響成了一片。空氣中瀰漫著肉香味、花糕味、油炸味等等撩人垂涎的綜合食品味道。

第十二章　出任縣尉

走著走著，王之渙看見南街的犄角旮旯裡的一戶人家，門口沒有燈籠，家裡也沒有聲息，透過窗戶，只見如豆的燈火在左右搖曳。他好生奇怪，便推門進去了。

進了屋子，定了定眼睛，王之渙才看清了屋子裡的情形：這是兩間又矮又黑的小屋子，家裡沒有什麼家具擺設，只有一些日常生活用具。一條土炕上擺放著一隻火盆，老兩口頭對著頭，圍著火盆，一邊烤火，一邊烤著魚吃。

見是個官人進來，老兩口便急忙欠身下炕，熱情地為王之渙讓坐。

王之渙態度和藹地問：「老丈。年貨都準備好了嗎？」

老漢苦笑著答道：「準備好了。準備好了。」

王之渙知道這老漢心裡一定有些苦衷，便進一步探問：「別人家都在熱熱鬧鬧地準備過大年，您家裡怎麼這麼冷清啊？」

老漢就簡單地對他講了講自己的家境。原來老漢姓余，膝下無兒無女，以打漁為生。近幾年，由於年老體弱，打的魚不多，收入也就極其微薄。特別是今年的魚價行情不好，買的人不多，因此，打下的魚賣不出去，於是，就只好與老婆子天天以烤魚當飯吃了。

說話之間，火盆上的魚正好烤熟了，余老漢就用火箸夾了一條讓王之渙品嘗。

王之渙也不客氣，接過魚來，先在燈下看了看，見這魚皮色焦黃，立時就有了食慾，接著又嘗了嘗，雖然口感外焦裡嫩，但是味道卻不怎樣，腥味十足，難以下嚥。吃著老漢的烤魚，他突然就有了一個想法。於是，對老漢說：「生魚賣不出去，為什麼就不賣熟魚呢？」

余老漢說：「咱這熟魚，沒有品味，誰買啊？」

王之渙說:「老丈。您這烤魚煙燻火燎的,確實不好吃,當然沒有人來買了。可是,沒有品味,可以改進呀!如果您將魚放進鍋裡炮(音包),再加上佐料,這樣腥味沒有了,香味卻增加了。您如果不信,咱現在就可以試一試嘛!」

余老漢聽了,覺得這官人的話說得有理,於是,就招呼老婆子點火架鍋,按照王之渙教授的方法做了兩條魚。很快鍋裡就飄出了香味,接著魚香味就瀰漫了整個屋子。不一會兒,魚做熟了,三個人一嘗,果然好吃,魚已下肚,口中仍有餘香。

王之渙說:「老丈。就這個做法,就這個味道,一過年,您就做準備,初五那天準時掛牌開張。我們說定了,價錢您可不能少要了啊!」

余老漢說:「那該賣多少錢一斤呢?」

王之渙說:「生魚你賣多少錢一斤呢?」

「也就十文錢。」余老漢答道。

「熟魚那就賣一百文錢吧。」王之渙笑著對余老漢說。

余老漢一聽熟魚要賣生魚價錢的十倍,吃了一驚,說:「要那麼多,誰買呢?」

王之渙心裡已經有了為余老漢促銷熟魚的主意,於是就說:「老丈。您聽我的,就是這個價錢,保您賣得了,銷得好!」

王之渙和余老漢說定了,這才回家去過年。

初五這天,王之渙邀請了縣城裡的十幾個財主來家裡做客。席間,菜上了一道又一道,酒飲了一巡又一巡。最後,夫人李氏雙手托出一盤魚來,放在飯桌當中。

王之渙對大家說:「這道菜,名叫『鍋炮魚』,是我親自為大家做的。

第十二章　出任縣尉

廚藝不高，請諸位嘗嘗。」

王之渙話音剛落，十幾雙筷子都向魚盤伸過來。眾人經過一番品咂，連聲誇讚，有的說，這是生平吃過的最好吃的魚；有的說，這魚堪稱色、香、味三絕了；有的說，想不到王大人詩寫得好，官做得好，菜也做得這麼好啊！

王之渙知道這是大家在恭維他，於是，就乘勢說道：「既然諸位覺得這鍋炮魚好吃，我這裡就只有這一盤，如果大家還想吃，我為大家介紹個賣鍋炮魚的地方。南街犄角旮旯裡有個賣鍋炮魚的店鋪。鋪主是我的朋友。他做的鍋炮魚，比我做的鍋炮魚要強百倍。席散之後，請大家務必到那裡買幾斤回去，讓家人也嘗嘗。」

散了席，眾人就尋到南街上來，果然看見犄角旮旯裡有個不起眼的小鋪子，鋪面上掛著一面招子，上寫三個大字「鍋炮魚」。一問價錢，聽說一斤魚要一百文錢，雖然覺得這魚確實貴點，但是這是縣尉王大人吩咐來買的，豈能不買？再說自己也不在乎這幾個錢。於是，這個一條，那個兩條，一會就將余老漢做下的魚買完了。

老百姓見財主們搶著買鍋炮魚，尋思著這魚一定是好吃，於是，也就紛紛去買來嘗鮮。

不久，鍋炮魚就成了文安縣城裡的一種風味名食。余老漢見鍋炮魚有市場，便索性放棄了打漁生計，專門做起了這個鍋炮魚生意，遂之也漸漸成了當地的富裕大戶。

第十三章　詩星隕落

1

　　自從上一年籌集銀錢修建義學堂以來，經過管理人員與工匠們的共同努力，工程已經接近尾聲，但是要購置辦學設備，保持正常運轉，尚需一大筆金錢。

　　王之渙正發愁如何籌措這些銀錢，突然聽得有人擊鼓喊冤，他便馬上升堂理案。王之渙在大堂上坐定，對跪在大堂上的告狀者說：「汝姓甚名誰？家住何地？有何冤情？一一報來。」

　　告狀者即遞上狀紙一張。王之渙接狀看了，知道了此人姓賀名勝，家住城外十里莊。當他看到賀勝舉告的是本村姚二小等人勾結強盜搶走他家糧食、打傷他家兒子一事時，吃了一驚，按照大唐律例，勾結強盜是大案要案，犯案者是要被處以極刑的。王之渙不敢怠慢，馬上帶領衙役直奔十里莊來捉拿要犯。

　　到了十里莊，要犯姚二小早已跑了。王之渙查驗了賀勝兒子的傷勢，檢視了姚二小所搶糧食的現場，又走訪了一些村民，案情在他肚子裡一下就明瞭了。

　　原來賀勝是十里莊的首富，家有莊園數處，良田百頃，妻妾數人，長工十幾個。賀勝家裡富裕，但是卻為富不仁，每年除了正常收入之外，貪得無厭，還要千方百計將別人應得的錢糧據為己有。去年年底，辛辛苦苦做了一年的姚二小等長工找賀勝去領工錢，賀勝手上的算盤珠

第十三章　詩星隕落

　　子劈里啪啦一打，結果出來了，每個人不但沒有賺到一文工錢，還倒欠下東家幾弔錢。姚二小等人問他這是為什麼？賀勝說，某月某日地鋤得淺了，影響了產量；某月某日谷茬割得高了，減少了乾草的收入；某月某日拉運莊稼時牲口吃了穀穗，必須賠償⋯⋯姚二小等人覺得受了一年苦，不但沒有拿到工錢，反而還得倒貼不少錢，越想越氣，大年也沒有過成。過了初五，幾個人合計好了，一齊到賀勝家裡來說理。

　　賀勝見幾個窮小子要與自己理論，不由分說便破口大罵，姚二小等人據理力爭。賀勝的兒子見眾人不服，便操起一根木棍，劈頭蓋臉就向姚二小打來，姚二小一躲，正好打在腰上，本來就一肚子怨氣的他，氣上添氣，一把奪過棍子，返手一棍，便將賀勝的兒子打倒在地。此時，另外幾個長工一齊衝上來，一頓拳打腳踢，將賀勝的兒子打得趴在地上，只剩下一口氣。接著，幾個人到賀勝的糧囤裡，每人估摸著裝了一口袋自己應得的穀子，扛回了家裡。姚二小幾個人知道自己闖了禍，鬥不過財大氣粗的賀勝，當天夜裡，便乘著月色都跑到外地去了。

　　王之渙了解了事件發生的緣由，招來賀勝，準備結案。

　　未待王之渙開口，賀勝必欲置姚二小於死地而後快，先跪地說道：「小人的兒子，此刻還躺在炕上不能動彈。請王大人千萬為小人做主！」

　　王之渙看著賀勝，靈機一動，突然改變了主意，微微一笑說：「待本官回去考慮考慮再說吧。」

　　王之渙打道回衙後，賀勝的心裡一直在想，「考慮考慮」，這是什麼意思？這豈不是明擺著要我送禮給他嗎？為了讓官府捉拿到姚二小等人，處以極刑，報了兒子捱打之仇，他思之再三，決定託人向王大人送去五十兩銀子。

　　兩天過去了，不見官府動靜，便又託人送去一百兩銀子。

又過了兩天，還是不見官府動靜。這一次，他決定親自帶兩百兩銀子到衙門去送給王大人。

到了衙門，賀勝將銀子獻上。王之渙滿臉堆下笑來，說：「汝前兩次託人送來的一百五十兩銀子，本官都已收到了，連這次送來的兩百兩，總共是三百五十兩。」說罷，吩咐隨役將兩百兩銀子收了。接著，提筆寫了一個條子，遞給賀勝。

賀勝接條在手，只見上面寫著：

今收到

十里莊賀勝捐助修建義學堂銀子三百五十兩整。

文安縣尉王之渙

天寶元年正月初十

賀勝看著條子，正在納悶，只聽得王大人說道：「汝兒子與姚二小等人互毆，汝兒子傷勢重些，但是汝與汝兒子有錯在先，本來各有過錯，互相抵消也就罷了，但是汝卻來衙門告姚二小等人勾結強盜搶走汝家糧食，打傷汝家兒子。本官查明汝所告『勾結強盜』不實，本來要追究汝個誣告之罪，杖汝八十，判汝入牢三年，但念汝熱心義學堂修建，主動捐銀三百五十兩，功過相抵，就免了對汝的處罰吧。不過義學堂的修建功德碑上，還是要如實記載汝的姓名與捐銀數量。汝可服本官判決？」

賀勝被王之渙說得目瞪口呆，有口難言，只怨自己錯打了主意。事已至此，知道再要強辯，絕沒有好果子吃，只能咬碎牙齒往肚子裡咽，於是，言不由衷地連聲說道：「小人服。小人服。」

解決了義學堂的資金困難，工程也很快竣工。一座寬敞、嶄新的義學堂矗立在縣城的西街上。

第十三章　詩星隕落

　　王之渙就忙著物色學堂的教師。賦閒在家的讀書人，文安縣裡也不缺，但是得本人心甘情願做這個事情。為了讓這些人出來教書，王之渙親自提著禮物，一家一家地登門拜訪，曉之以興辦義學之大義，動之以個人之深情。這些讀書人都被王之渙一個外鄉人關心文安後代的精神所打動，一致表示願意出來為義學堂辦事。

　　學堂的主體是學生，有了教師，沒有學生不行。王之渙急忙起草了《義學堂招生告示》，命衙役張貼在縣城與十里八鄉的十字路口。沒有幾天，經過選拔，第一批學生也確定了。

　　要辦好義學堂，必須要有學堂規矩。王之渙又擬定了學堂條例，提出了辦學目的，規定了教師職責、學生義務。

　　這年的正月，氣溫竄得很高，太陽暖融融地笑對大地，冰消了，雪化了，人們對上天恩賜的溫暖，接受的竟有點不好意思。

　　沒過兩天，天氣驟變，夜裡突然颳起了西北風，一陣比一陣凜冽。接著，又飄起了鵝毛大雪，雪攪著風，風裹著雪，白毛雪旋風迷漫了天空，整個世界就像被凍成了冰色一樣。

　　王之渙將全部精力投在了籌備義學堂的開學上，一連數天，幾乎沒有闔眼，再加上天氣的突然變化，一下子病倒了。

　　生病期間，王之渙心裡一直惦記著他嘔心瀝血籌建起來的義學，他想在義學開學的那一天，親自對學生講一講讀書的重要性，講一講做人的意義。他又在想，義學建好了，接下來，文安最當緊的事情還有哪些？而自己還應該為文安的老百姓做些什麼呢？

　　偶爾在案前讀書、寫字的時候，他就會痴痴地盯著案頭上自己一生寫下的那一摞高可盈尺的詩稿。夫人問他怎麼了？他對夫人說，我一生酷愛寫詩，寫了也有兩千多首吧。等我病好了，我要抽時間好好整理一

下我的所有詩稿，再刻印成一部詩集。

在床上躺了幾天，他突然想起來還有一件重要的事沒有做，便讓夫人李氏將他扶下床來，勉強挪到了幾案前，提筆為學堂匾額寫下了「義學堂」三個大字。

此後，王之渙躺在床上，兒子王炎、王羽四處請醫問藥，李氏守在床邊百般精心服侍，但是天不佑人，他卻再也沒有爬起來。

天寶元年（西元 742 年）二月十四日，王之渙終於官舍，享年五十有五歲。

盛唐時期，詩人就像暗夜裡天空上的群星一樣，璀璨奪目，而王之渙則是璀璨奪目中最耀眼的群星之一，突然隕落在文安大地之上。

王之渙去世後，夫人李氏與他的生前好友認真清理了他的遺物與財產，發現他除了平時的日常生活用品，與一摞高可盈尺的詩稿之外，別無他物；錢也只有數千錢。

天寶時，一兩黃金等於十兩白銀，一兩白銀等於一貫錢，一貫錢就是一千文，即一千方孔錢。

王之渙家裡的數千錢，也就是數貫錢，折合數兩白銀而已。王之渙是文安縣尉，這個職位在縣裡應該是不小了，縣尉的俸祿有多少？他的錢都去哪了？

開元二十四年（西元 736 年），朝廷對俸祿有明確規定：百官、防合、庶僕俸食雜用以月給之，總稱月俸，從一品至九品，都有明確詳細數目。九品的月俸錢是一千九百一十七錢。祿米以年再給之，京官從九品是五十二斛，外官降一等。

凡朝廷沒有配置專職防守人員的州、縣，域內，十八歲以上的中男，包括殘疾人，都有看守城門及倉庫門的義務，通稱為「門夫」。

第十三章　詩星隕落

門夫不必到位，但是必須交錢，閒月可交一百七十錢，忙月可交兩百錢。州、縣官屬於外官，其俸祿朝廷不予撥付，全部從門夫交來的錢中支付。

王之渙的俸祿開支大體有三項：一是家中日常用度開支，二是文朋詩友詩酒應酬開銷，三是對窮困難以度日的老百姓的賙濟支出。

由此可以看出，一個從九品下的縣尉小官，本來收入就不多，再加上那麼多的支出，為什麼家裡會窮得只有數千錢了。

沒有盤纏，就不能舉喪回鄉。王之渙的靈柩只能暫厝於城西的雷神廟內。

王之渙在任文安縣尉期間，生活簡樸，為政清廉，主持正義，辦案公道。他的去世，引起了文安縣民的極大悲痛！

2

王之渙死在文安縣尉任上，按照唐朝慣例，其家屬是要享受朝廷撫卹的。等到朝廷的撫卹下來，已是第二年的初夏。

這一天，王炎、王羽僱了兩輛騾車，一輛載著父親的靈柩，一輛載著母親李氏以及一些行李要回洛陽。

臨行，王炎沒忘了從門前挖一墩父親生前深愛的蘭草，找一隻陶罐，培了原土，澆了清水，穩穩妥妥地放在靈車上，讓它陪伴著父親一路回家。

文安縣民聽說縣尉王大人的靈柩要運回家鄉，都自發地走出來，城裡城外10里長的官路兩旁，站滿了男女老幼，人們依依不捨，揮淚相送。衙門裡的大小官員及衙役也都出來了。義學堂的學生，頭戴白帽，

腳穿白鞋，身著白袍，一齊跪倒在靈車兩旁。王大山、劉月娥、余老漢、姚二小等一些人，更是痛哭流涕，悲痛欲絕。

靈車啟動了，王炎居左，王羽在右，手扶著靈車緩緩而行，車上的李氏，頭蒙白布，淚流滿面。送行的人，有的嘆息，有的啜泣，有的嚎啕，哀怨之聲混合成了一片。

一路上，為了不使父親的靈柩受到過多的驚擾，王炎讓騾車走得很慢，走走歇歇，逢店便住，遇晚即息。約莫走了一個多月，才回到了洛陽孝水里家中。

天寶二年（西元743年）五月廿二日，王炎、王羽在洛陽為父親舉行正式安葬儀式。

這一天，邙山垂首，黃河嗚咽。天公為之動容，也下起了濛濛細雨。

王之渙是當朝大詩人，附近與其有交往的，對其仰慕的，也都前來參加安葬儀式，場面人山人海，街巷為之堵塞。

王之渙的堂弟王之咸，時任河南府永寧縣主簿，正與由襄州刺史被貶為宣義郎行河南府永寧縣尉的靳能是同僚，他涕泣恭請靳能為堂兄寫一篇墓誌銘。王之渙辭官衡水主簿居家時，靳能正任洛陽令，二人在詩酒場上就有過多次交集，成為好友，當他聽說王之渙去世，要他撰寫一篇墓誌銘，詩人生前的家世、生平、人品、文品、風骨等事蹟滾滾而來，偉岸形象如現目前，於是，毫不推辭，提筆揮毫，含悲寫下了《唐故文安郡文安縣尉太原王府君墓誌銘並序》。全文是這樣寫的：

才命者自然冥數，軒冕者儻來寄物。故有修身智術，講仁義行，首四科而早世；懷公輔道，蘊人倫識，官一尉而卑棲。命與時歟，才與達歟，不可得而偕歟？公名之渙，字季凌，本家晉陽，宦徙絳郡，即後魏

237

第十三章　詩星隕落

絳州刺史隆之五代孫。曾祖信，隋朝請大夫、著作佐郎，皇蒲州安邑縣令。祖（疑漏「德」字）表，皇朝散大夫、陽翟丞、瀛州文安縣令。父昱，皇鴻臚主簿、雍州司士、汴州浚儀縣令。公即浚儀第四子，幼而聰明，秀發穎悟。不盈弱冠，則究文章之精；未及壯年，已窮經籍之奧。以門子調補冀州衡水主簿。氣高口（於）時，量過於眾。異毛義捧檄之色，悲不逮親；均陶潛屈腰之恥，口（勇）於解印。會有諧人交構，公因拂衣去官，遂優遊青山，滅裂黃綬。夾河數千里，籍其高風；在家十五年，食其舊德。雅淡珪爵，酷嗜閒放。密親懿交，測公井渫，勸以入仕。久而乃從，復補文安郡文安縣尉。在職以清白著，理人以公平稱。方將遲陟廟堂，唯茲稍漸磐陸，天不與善，國用喪賢，以天寶元年二月十四日遘疾，終於官舍，春秋五十有五。唯公孝聞於家，義聞於友，慷慨有大略，倜儻有異才。償或歌從軍，吟出塞，皦兮極關山明月之思，蕭兮得易水寒風之聲，傳乎樂章，布在人口。至夫雅頌發揮之作，詩騷興喻之致，文在斯矣，代未知焉，惜乎！以天寶二年五月廿二日葬於洛陽北原，禮也。嗣子炎及羽等，哀哀在疚，欒欒其棘。堂弟永寧主簿之咸泣奉清徽，託志幽壤。能忝疇舊，敢讓其詞。銘曰：

　　蒼蒼窮山，塵復塵兮。
　　鬱郁佳城，春復春兮。
　　有斐君子，閟茲辰兮。
　　籲嗟海內，涕哀辛兮。
　　矧伊密戚，及故人兮。

《唐故文安郡文安縣尉太原王府君墓誌銘並序》共 545 字，簡略地概括了王之渙的一生。《唐故文安郡文安縣尉太原王府君墓誌銘並序》以娟秀的小楷書體鐫刻在一塊志石上，共 24 行，題、撰各占 1 行，序、銘占 22 行，滿行 24 字，有界格，末行不足 4 字。

在王炎的主張下，將父親與早先葬在洛陽北原的母親（即王之渙的前妻）合葬在了一起。

當然，隨王之渙入葬的，還有他心愛的、陪了他半生的一墩蘭草。

1930 年代初，洛陽地區盜墓成風，許多墓誌被盜並被低價拋售。1932 年，金石學家李根源在洛陽收購了九十三塊唐代墓誌，在這九十三塊唐代墓誌裡面，其中有一塊就是《唐故文安郡文安縣尉王府君墓誌銘》。

王之渙墓誌的出土在當時引起了轟動。1932 年秋，李根源請國學大師章太炎題寫「曲石精廬藏九十三唐誌室」，並將王之渙墓誌銘拓本呈給章太炎鑑別，章太炎看後驚喜萬分，認定這就是唐代大詩人王之渙的墓誌銘，並為墓誌題跋。其中寫道：「印泉（李根源字）在洛得唐人墓誌九十三石。此王之渙一石……即是盛唐詩人王之渙無疑……誦其詩而不悉人之行事，得此石乃具詳本末，真大快也……若王為文安縣尉，及其平生高節，非此石孰為傳之？」

1937 年，日軍攻占蘇州。為了保護這些珍貴的墓誌，李根源連夜將這批墓誌運到了小王山，沉到山下關帝廟前的水池中。過後，李根源將這批唐代墓誌全部捐獻給國家，其中大部分被南京博物院收藏，而異常珍貴的王之渙墓誌則運至北京，藏於中國歷史博物館。

王之渙去世後，歷代都對其有記載與高度評價。

唐代白居易撰寫的《故滁州刺史贈刑部尚書滎陽鄭公墓誌銘並序》中說：「公尤善五言詩，與王昌齡、王之渙、崔國輔輩聯唱迭和，名動一時。」

唐代薛用弱編撰的《集異記》記載：「開元中詩人王昌齡、高適、王之渙齊名，時風塵未偶，而遊處略同。一日，天寒微雪，三詩人共詣旗

第十三章　詩星隕落

亭，貰酒小飲。忽有梨園伶官十數人，登樓會宴。三詩人因避席隈，映擁爐火以觀焉。俄有妙妓四輩，尋續而至，奢華豔曳，都冶頗極。旋則奏樂，皆當時之名部也。昌齡等私相約曰：『我輩各擅詩名，每不自定其甲乙。今者可以密觀諸伶所謳，若詩入歌詞之多者，則為優矣。』俄而一伶，拊節而唱曰：『寒雨連江夜入吳，平明送客楚山孤。洛陽親友如相問，一片冰心在玉壺。』昌齡則引手畫壁曰：『一絕句。』尋又一伶謳之曰：『開篋淚沾臆，見君前日書。夜臺何寂寞，猶是子雲居。』適則引手畫壁曰：『一絕句。』尋又一伶謳曰：『奉帚平明金殿開，且將團扇共徘徊。玉顏不及寒鴉色，猶帶昭陽日影來。』昌齡則又引手畫壁曰：『二絕句。』之渙自以得名已久，因謂諸人曰：『此輩皆潦倒樂官，所唱皆下里巴人之詞耳。豈陽春白雪之曲，俗物敢近哉！』因指諸妓之中最佳者曰：『待此子所唱，如非我詩，吾即終身不敢與子爭衡矣。脫是吾詩，子等當須列拜床下，奉吾為師。』因歡笑而俟之。須臾，次至雙鬟發聲，則曰：『黃河遠上白雲間，一片孤城萬仞山。羌笛何須怨楊柳，春風不度玉門關。』之渙即揶揄二子曰：『田舍奴，我豈妄哉！』因大諧笑。諸伶不喻其故，皆起詣曰：『不知諸郎君何此歡噱？』昌齡等因話其事。諸伶競拜曰：『俗眼不識神仙，乞降清重，俯就筵席。』三子從之，歡醉竟日。」

　　北宋沈括撰寫的《夢溪筆談》說：「河中府鸛雀樓兩層，前瞻中條，下瞰大河，唐人留詩者甚多，唯李益、王之渙、暢當三篇，能狀其景。」

　　南宋計有功撰寫的《唐詩紀事》說：「之渙，并州人，與兄之咸、之賁皆有文名，天寶間人。樂天作《滁州刺史鄭昕墓誌銘》云：『與王昌齡、王之渙、崔國輔連唱迭和，名動一時。』」

　　元代辛文房撰寫的《唐才子傳》載：「之渙，薊門人。少有俠氣，所

從遊皆五陵少年，擊劍悲歌，從禽縱酒。後折節工文，十年名譽日振。恥困場屋，遂交謁名公。為詩情致雅暢，得齊梁之風。每有作，樂工輒取之，以被聲律，與王昌齡、高適忘形爾汝。嘗共詣旗亭，有梨園名部繼至。昌齡等曰：『我輩擅詩名，未定甲乙。可觀諸伶謳詩，以多者為優。』一伶唱昌齡二絕句，一唱適一絕句。之渙曰：『樂人所唱皆下俚之詞。』須臾，一佳妓唱曰：『黃河遠上白雲間，一片孤城萬仞山。羌笛何須怨楊柳，春風不度玉門關。』復唱二絕，皆之渙詞。三子大笑。之渙云：『田舍奴，吾豈妄哉！』諸伶竟不諭其故，拜曰：『肉眼不識神仙。』三子從之酣醉終日，其狂放如此雲。有詩傳於今。」

明代高棅編撰的《唐詩品彙》王之渙條載：「并州人，與高適同時，或云王昌齡友。」在《登鸛雀樓》詩後注：「《迂叟詩話》云：『唐之中葉，文章特盛，其姓名淹沒不傳於世者甚眾，如河中府鸛雀樓有王之渙、暢當二首，皆當時名所不稱。嗚呼！後人以詩名者豈能及之哉！』」《涼州詞》一首後注：「劉雲得誠齋評看更佳。」

清代彭定求等人編纂的《全唐詩》王之渙條目下載：「王之渙，并州人，兄之咸、之賁皆有文名，天寶間人，與王昌齡、崔國輔、鄭昕連唱迭和，名動一時。」

清代沈德潛選注的《唐詩別裁集》，在「凡例」中說：「開元之時，龍標、供奉，允稱神品。外此，高、岑起激壯之音，右丞多悽婉之調，以至『蒲桃美酒』之詞，『黃河遠上』之曲，皆擅場也。」

丁放在其《盛唐詩壇研究》一書中說：「盛唐只有短短五十年，但湧現了眾多詩人，而且有李白、杜甫等偉大詩人，以及一批傑出的詩人如張九齡、王維、孟浩然、王昌齡、王之渙、高適、岑參等等，誠可謂群星燦爛。」

第十三章　詩星隕落

卞孝萱、黃志洪在其《王之渙評傳》一文中說：「盛唐詩歌最普遍的形式之一是絕句，最響應的主題之一是邊塞詩。而王之渙，則是這個時代最具代表性的詩人之一。」

于永森在其《王之渙詩歌研究》一書中說：「王之渙的詩歌流傳下來的雖然不多，但品質奇高。因此，他不但是唐代著名詩人，更是古代著名詩人。」

3

為王之渙治喪期間，王之渙的姨表兄呂松遲也來弔唁。

呂松遲家居太原，比王之渙年長四歲，也是個飽學之士，為當地有名的才子，一直未仕。喪葬結束，李夫人就對這位姨表兄說起夫君在重病期間曾說過「等我病好了，我要抽時間好好整理一下我的所有詩稿，再刻印一部詩集」的話。並說如今人已往逝，此事便成為他終身的一大憾事！呂松遲說，這有何難？我回去也無甚要緊之事，索性在這裡多住些時日，幫表弟整理詩稿，豈不了卻了他生前的遺憾。李夫人聽了心下甚喜，覺得能有這樣一位合適的人為夫君整理詩稿，真是天賜良機，機遇難得。

話說好了，李夫人就將別院裡的兩間書房打掃乾淨，配置了一應生活、文案用具，安頓呂松遲住下，又將夫君那一摞高可盈尺的詩稿送去。每日適時添茶送飯，未曾有絲毫怠慢。

呂松遲是個言而有信之人，他首先將這一摞詩稿過目一遍，清點了數量，確有二千多首。過去，他讀過表弟王之渙的一些詩，知道他是當朝大詩人，有許多詩被譜成樂曲，在朝堂、坊間廣泛傳唱，布在人口，名動天下。有好詩，肯定就會有一般的，或者較差的，如今通覽表弟這

些所有手稿，才覺得原來竟然是篇篇金玉，字字珠璣。這時他才徹底信服，表弟頭上這頂「天下大詩人」的桂冠，真是名副其實。

呂松遲決定對這些詩稿分如下步驟處理：一是按照律、絕分類，二是為疑難字、句注釋，三是工工整整謄抄一遍，四是列出目錄，然後再寫出序、跋，接下來就可以刻板印稿了。

呂松遲考慮事情周詳，也是個責任心極強的人。為了早日將表弟的詩稿編好，他每天早起晚睡，中午也不休息，整天待在書房裡，趴在几案上不停地注釋，不停地謄抄。

李夫人見姨表兄這樣廢寢忘食、認真負責地為夫君整理詩稿，大為感動，幫不上別的忙，就想著辦法為姨表兄在飲食上改善生活，盡量做到每天都能葷素搭配，沒有重樣，依時送入書房。

這一天晚上，天黑得早，呂松遲起身點亮油燈之後，繼續伏案整理詩稿。少頃，李夫人為姨表兄送來晚飯，其中有一盤王家最拿手的祖傳食品香酥雞。呂松遲就近在案前吃了晚飯，將吃剩之雞骨放在碗內。這時，突然覺得內急，他便急忙出門到前院茅廁去出恭。

呂松遲剛剛出門，一隻野貓便聞腥而來，悄悄從門縫溜進了屋子。

野貓跳上案頭，伸頭想吃碗中雞骨，感覺有些不便，便一爪子將碗撥翻，瓷碗在桌子上打了個轉，一下碰倒了燈臺，燈盞裡的油與火傾倒在詩稿之上，瞬間燃燒起來。

呂松遲正在蹲廁，看見書房裡一片紅光，門窗冒出煙來，情知不妙，便提起褲子，大喊救火。

王家上下聞聲，都跑出來，提桶的提桶，端盆的端盆，奮力撲救。怎奈書房裡都是木質家具，屋子又是磚木結構，書稿燃著了几案，几案燃著了床、櫃，接著屋架也著了起來，時間不長，房塌牆倒，兩間書房

第十三章　詩星隕落

就成了一片廢墟。

這一場大火，毀壞了兩間書房事小，燒了詩稿事大。李氏痛悔不已。

因為這一場事故，呂松遲的精神也失常了。他回了太原後，頭不梳，臉不洗，蓬頭垢面，成天在街上瘋跑，邊跑邊喊：詩稿！詩稿！

王之渙的詩稿遭到不慎焚毀後，流傳在社會上的就只有那些被譜成樂曲，在朝堂、坊間廣泛傳唱的詩歌了。後人將王之渙散落在社會上的詩盡量收錄在各自編輯的唐詩集中。

4

王之渙去世時，李夫人三十八歲，正值中年。夫者，妻之天也。天既塌，李夫人陷入極度的悲痛之中，加之未能完成夫君刻印一部詩稿的遺願，痛上加痛，她設靈几，每日三上食，每上必臨哭，布衣素食六七年。

與丈夫恩愛生活了二十年的李夫人，自覺生活無味，成天鬱鬱寡歡，最後久鬱成疾。

天寶七載（西元748年）十一月四日，李夫人病逝於洛陽河南縣孝水里家中，享年四十四歲。

嗣子王羽請人為母親撰寫了《唐故文安郡文安縣尉太原王府君夫人渤海李氏墓誌銘並序》。全文曰：

夫人其先渤海人也。祖彥，皇青州司馬。父滌，皇冀州衡水縣令。夫人即衡水公第三女。載十八，適於王氏。時王公衡水主簿，因而結婚也。夫人凡生一子。王公天寶二載，終於文安。夫人於天寶七載十一月

四日，邁疾終於河南縣孝水里私第，舍春秋卅有四。唯夫人性含謙順，德蘊賢和。惜乎！以天寶七載十一月廿四日，葬於洛陽北原，禮也。蓋未合也，蓋從權也。嗣子羽，哀哀在疚，欒欒其棘。銘曰：

> 佳城鬱郁，春復其春。
> 窮山蒼蒼，松柏愁人。
> 泉扃一閉兮開無辰，
> 嗚呼哀哉兮思慕終身。

因王之渙已與前妻合葬在一處，李夫人只能開穴另葬。

倘若王之渙與李夫人九泉之下有知，死而不能相聚，一定會成為他們夫妻二人的千古遺恨。

第十三章　詩星隕落

附錄一　王之渙年譜

唐武氏垂拱四年（西元 688 年），王之渙出生於絳州王家。

　　王家祖籍太原。王之渙在親兄弟中排行第四，在叔伯兄弟中排行第七。王之渙的六世祖王隆為後魏絳州刺史，因此而由太原移家絳州；天祖王纂任過華州別駕，後又升任汾州刺史；高祖王子傑是西魏的建威將軍，後任徐州刺史，襲其祖蔭德安陽伯；曾祖王信，官隋朝卿大夫、著作郎，入唐為安邑縣令；祖王德表，官唐朝散大夫、文安縣令；父王昱，官鴻臚主簿、浚儀縣令。

　　是年，王之渙抓周，一手抓了裁紙刀，一手抓了書冊《老子》。

唐武氏永昌元年（西元 689 年），王之渙 2 歲。

　　是年，王之渙失恃，母親因難產失血過多而去世。同年，父親補鴻臚寺主簿，赴神都洛陽上任。

　　是年，王之渙隨祖父遊覽碧落觀。

　　是年，王之渙智過稅橋，智找帽子。

武周天授元年（西元 690 年），王之渙 3 歲。

　　是年，王之渙祖父王德表開始教其背詩。

　　是年，王之渙父親王昱在洛陽城一個叫做遵教里的地方購買下一處院落。

武周天授二年（西元 691 年），王之渙 4 歲。

是年，王之渙隨祖父王德表等全家人遷居神都洛陽遵教里。

是年，其父親王昱由鴻臚寺主簿遷雍州司士。

武周長壽元年（西元 692 年），王之渙 5 歲。

是年，王之渙已能將五十餘首詩歌背誦得滾瓜爛熟。

武周長壽二年（西元 693 年），王之渙 6 歲。

是年，王之渙父親王昱被擢任汴州浚儀縣令。

是年，王之渙失怙，父親病逝於浚儀縣令任上。

武周延載元年（西元 694 年），王之渙 7 歲。

是年，王之渙祖父王德表在北邙山下洛陽城北十二里處的合宮縣河陰鄉之平原購買了一塊塋地。同時，他還在洛陽城郊購買了幾十垧土地，作為全家人日後生活用度的資本。

武周萬歲登封元年（西元 696 年），王之渙 9 歲。

是年一月二十二日，王之渙祖母病逝，享年七十歲。祖母生病期間，王之渙時刻陪侍在旁，伺飯餵藥，極盡孝心。

是年，王之渙開始學習《孝經》、《九章算術》與「禮、樂、射、御、書、數」六藝。

武周萬歲通天二年（西元 697 年），王之渙 10 歲。

是年二月十七日，王之渙祖母王薛氏靈柩遷厝於合宮縣河陰鄉之平原。

武周聖曆二年（西元 699 年），王之渙 12 歲。

是年三月二日，王之渙祖父王德表在遵教里家中與世長辭，享年八十歲。祖父生病期間，王之渙為其口吮瘡膿，餵水餵飯不嫌其煩，接屎接尿不避其臭，不離左右，極盡孝道，孝聞於家。

是年三月二十九日，王之渙祖父王德表靈柩於合宮縣河陰鄉之平原與其妻王薛氏合葬。

王之渙祖父去世後，他面對朝廷的腐敗、邊境的動盪、社會的混亂，心情憂鬱，亂如團麻，遂拋棄學業，與一夥「五陵少年」廝混在一起，在社會上遊遊蕩蕩，不務正業，打架鬥毆，吃喝玩樂。

武周久視元年（西元 700 年），王之渙 13 歲。

是年，王之渙「喜歌賺飯」，名傳神都洛陽。

武周長安二年（西元 702 年），王之渙 15 歲。

是年正月，突厥侵略鹽、夏二州。三月，突厥突破石嶺關，又侵略了并州。眼看敵鋒已距神州不遠，年幼的王之渙摩拳擦掌，只恨自己劍術不精，不能前去殺敵。後來，王之渙打聽到神都郊外有一個名叫夏侯明的劍師劍術高超，就與夥伴們前去拜師學藝。幾年之後，王之渙的劍術達到了出神入化的程度。

唐神龍二年（西元 706 年），王之渙 19 歲。

是年，王之渙聽從長兄王之豫勸告，改邪歸正，回家讀書。攻讀了《周禮》、《儀禮》與《禮記》、《左傳》、《公羊傳》、《穀梁傳》、《易》、《書》、《詩》九經。

附錄一　王之渙年譜

景龍二年（西元 708 年），王之渙 21 歲。

是年，王之渙對九經已能背誦如流，窮其精奧。

唐景雲二年（西元 711 年），王之渙 24 歲。

是年，王之渙娶妻成家。

唐太極元年（西元 712 年），王之渙 25 歲。

是年，王之渙夫人誕下一子，王之渙為其取名：炎。這一年，遵教里因人口眾多，擁擠不堪，王家分家，分給王之渙的是洛陽河南縣孝水里的一處住宅。從此，他便與妻兒搬到孝水里住了下來。其後，他攻讀了《昭明文選》、《切韻》，並寫了許多詩歌。初步形成了精麗華美、雄健清新、興象超妙、韻律和諧的風格。

唐開元五年（西元 717 年），王之渙 30 歲。

是年，王之渙寫下《惆悵詩》十二首，《悼亡》一首。

唐開元六年（西元 718 年），王之渙 31 歲。

是年，王之渙欲赴京師長安拜見張九齡，途徑蒲州，遊覽鸛雀樓，並作《登鸛雀樓》一詩，一時名動天下。

是年，王之渙赴京師長安，將自己的行卷投給愛才如渴的張九齡。

是年，王之渙被張九齡納為門子。

唐開元八年（西元 720 年），王之渙 33 歲。

是年，王之渙以張九齡門子調補冀州衡水縣主簿。上任不幾天，王之渙就接到家中來信。信中說夫人因病醫治無效，不幸去世。

唐開元九年（西元 721 年），王之渙 34 歲。

是年，王之渙結識高適、郭密之等詩人。

唐開元十年（西元 722 年），王之渙 35 歲。

是年，王之渙與比他小十七歲的衡水縣令李滌第三女結為夫妻。

唐開元十一年（西元 723 年），王之渙 36 歲。

是年，王之渙夫人李氏為他誕下一子，取名曰：羽。

是年，王之渙「巧戲錢刺史」。

是年，王之渙為張寡婦寫狀子申冤。

唐開元十二年（西元 724 年），王之渙 37 歲。

是年春，王之渙遭人誣謗，遂效陶淵明故事，憤而脫去官服，掛冠歸隱。臨行，在朋友送別的酒席宴上作《宴詞》一首。

唐開元十六年（西元 728 年），王之渙 41 歲。

是年。王之渙重赴蒲州，觀賞鐵索橋，遊覽永清院。此後，他朔黃河北上。

唐開元十七年（西元 729 年），王之渙 42 歲。

是年春末，王之渙到達玉門關，揮筆寫下了《出塞二首》。

唐開元十八年（西元 730 年），王之渙 43 歲。

是年夏天，王之渙由玉門關向東到達薊州。見到了好友郭密之。並一度在薊州客居。

唐開元十九年（西元 731 年），王之渙 44 歲。

是年九月，王之渙離開薊門時，作《九日送別》詩一首。就在王之渙離開薊門的幾天之後，高適來到薊州尋訪他與郭密之，失之交臂，寫下了《薊門不遇王之渙郭密之因以留別》。

唐開元二十二年（西元 734 年），王之渙 47 歲。

是年冬天，王之渙應好友高適、王昌齡之約來到京城長安，留下了一段「旗亭畫壁」佳話。

是年冬天，在長安期間，王之渙到位於朱雀街東第三街南面的修政坊張九齡的宅第，拜見恩師張九齡。

唐開元二十三年（西元 735 年），王之渙 47 歲。

是年春天，王之渙到長安御河邊的灞橋上送王昌齡前往江寧赴任，作《送別》詩一首。

唐開元二十七年（西元 739 年），王之渙 52 歲。

是年春天，王之渙補文安郡文安縣尉。

是年，王之渙巧斷土地侵占案。

是年，王之渙審狗。

唐開元二十八年（西元 740 年），王之渙 53 歲。

是年五月七日，張九齡在家鄉曲江去世。一個月之後，得到恩師張九齡去世的信息，王之渙悲痛欲絕。他在文安擺設供案，供三牲，獻佳饌，奠美酒，焚香紙，跪倒塵埃，灑淚向南遙祭了自己的恩師。

唐開元二十九年（西元 741 年），王之渙 54 歲。

是年，王之渙興辦義學，智籌資金。

是年，王之渙首創「鍋炮魚」。

唐天寶元年（西元 742 年），王之渙 55 歲。

是年二月十四日，王之渙因積勞成疾，終於官舍。靈柩暫厝於雷神廟內。

唐天寶二年（西元 743 年）五月廿二日，王之渙與早先葬在洛陽北原的前妻合葬。生前好友靳能為其撰寫了《唐故文安郡文安縣太原王府君墓誌銘並序》。

是年，姨表兄呂松遲在河南縣孝水里為王之渙整理詩稿，不慎失火，詩稿遂之盡焚。

唐天寶七載（西元 748 年）十一月四日，王之渙夫人李氏病逝於河南縣孝水里家中，享年四十四歲。因王之渙已與前妻合葬在一處，李氏只能開穴另葬。

附錄一　王之渙年譜

附錄二　王之渙詩集

惆悵詩

其一

八蠶薄絮鴛鴦綺，半夜佳期並枕眠。
鐘動紅娘喚歸去，對人勻淚拾金鈿。

其二

李夫人病已經秋，漢武看來不舉頭。
得所穠華消歇盡，楚魂湘血一生休。

其三

謝家池館花籠月，蕭寺房廊竹颭風。
半夜酒醒憑檻立，所思多在別離中。

其四

隋師戰艦欲亡陳，國破應難保此身。
訣別徐郎淚如雨，鑑鸞分後屬何人。

其五

七夕瓊筵隨事陳，兼花連蒂共傷神。
蜀王殿裡三更月，不見驪山私語人。

其六

夜寒春病不勝懷，玉瘦花啼萬事乖。
薄倖檀郎斷芳信，驚嗟猶夢合歡鞋。

其七

嗚咽離聲管吹秋，妾身今日為君休。
齊奴不說平生事，忍看花枝謝玉樓。

其八

青絲一絡墮雲鬟，金剪刀鳴不忍看。
持謝君王寄幽怨，可能從此住人間。

其九

陳宮興廢事難期，三閣空餘綠草基。
狎客淪亡麗華死，他年江令獨來時。

其十

晨筆重來路已迷，碧桃花謝武陵溪。
仙山目斷無尋處，流水潺湲日漸西。

其十一

少卿降北子卿還，朔野離鶬慘別顏。
卻到茂陵唯一慟，節旄零落鬢毛斑。

其十二

夢裡分明入漢宮，覺來燈背錦屏空。
紫臺月落關山曉，腸斷君恩信畫工。

悼亡詩

春來得病夏來加，深掩妝窗臥碧紗。
為怯暗藏秦女扇，怕驚愁度阿香車。
腰肢暗想風欺柳，粉態難忘露洗花。
今日青門葬君處，亂蟬衰草夕陽斜。

登鸛雀樓

　　白日依山盡，黃河入海流。
　　欲窮千里目，更上一層樓。

宴詞

　　長堤春水綠悠悠，畎入漳河一道流。
　　莫聽聲聲催去棹，桃溪淺處不勝舟。

涼州詞

　　（其一）
　　黃河遠上白雲間，一片孤城萬仞山。
　　羌笛何須怨楊柳，春風不度玉門關。

　　（其二）
　　單于北望拂雲堆，殺馬登壇祭幾回。
　　漢家天子今神武，不肯和親歸去來。

九日送別

　　薊庭蕭瑟故人稀，何處登高且送歸。
　　今日暫同芳菊酒，明朝應作斷蓬飛。

送別

　　楊柳東風樹，青青夾御河。
　　臨來攀折苦，應為別離多。

附錄二　王之渙詩集

參考文獻

古代文獻

周公旦．周禮［M］．北京：中華書局，2014．

左丘明．左傳［M］．北京：中華書局，2016．

鄭玄，注．儀禮［M］．上海：上海古籍出版社，2016．

胡平生，張萌，譯注．禮記［M］．北京：中華書局，2017．

王維堤，唐書文，譯注．春秋公羊傳譯注［M］．上海：上海古籍出版社，2016．

春秋穀梁傳［M］．黃銘等，譯．北京：中華書局，2016．

王輝編注．易經［M］．雲南人民出版社，2011．

蔡沈注．書經［M］．上海：上海古籍出版社，1987．

毛亨，毛萇著．詩經［M］．北京：北京聯合出版社，2015．

司馬遷．史記［M］．北京：北京聯合出版社，2016．

劉昫等撰．舊唐書［M］．北京：中華書局，1975．

王宏天等編．昭明文選［M］．吉林：吉林文史出版社，2007．

元結，殷璠等選．唐人選唐詩十種［M］．北京：中華書局，1959．

李吉甫撰，賀次君點校．元和郡縣圖志［M］．北京：中華書局，1983．

李林甫等撰，王仲夫點校．唐六典［M］．北京：中華書局，1992．

劉餗，張鷟，撰．隋唐佳話·朝野僉載［M］．北京：中華書局，1979．

參考文獻

薛用弱．集異記［M］．網際網路「線上《四庫全書》查詢」

歐陽修，宋祁等撰．新唐書［M］．北京：中華書局，1997．

司馬光．資治通鑑［M］．北京：中華書局，2011．

洪邁．萬首唐人絕句［M］．網際網路「線上《四庫全書》查詢」

宋敏求．長安志［M］．三秦出版社，2013．

沈括撰，諸雨辰譯注．夢溪筆談［M］．北京：中華書局出版，2016．

計有功．唐詩紀事［M］．網際網路「線上《四庫全書》查詢」

辛文房撰，舒寶璋校注．唐才子傳［M］．中州古籍出版社，1987．

高棅．唐詩品彙［M］．網際網路「線上《四庫全書》查詢」

張之象．唐詩類苑［M］．上海：上海古籍出版社，2006．

胡震亨．唐音統籤［M］．上海：上海古籍出版社，2003．

唐汝詢撰，王振漢點校．唐詩解［M］．河北：河北大學出版社，2010．

王世懋．藝圃擷餘［M］．北京：中華書局，1985年版）

李攀龍．唐詩訓解［M］．（明版）

周珽．唐詩選脈會通評林［明］編（清版）

黃生．唐詩摘抄［M］．（清版）

施補華．峴傭說詩［M］．（民國版）

管世銘．讀雪山房唐詩序例［M］（複印本）

覺羅石麟等纂修．山西通志［M］（乾隆二十年重鐫，府署藏版，中國國家圖書館數字方志庫）

周景柱等纂修．蒲州府志［M］．（乾隆二十年重鐫，府署藏版，中國國家圖書館數字方志庫）

徐松撰，李健超增訂．增訂唐兩京城坊考［M］．三秦出版社，1996.

陸心源．全唐文補遺［M］．三秦出版社，1994.

隋樹森．古詩十九首集釋［M］．北京：中華書局，1955.

彭定求等編．全唐詩［M］．中州古籍出版社，1996.

王士禎．唐賢三昧集［M］．網際網路「線上《四庫全書》查詢」

孫洙．唐詩三百首［M］．網際網路「線上《四庫全書》查詢」

沈德潛選注．唐詩別裁集［M］．上海：上海古籍出版社，1979.

王夫之等編．清詩話［M］．上海：上海古籍出版社出版，1978.

現代資料

梁啟雄．荀子簡釋［M］．古籍出版社，1956.

蕭滌非等撰．唐詩鑑賞辭典［M］．上海：上海辭書出版社，1983.

俞陛雲．詩境淺說續編［M］．上海：上海書店出版，1984.

河南省文物研究所，河南省洛陽地區文管處編．千唐志齋藏志［M］．文物出版社，1984.

李希泌．盛唐詩人王之渙家世與事蹟考［M］．《晉陽學刊》，1988.

王尚君．全唐詩補編［M］．北京：中華書局，1992.

山西省史志研究院編．山西通史［M］．山西：山西人民出版社，2001.

政協文安縣委員會學習文史委員會．文安文史數據第八集［M］．冀出內準字（2002）第 AL022 號．

傅璇琮．唐代詩人叢考［M］．北京：中華書局出版，2003.

王彥明，袁書會撰．旗亭畫壁及相關問題考辨［M］．《江蘇廣播空中大

參考文獻

學學報》，2007.2

王兆鵬. 唐詩排行榜［M］. 北京：中華書局出版，2011.

秦幫興. 王之渙行第補說［M］.《景德鎮高專學報》，2013.

呂思勉. 中國通史［M］. 吉林：吉林出版集團，2015.

王元明. 王之渙研究［M］.《洛陽理工學院學報》2015年8月第30卷第4期.

邵榮芬. 切韻研究［M］. 北京：中華書局，2016.

山西省史志研究院編編. 山西省志·楹聯志［M］. 北京：中華書局，2016.

朱美錄. 哪首詩是唐詩壓卷之作［M］.《光明日報》2018年11月23日第16版.

後記

1

有朋友聽說我正在寫作《王之渙傳》，便問我，你為什麼要為王之渙作傳呢？

這話問得好！凡事都是先有「因為」，然後才有「所以」的。

我小時候識字很早，讀詩也很早。我讀的第一首詩就是王之渙的《登鸛雀樓》：「白日依山盡，黃河入海流。欲窮千里目，更上一層樓。」從此，我便熱愛上了詩歌，才知道詩歌原來是如此美好。是王之渙的《登鸛雀樓》引領我走上了愛詩、學詩、寫詩之路。我結婚後，有了女兒。在女兒兩歲時，我教她背誦的第一首詩也是王之渙的《登鸛雀樓》：「白日依山盡，黃河入海流。欲窮千里目，更上一層樓。」星期天，我到公司去加班寫東西，女兒要跟我。爬樓梯，她很吃力，但是她堅持要爬，一邊爬，還一邊用其稚嫩的童音朗誦著王之渙的《登鸛雀樓》，「……更上一層樓啊——」後來，女兒讀書、上大學時一直熱愛詩詞，讀研究生時，又學了英美文學。我們父女倆都是由《登鸛雀樓》引領成長的，這也就是說，王之渙是有恩於我的。

說到「恩」字，我想舉一個例子，說說我的「恩」字觀。

2001年，我主編的《滹沱河》雜誌第2期，因經費短缺，出現危機，縣裡的L君出手相助，幫助雜誌渡過了難關。第二年正月初一，我回縣裡到L君家裡去拜年，以表示我對他的感謝。L君是縣裡的第三把手，正是炙手可熱的時候，據說還要升遷。進了L君宅，一片歡聲笑語，熱鬧景象，只見

L君在沙發上正襟而坐，正接受科局級主管們的拜年，由於人多，大家只能排著隊在L君面前魚貫而過，每過一位，就向L君道一聲祝福，L君皆以點頭微笑回應。家人對我說，吃了早飯就開始了，猜想中午也結束不了，初五之前，別想消停。看那陣勢，聽了此說，我便悄悄退走了。

這年6月下旬，縣裡發生了一起特大事故，L君受到牽連。三個月後，L君才回到家中。

這幾個月，我一直在住院治病，恰好也是剛剛出院回到家鄉。聽說L君回來了，我便急忙去探望他。

此時的L君宅與幾個月之前的情形已是迥然不同，不要說「門前冷落車馬稀」了，簡直就是門可羅雀。從天上到地下，從炙熱到冷清，誰能接受得了？靜悄悄的L君宅裡，L君情緒低落，精神沮喪，甚至有些厭世情緒。從他的言語中可以看出，更多的是人情冷暖、世態炎涼對他的打擊。看來這是L君人生中最危難的時刻，我立即決定陪他走出這次人生的難關。

從此，我就放下了手裡的書和筆，放下了家裡的一切事情，甚至對妻子、兒女都不管不顧，從早到晚，整天整天地陪著他。我與他比古論今，談人生，談人心，談人性，推心置腹，竭力幫助他從一個領導者的心態回歸到一個正常人的心態中來。

其間，有人悄悄對我說，他的問題很嚴重，你就不怕牽連到你。我說，不怕！人在危難時才更需要別人的幫助。

有一次，他的閨女哭著對他說：「爸爸，過去那麼多人看你有權，看你風光，都虛情假意地圍著你轉，想方設法地對著你捧，現在你有事了，卻都支支吾吾地躲得你遠遠的不見了。有人甜言蜜語誇讚你，是為了目的；有人默默無聞陪伴著你，是為了情誼。誰真誰假，要看關鍵時刻誰把你幫；誰好誰壞，要看風雨來襲誰為你擋。如今，在你危難時，只有果才

叔叔義無反顧，挺身而出，成天陪著你，以後你可要認清人啊！」

與他在家裡談一談，陪著他到鄉下走一走，就這樣，我一直陪伴了Ｌ君十八個月。最終，Ｌ君走出了人生的陰影。

此時，他的問題也有了結論，沒有受到太大處分。

一些人見他沒事了，就又蜂擁圍攏過來，想利用他舊日的人事資源做生意。一夥人，每天又是杯盞交錯，前呼後擁。Ｌ君也恢復了之前的神態，聽說很快就做成了一筆經濟效益奇好的大生意。

我一見這個陣勢，便悄悄離開了Ｌ君。

有人問我：「你對Ｌ君功勞最大。眼見要見紅得利，怎麼你就走了？」

我說：「趨炎附勢，非我所好。我陪Ｌ君十八個月，就是為了報答他幫助《滹沱河》雜誌渡過了難關，並不圖什麼紅利。」

我是個非常注重感情的人，別人對我有一點好，我就感動得不得了，心心念念，總想著今生今世怎麼樣才能報答得了此恩。我不敢說，別人對我的滴水之恩，我能湧泉相報，但是我肯定能做到人予一粒米，我還一顆豆。

感恩的過程，是我人生中最大的幸福享受。

說到這裡，我該回答朋友問我「為什麼要為王之渙作傳」的提問了。

因為王之渙有恩於我，所以，我要為王之渙作傳。

2

是不是王之渙有恩於我，我就可以僅憑個人感情隨便為其作傳呢？

非也！

我可以舉一個例子來證明我言不虛。

後記

就在我要決定寫《王之渙傳》的前一個月，我的一個很要好的朋友從老家來找我，他說：「老家我的一個親戚想請你為他寫一部傳。我這親戚是一位企業家，你也認識。讓你為他寫傳是因為你出過書，還獲過什麼大獎。讓你寫，也不白寫。報酬有兩種，任你選擇。一種是兩百萬元，一種是在老家約三百萬元的一套裝修好的現房。要錢，現在就打到你的帳上；要房，現在就給你鑰匙。」說老實話，錢，我所欲也，我的月薪資只有兩萬多元，生活並無富餘，常因手頭拮据而窘迫。房，亦我所欲也，我現在的居所是樓房最頂層，冬冷夏熱，受盡了寒暑之苦。應當說這些報酬是比較豐厚的，再說，這位朋友與我是有著很深的感情的，大老遠來找我，朋友之託，本來我也不應拒絕的，但是，我想了想還是拒絕了。我說，最近，我手上的事情太多，實在是沒有時間。朋友聽了，立刻就用手機向他的這位企業家親戚通了話。透過電話之後，朋友對我說，企業家親戚說了，你如果選擇要錢，可以再加一百萬元。我知道這是朋友誤會了，其實，寫與不寫，除了感情與報酬之外，更重要的是還得通得過我心裡這把尺子的衡量，看有沒有歷史與現實意義。於是，我再一次對朋友強調說，不是錢多錢少的問題，我實在是沒有時間來寫。

然而，為王之渙作傳，那就不一樣了，剔除我的個人感情，我認為為王之渙作傳，歷史意義與現實意義都很重大。

先說其歷史意義。王之渙是個盛唐詩人，與王昌齡、高適、岑參齊名，在當時曾經名動一時，婦孺皆知。流傳至今的唐詩有 5 萬餘首，清人蘅塘退士選編的《唐詩三百首》中就選錄了王之渙的《登鸛雀樓》、《出塞》二首，占到了全書 311 首的 6.22%；清末民初國學大師章太炎稱王之渙的《出塞》「黃河遠上白雲間，一片孤城萬仞山。羌笛何須怨楊柳，春風不度玉門關」為「絕句之最」；《唐詩排行榜》一書將王之渙的《登鸛雀樓》「白日依山盡，黃河入海流；欲窮千里目，更上一層樓。」排名

為唐詩第四名。由此可見，王之渙在唐朝詩人中的地位有多麼高，對後人的影響有多麼深，因此，其本人完全符合作傳的條件，這是其一。其二，就是這樣一位偉大的盛唐詩人，自唐天寶元年（西元 742 年）去世，至今已歷 1,277 年，其間竟然沒有一部作品詳細、完整地介紹過王之渙的生平事蹟，這成了中國詩詞歷史長河中的一大憾事！為王之渙作傳正可以彌補這個歷史空白。

再說現實意義。首先，王之渙是個很講孝道的人。王之渙兩歲失恃，六歲失怙，在其幼年，祖母生病，他就服侍床前，寸步不離；祖父生了疽癰，他又口吮膿水，直到痊癒。其次，王之渙是個自學成才的典範。王之渙的啟蒙教育是接受的祖父的家教，祖母、祖父辭世後，由於朝廷腐敗、酷吏當道、社會混亂、邊境動盪，他心情鬱悶，亂如團麻，遂拋棄學業，成了一個浪蕩少年，後來政局平穩，社會安定，他便回到家中，潛心讀書，刻苦用功，不盈弱冠，則究文章之精；未及壯年，已窮經籍之奧。第三，王之渙有蘭花一樣的高潔品行。在衡水主簿任上，他寧可辭官不做，也絕不與宵小之輩同流合汙。第四，王之渙是一個清正廉潔的好官。王之渙晚年在文安任縣尉期間，清正廉潔，秉公辦案，勤政為民，嘔心瀝血，直至累死在縣尉任上。他死後，其家屬竟然窮得無錢扶其靈柩回鄉安葬。綜上所述，無論王之渙的孝敬長輩、刻苦自學，還是其品行高潔、廉潔清正，都為今人樹立了一個為人、處世、做官的標竿，都是今人應當效法與學習的榜樣。今人學一學王之渙的人品、詩品、官德，為人會更正直，為業會更精進，為官會更清廉。

這樣一位品學兼優的人，我焉能不為其作傳？

後記

3

　　寫古人，寫古事，就必須要還原當時的情景。

　　唐朝距今有一千多年，時空已很是遙遠，政治、經濟，以及風情民俗、人的生活習慣等等，都發生了天翻地覆的變化，如果用今天的社會現象和人的生存規則、生活方式去寫唐人，就會鬧出許多笑話，甚至貽笑大方。

　　那麼，一千多年前的唐朝，政治、經濟究竟是怎樣的？當年的邊境是否安定？與哪些異族發生過爭戰？內部矛盾又是怎樣的？都發生了哪些變故？官場是個怎樣的情形？包括官吏之間的關係，官員的服飾，官員的俸祿，以及某級官員的職責。唐朝的教育制度是怎樣的？唐朝官辦的學校有哪些？民辦的學校又有哪些？唐人都讀些什麼書？怎樣科考？唐朝的士子們有哪些入仕管道？唐朝是歷史上詩歌創作最興盛的時代，那時候的詩風怎樣？主要詩人有哪些？他們互相之間的年齡差別、興趣愛好是怎樣的？唐朝的詩人如何創作詩歌？他們的作品又以什麼方式在社會上傳播？唐朝人吃什麼，穿什麼，人與人怎麼稱呼？唐朝人民的生活幸福嗎？生與死的最高追求是什麼？所有這些，都必須弄清楚。如果弄不清楚這些東西，就無法為王之渙作傳。即使勉強寫出一個東西，也不會是一部成功的作品。

　　為了了解唐朝，我先後通讀了《舊唐書》、《新唐書》、《資治通鑑》、《唐六典》、《長安志》、《元和郡縣圖志》等有關唐代的正史，又通讀了《全唐詩》、《全唐文》、《唐人選唐詩十種》、《萬首唐人絕句》、《唐詩品彙》、《唐詩類苑》、《唐音統籤》等唐朝詩文類書，通讀了《朝野僉載》、《集異記》等唐朝人撰寫的唐朝小說，還查閱了有關唐朝與王之渙的許許多多的其他歷史資料，對唐朝的政治、經濟、文化、民情風俗做了一番

全面、認真、詳細的研究。透過對古籍的認真閱讀與反覆研究，遠去了一千多年的唐朝景象便活躍在我的眼前。

寫唐人，我的心裡這才踏實了。

4

文學就像蜜蜂，是一門行走藝術。蜜蜂只有飛出去，廣採百花，才能釀出優質蜂蜜，而作家也只有走出去，廣搜博採，才能寫出好作品，閉門造車終究是不能成功的。

王之渙的著名詩作《登鸛雀樓》、《涼州詞》就是走出來的。

為王之渙作傳，由於現成資料太少，除了從浩如煙海的故紙堆裡尋尋覓覓，覓覓尋尋，還必須走出去，拂去歷史的塵埃，抑展歷史的褶皺，去發現和尋找那些淹沒在生活中的一千多年前的蛛絲馬跡。

我決定沿著王之渙當年生活、做官、遊走、會友的路線與地方去走一趟。王之渙一生活動過的地方很多，我想用兩年來走完，時間上自然會很緊迫。因此，我不能選擇最舒適的季節，而是必須頂嚴寒，冒酷暑，來完成此項工作。每到一地，我要做的第一件事就是查閱縣（市）志，然後就是蒐集文史資料，接著就是走訪地方文人、打聽民間傳說，最後，我必須親自到王之渙活動過的地方看一看，作一番親身體驗。

大地從來不肯虧負一個勇於付出的勞動者。有耕耘，就會有收穫。在山西新絳縣（唐絳州），我了解到了王之渙的家世家譜；在河南洛陽，我體會到了武則天為什麼要擴建東都，歷朝歷代的帝王將相、平民百姓，以及王之渙的祖父為什麼那麼嚮往死後葬在邙山；在陝西西安（唐長安），我嗅出了一千多年前的大唐氣味；在河北衡水市（唐衡水縣），我看到了當年王之渙從長安帶過去的蘭草，至今仍然鬱鬱蔥蔥，氣質高

後記

潔，生長茂盛，幽香四溢；在山西永濟縣（唐蒲州），我登上鸛雀樓，向西瞭望，回首東方，我才體會到詩人怎樣將現實與想像融會成佳作；沿著黃河逆流而上，我真正感受到了在當年交通不便的情況下，王之渙的行走有多麼艱難；到了甘肅玉門，看到了沙漠，感受到氣溫，我才明白了王之渙為什麼會寫出「春風不度玉門關」；到了天津薊縣（唐薊州），我反覆思考，在當年這個漢民族與少數民族反覆拉鋸爭奪的地方，王之渙客居了那麼長時間，肯定寫下了許多膾炙人口的詩篇，只可惜沒有傳到今天；在河北文安，我聽到了許許多多民間流傳下來的關於王之渙的愛民、破案、清廉的故事；到了河南新安縣城西鐵門鎮千唐志齋，我看到了王之渙和他叔叔王洛客的墓誌銘複印件，我還看到了王之渙祖父、祖母等王氏家族的七方墓誌實物。一路走來，收穫頗豐。

透過行走，王之渙的形象及其家族的情況在我的大腦裡逐漸完整起來。

5

史學界普遍認為，王之渙存世的詩作只有《宴詞》、《登鸛雀樓》、《涼州詞二首》、《九日送別》、《送別》共六首。他們的依據是《全唐詩》。《全唐詩》是在清康熙年間，由彭定求、沈三曾、楊中訥、潘從律、汪士、徐樹本、車鼎晉、汪繹、查嗣瑮、俞梅等十位翰林奉敕編纂，於康熙四十四年（西元 1705 年）三月開始，次年十月成書，由時任江寧織造的曹寅負責刊刻的。《全唐詩》共 900 卷，是以明朝胡震亨《唐音統籤》、清朝初年季震宜《唐詩》（原名《彙集全唐詩》）兩書為底本增訂而成，共收詩四萬九千餘首，作者二千八百餘人。所收詩人均按時代先後排列，後附唐五代詞，可謂「蒐羅宏富，史無前例」。但是，《全唐詩》真的就是

迄今為止收錄唐詩最全的典籍嗎？《全唐詩》真的就不存在唐人詩作漏收的問題嗎？特別是具體到王之渙，他是唐代的大詩人，一生的詩作應當很多，難道他的詩作真的就僅僅存世六首嗎？要寫作《王之渙傳》，這是一個首先必須弄清楚的問題。

帶著重重疑問，我鑽進了有唐以來所有能夠收集到的唐詩集子的故紙堆裡。

我按照「由近及遠、先易後難」的原則，層層推進。我先查閱了陳尚君輯校的《全唐詩補編》、清朝沈德潛選注的《唐詩別裁》、清朝孫洙編的《全唐詩》、清朝王士禎著的《唐賢三昧集》、清朝彭定求等編的《唐詩三百首》、明朝胡震亨編的《唐音統籤》、明朝張之象編的《唐詩類苑》、明朝高棅編的《唐詩品彙》、南宋計有功編的《唐詩紀事》、宋朝洪邁編的《萬首唐人絕句》，最後，我集中查閱了唐人選唐詩的十種選本，分別是佚名的《唐人選唐詩》、元結的《篋中集》、殷璠的《河嶽英靈集》、芮挺章的《國秀集》、令狐楚的《御覽詩》、高仲武的《中興間氣集》、姚合的《極玄集》、韋莊的《又玄集》、韋縠的《才調集》、佚名的《搜玉小集》。

查閱的結果終於出來了，按照由遠及近的介紹順序，分別是：唐朝芮挺章編輯的《國秀集》，收錄《涼州詞》一首，《宴詞》一首；後蜀韋縠編著的《才調集》，收錄《惆悵詩》十二首，《悼亡》一首；宋朝洪邁編輯的《萬首唐人絕句》，收錄《涼州詞》二首，《九日送別》、《宴詞》、《送別》、《登鸛雀樓》各一首；南宋計有功編輯的《唐詩紀事》，收錄《九日送別》、《出塞詩》、《登鸛雀樓》、《送別》各一首；明朝高棅編輯的《唐詩品彙》，收錄《登鸛雀樓》、《送別》、《涼州詞》、《九日送別》各一首；明朝胡震亨編輯的《唐音統籤》，收錄《登鸛雀樓》、《送別》、《涼州詞二首》、《宴詞》、《九日送別》共六首；明朝張子象編輯的《唐詩類苑》，收錄《九

後記

日送別》、《涼州詞二首》、《送別》、《宴詞》、《惆悵詩二首》（與《惆悵詩十二首》中其十、其十二重複）、《楊妃剪髮》（與《惆悵詩十二首》中其八重複）、《惆悵詩十二首》、《登鸛雀樓》共二十一首；清朝彭定求等編輯的《全唐詩》，收錄《登鸛雀樓》、《送別》、《涼州詞二首》、《宴詞》、《九日送別》共六首；清朝王士禎著輯的《唐賢三昧集》，收錄《送別》、《涼州詞》、《登鸛雀樓》各一首；清朝孫洙編輯的《唐詩三百首》，收錄《登鸛雀樓》、《涼州詞》各一首；清朝沈德潛編輯的《唐詩百裁集》，收《登鸛雀樓》、《送別》、《涼州詞》各一首。

綜合上述各集收錄情況，剔除重複現象，王之渙存世詩作除了史學界常說的《宴詞》、《登鸛雀樓》、《涼州詞二首》、《九日送別》、《送別》六首外，我又在後蜀韋縠編著的《才調集》與明朝張子象編輯的《唐詩類苑》中查出了王之渙的《惆悵詩》十二首，《悼亡》一首。

這是我的一個重要發現。這就推翻了過去人們一貫認為王之渙的存世詩只有六首的觀念。

王之渙存世詩作，準確的說法，應當是十九首。

那麼，有人要問，以明朝胡震亨的《唐音統籤》與清朝初年季震宜的《唐詩》（原名《彙集全唐詩》）兩書為底本增訂而成的《全唐詩》說王之渙的遺詩只有六首，而後蜀韋縠編纂的《才調集》與明朝張子象編纂的《唐詩類苑》卻說王之渙的遺詩是十九首，二者到底孰是孰非呢？這就有必要分別了解一下明朝胡震亨的《唐音統籤》、清朝初年季震宜的《唐詩》（原名《彙集全唐詩》），以及後蜀韋縠的《才調集》、明朝張子象的《唐詩類苑》。

《唐音統籤》，是明代胡震亨（西元 1569～1645 年）編纂的詩歌總集。全書以十干為紀，自《甲籤》至《壬籤》，按時代先後輯錄唐及五代

的詩作以及詞曲、歌謠、諺語、酒令、占辭等。《癸籤》則包括體裁、法微、評匯、樂通、詁箋、談叢、集錄等 7 部分，共 1,033 卷，是中國古代私人纂輯的一部最大的唐五代詩歌總集。

《唐詩》(原名《彙集全唐詩》)，是清初季震宜(西元 1630 ～ 1673)曾花十年時間編纂而成。全書共 717 卷，160 冊，收入 1,859 位作者的 42,931 首詩。

《才調集》，由五代後蜀韋穀(西元 880 ～ ?)編纂。此書是唐詩選集，是今存《唐人選唐詩》中選詩最多最廣的一種，共 10 卷，每卷 100 首，收詩 1,000 首。所選署名詩人 180 多人，自初唐沈佺期至唐末五代的羅隱等，廣涉僧人婦女及無名氏。

《唐詩類苑》，由明代張之象(西元 1507 ～ 1587)編輯，王徹補訂。全書共兩百卷，按門類編次，分 39 部 (如：天、歲時、山、水、京都、邊塞、人、居處、服食、巧藝等)，1,000 多類，收錄 1,400 多位詩人的 28,000 多首詩作。書前附序、凡例、引用諸書、詩人總目。此為明萬曆時期曹仁孫校刊本。《唐詩類苑》是現存最早、規模最大、體系相對完備的著作，是分類唐詩總集的扛鼎之作。

綜上所述，首先是後兩位編纂者的生年大大早於前兩位的編纂者。《才調集》的編纂者韋穀是唐廣明元年(西元 880 年)生人，比王之渙晚生 192 年，是最接近王之渙，也是最了解唐代詩歌狀況的一人；《唐詩類苑》的編纂者張之像是明正德三年(西元 1508 年)生人，也比《唐音統籤》的作者胡震亨、《唐詩》(原名《彙集全唐詩》)的作者季振宜分別年長 61 歲與 122 歲。其次是後兩部唐詩集聲譽高於前兩部唐詩集。韋穀編纂的《才調集》被後人譽為「是今存《唐人選唐詩》中選詩最多最廣的一種」，而張之象編纂的《唐詩類苑》則被後人譽為「現存最早、規模最大、體系相

後記

對完備的著作,是分類唐詩總集的扛鼎之作。」這兩部詩集比《唐音統籤》、《唐詩》(原名《彙集全唐詩》)評價都高。第三是《悼亡》、《惆悵詩十二首》乃王之渙詩作,絕非孤證,而是《才調集》、《唐詩類苑》兩部唐詩集互相印證,一以貫之。以上三點,足以說明王之渙存世詩作是《宴詞》、《登鸛雀樓》、《涼州詞二首》、《九日送別》、《送別》、《悼亡》、《惆悵詩十二首》,共十九首,這個結論是確切可信、不容置疑的。

至於清康熙年間彭定求等人編纂的《全唐詩》為什麼將王之渙的《悼亡》、《惆悵詩十二首》漏編,並安在了一個叫做「王渙」的唐代詩人身上,問題顯然是出在了底本不夠全面,並犯了「疏於考證」的錯誤。

6

王之渙的 12 首《惆悵詩》中,第一首詩是寫鶯鶯與情人幽會惜別的:「八蠶薄絮鴛鴦綺,半夜佳期並枕眠。鐘動紅娘喚歸去,對人勻淚拾金鈿。」詩中這個主角鶯鶯,明顯可以看出寫的就是後世著名戲曲《西廂記》的鶯鶯。

據記載,《西廂記》原名《傳奇》,是晚唐詩人元稹所作,因篇中有賦《會真詩》的內容,亦稱《會真記》,最初載於晚唐文人王翰編撰的唐代傳奇小說選集《異聞集》,宋代李昉、扈蒙、李穆、徐鉉、趙鄰幾、王克貞、宋白、呂文仲等奉宋太宗之命編纂《太平廣記》時,將其改名《鶯鶯傳》,收入第四百八十八卷,元代著名雜劇作家王實甫,於元貞、大德年間,又將《鶯鶯傳》改寫為五本二十一折五楔子的劇作《崔鶯鶯待月西廂記》,簡稱《西廂記》。

元稹的《會真記》寫的是張生與崔鶯鶯在蒲州普濟寺戀愛,婢女紅娘傳書,幾經反覆,兩人終於花好月圓,後來又將她遺棄的故事。《會真

記》篇末說：「貞元歲九月，執事〔友〕李公垂（李紳）宿於予靖安里第，語及於是，公垂卓然稱異，遂為《鶯鶯歌》以傳之。」

文學界普遍認為，《西廂記》的故事產生於唐朝貞元二十年（西元804年）九月，作者就是晚唐詩人元稹，可是，比元稹大了91歲的盛唐詩人王之渙，怎麼會在元稹創作《會真記》的87年前就寫出鶯鶯與情人幽會惜別的詩歌呢？這首詩會否偽作？這就需要從作者、出處、故事三方面進行確證。

首先，「鶯鶯」這首詩，說的是「經過紅娘牽線，一對情人的幽會」的故事，本應當寫的纏綿悱惻，但是作者卻追求質樸，在極力擺脫齊梁的「靡綺彩麗」詩風，這符合王之渙早期詩作的風格。

其次，「鶯鶯」這首詩，最早收錄於後蜀韋縠編著的《才調集》，到了明朝，張子象編輯的《唐詩類苑》時，又一次將此詩收入。古人在後蜀和明朝兩次將王之渙的這首詩收入唐人詩集，這絕非偶然，也不是誤錄。可見，「鶯鶯」這首詩，是王之渙寫的，應當是確鑿無疑的。

第三，鶯鶯的故事，發生在蒲州普救寺。普救寺原名西永青院，始建於唐朝武周時期。永清寺建成後，這裡就傳說發生過一個「經過紅娘牽線，鶯鶯與情人幽會」的故事。後來，永清寺改名普救寺。又過了幾十年，晚唐詩人元稹依據這個故事的原型，經過一番再創作，才使之故事更加完整，情節更加動人。

由此可見，王之渙寫「鶯鶯」這首詩的發現，是對前人認為《會真記》的故事發生於元稹時期的一個否定與顛覆，也可以說是對考證《西廂記》故事起源做出的一點貢獻。

後記

7

為王之渙作傳，「旗亭畫壁」是一個不得不說的故事。王之渙流傳在世的事蹟本來就很少，如果放棄「旗亭畫壁」這個被《唐詩三百首》記載的故事，就沒辦法向歷史與讀者交代。

「旗亭畫壁」的故事來自薛用弱的《集異記》。薛用弱，字中勝，唐河東人，生卒年不詳，薛用弱長慶時為光州刺史，大和初自儀曹郎出守弋陽，為政嚴而不殘。他的生平官階行事，可考者只有這些。從這簡略記載可知，薛用弱於長慶與大和之間，輾轉於朝中和外地為官，是一位文士兼良吏。儘管薛用弱的官做得不大，有關史料少得可憐，他之所以為人知，是因為他撰寫的《集異記》特別有名。可以說，他的名字是因其著作而傳。薛用弱的《集異記》，又名《古異記》，書中所記載的是隋唐時代的奇聞怪異之事，其成書年代，一般認為在唐穆宗長慶年間。《集異記》雖然屬於小說，不是正統史書，但因為是唐人記述唐事，就像唐張鷟編撰的唐代傳奇小說《朝野僉載》一樣，因屬於時人記時事，所載內容，多為第一手資料，所以頗有參考價值，除了那些鬼狐怪異者外，曾為《太平廣記》、《資治通鑑》以及後世治唐史者廣為引用。薛用弱編撰《集異記》的唐穆宗長慶年間距離發生「旗亭畫壁」這個故事的開元中，大約八九十年，時間不算久遠，又是唐朝人記唐朝事，應當是令人可信的。可是，後人卻對薛用弱記載的這個故事，多有質疑。第一個提出質疑的是胡應麟。胡應麟，字元瑞，更字明瑞，號石羊生，又號少室山人，蘭溪人。萬曆四年舉人。詩文宗七子，但有所變化，甚得王世貞欣賞。胡應麟家中藏書四萬二千三百八十四卷，築室山中，專事著述。在明中葉，胡應麟以博學著稱，與楊慎、陳耀文、焦竑同負盛名。胡應麟最著名的著作是《少室山房筆叢》。這部刊行於萬曆十七年（西元 1589 年）孟秋的文學

史料著作，共四十八卷，分為十二部分，主要記述了不同時代小說寫作的區別，徵引豐富，議論亦多高明，為研究古籍提供了不少寶貴的資料和見解。《少室山房筆叢》卷三十六和卷三十七裡有關魏晉志怪小說、唐宋傳奇及筆記的論述，其中分析六朝筆記小說與唐代傳奇的不同，「凡變異之談，盛於六朝，然多是傳錄舛訛，未必盡設幻語。至唐人乃作意好奇，假小說以寄筆端」。胡應麟在他的《少室山房筆叢》中，認為薛用弱《集異記》中十則記載的「旗亭畫壁」絕非實錄。主要理由是一伶人所唱王昌齡《芙蓉樓送辛漸》絕句「寒雨連江夜入吳，平明送客楚山孤。洛陽親友如相問，一片冰心在玉壺。」與其創作時間不符。

到底「旗亭畫壁」發生的時間與王昌齡創作《芙蓉樓送辛漸》的時間符不符呢？

先說「旗亭畫壁」。此故事發生在開元二十二年（西元 734 年），王昌齡因選博學宏詞科，超絕群倫，由河南氾水縣尉遷任江寧丞，準備第二年春天離京前往江寧赴任。同年，高適趕赴長安，計劃第二年參加科舉考試。王之渙應高適邀約來長安與其相會。這一年，三人相聚於長安，這才有了「旗亭畫壁」的故事。

再說《芙蓉樓送辛漸》。王昌齡的這首絕句應當作於天寶元年（西元 742 年），即作者被貶為江寧縣丞時。其時，王昌齡為江寧丞。辛漸是王昌齡的朋友，這次擬由潤州渡江，取道揚州，北上洛陽。王昌齡可能陪他從江寧到潤州，然後在此分手。此詩原題共兩首，第二首說到頭天晚上詩人在芙蓉樓為辛漸餞別，這一首寫的是第二天早晨在江邊離別的情景。

「旗亭畫壁」的故事發生在開元二十二年（西元 734 年），王昌齡的《芙蓉樓送辛漸》創作於天寶元年（西元 742 年），一個在前，一個在後，而且前後竟然相差了八年，完全不可能一首還沒有創作出來的詩就

在旗亭被一伶人唱了出來，由此可見，胡應麟認為「『旗亭畫壁』絕非實錄」，是有其依據和道理的。

但是，我認為絕不能因其一點而否定全部。辨別「旗亭畫壁」故事的真偽，應當用辯證的觀點來分析問題。首先是三人在長安的時間相符；其次是按照三人的性格，發生這樣的事，極有可能；三是此事已被後人普遍認可；由此可以斷定，「旗亭畫壁」這個故事肯定是存在的。那麼，當時那個伶人唱出的不是王昌齡的《芙蓉樓送辛漸》，而究竟是他的哪一首詩呢？這就需要作一個客觀的實事求是的分析。王昌齡曾於開元十二年（西元724年）前後赴河隴，出玉門，寫出了許多著名的邊塞詩，並被奠定了「邊塞詩人」的地位。在其邊塞詩中，最著名的就是《出塞·其一》「秦時明月漢時關，萬里長征人未還。但使龍城飛將在，不教胡馬度陰山。」這首詩因其意境雄渾深遠，氣勢流暢，耐人尋味，被歷代文人所推崇，明代詩人李攀龍甚至推獎它是唐人七絕的壓卷之作，楊慎編選唐人絕句，也列它為第一。既然《出塞·其一》是王昌齡的詩作中最好的一首，那就一定會被坊間譜曲廣泛傳唱，依次推定「旗亭畫壁」故事中一伶人所唱就是王昌齡的這一首詩，應當是合情合理的。

至於薛用弱《集異記》十則「旗亭畫壁」中為什麼會出現那樣的錯誤，我們應當理解為：「旗亭畫壁」的故事發生後，一時被傳為美談，並代代相傳，八十多年後，薛用弱編撰《集異記》時，因為是小說，沒有去認真考核，所以就出現了那種明顯的瑕疵。

8

我是個詩歌愛好者，我也曾有過一些詩作，歸攏起來約有三百多首。我寫的詩都很一般，但卻都是近體詩，有五言律詩、七言律詩，也

有五言絕句與七言絕句。未寫詩之前，對古人的詩，特別是王之渙的詩，是一種理解程度，學會寫詩以後，則會成為另外一種程度。比如王之渙《登鸛雀樓》中「白日依山盡，黃河入海流」兩句，未寫詩之前會認為，當年王之渙在鸛雀樓上面西而立，看到太陽西落，但是西面並沒有山，怎麼能說「白日依山盡」呢？而樓下的黃河向南向東流去，也看不到東海，怎麼能說「黃河入海流」呢？學會寫詩之後，才理解了這是詩人的意象，西面雖然看不到山，但日落西山是大自然的執行規律，最終太陽肯定要落到山那邊去；東面雖然看不到東海，但東流入海也是大自然的一條不變的規律，黃河最終也肯定要流到東海裡去。再比如王之渙《涼州詞》中「黃河遠上白雲間，一片孤城萬仞山」兩句，未寫詩之前，我曾有過疑問：黃河是從白雲間流出來的嗎？玉門關周圍有萬仞山嗎？學會寫詩以後，我看到這兩句佳句，就會心地笑了。寫詩，需要詩人具有跳躍、空靈、形象、幽默的思維。唐朝那麼多的大詩人，王之渙的詩為什麼能傳唱至今、千古不衰，就是因為他能為讀者創造一種獨特的意境與藝術魅力。

　　學會寫詩的我，對王之渙的詩歌藝術，歸納了八個字：意象遼闊，意境高遠。

　　王之渙正是憑著這八個字，才成了唐代詩人星空中的一顆閃亮耀眼的明星。

　　我想說的是，要為詩人作傳，最好先學會寫詩，只有懂詩，才能更懂得詩人與詩人的詩。

9

　　創作，就是創新之作。文學的生命在於創新。

　　傳記寫作怎樣創新？在寫作《王之渙傳》之前，我曾犯了疑難。

後記

　　通常的傳記寫法，主要是寫傳主的家世與傳主的一生，換一種說法，就是寫傳主的前世與今生。王之渙是一個特殊人物，在歷史上名氣很大，但是其留在世上的資料卻很少。有鑒於此，我思之再三，覺得為什麼不可以擴而大之，既寫他的前世與今生，也寫他的後世呢？當然，對於傳主的前世、今生與後世，寫作用力與篇幅布局必須合理適當。寫前世用力要小，篇幅宜窄；寫今生用力要足，篇幅宜長；寫後世用力要輕，篇幅宜短。寫傳主的後世，決不可喧賓奪主，只要有補充、完善、點綴的作用，最終達到使傳主的形象更飽滿、更豐富、更生動即可。

　　我是這樣想的，也是這樣寫的。成功與否？尚待方家、讀者與歷史的檢驗。

2020 年 6 月 15 日於愚齋

唐朝著名詩人王之渙傳：

白日依山盡、春風不度玉門關，散軼的兩千首詩篇背後，是吹不散的文人風骨

作　　　者：	糜果才
發 行 人：	黃振庭
出 版 者：	崧燁文化事業有限公司
發 行 者：	崧燁文化事業有限公司
E ﹣ m a i l ：	sonbookservice@gmail.com
粉 絲 頁：	https://www.facebook.com/sonbookss/
網　　　址：	https://sonbook.net/
地　　　址：	台北市中正區重慶南路一段61號8樓 8F., No.61, Sec. 1, Chongqing S. Rd., Zhongzheng Dist., Taipei City 100, Taiwan
電　　　話：	(02)2370-3310
傳　　　真：	(02)2388-1990
印　　　刷：	京峯數位服務有限公司
律師顧問：	廣華律師事務所 張珮琦律師

國家圖書館出版品預行編目資料

唐朝著名詩人王之渙傳：白日依山盡、春風不度玉門關，散軼的兩千首詩篇背後，是吹不散的文人風骨 / 糜果才 著 . -- 第一版 . -- 臺北市：崧燁文化事業有限公司 , 2024.10
面；　公分
POD 版
ISBN 978-626-394-919-5(平裝)
1.CST:（唐）王之渙 2.CST: 傳記
782.8414　　　　　113014632

-版權聲明-

本書版權為北嶽文藝所有授權崧博出版事業有限公司獨家發行電子書及繁體書繁體字版。若有其他相關權利及授權需求請與本公司連繫。

未經書面許可，不得複製、發行。

定　　　價：375 元
發行日期：2024 年 10 月第一版
◎本書以 POD 印製
Design Assets from Freepik.com

電子書購買

爽讀 APP　　　　臉書